Nietzsche
und die deutsche Literatur

II. Forschungsergebnisse

Herausgegeben von Bruno Hillebrand

MAX KOMMERELL: Notizen zu George und Nietzsche □ HANS STEFFEN: Hofmannsthal und Nietzsche □ HERBERT W. REICHERT: Nietzsche und Carl Sternheim □ GUNTER MARTENS: Nietzsches Wirkung im Expressionismus □ RENATE WERNER: Zur Rezeption der Artisten-Metaphysik im frühen Werk Heinrich und Thomas Manns □ PETER PÜTZ: Thomas Mann und Nietzsche □ INGE UND WALTER JENS: Betrachtungen eines Unpolitischen: Thomas Mann und Friedrich Nietzsche □ INGO SEIDLER: Das Nietzschebild Robert Musils □ BRUNO HILLEBRAND: Gottfried Benn und Friedrich Nietzsche □ Bibliographie

Deutsche Texte 51
Herausgegeben von Gotthart Wunberg

Nietzsche und die deutsche Literatur

II. Forschungsergebnisse

Mit einer weiterführenden Bibliographie
herausgegeben von BRUNO HILLEBRAND

Deutscher Taschenbuch
Verlag

Max Niemeyer Verlag
Tübingen

CIP-Kurztitelaufnahme der Deutschen Bibliothek

Nietzsche und die deutsche Literatur / hrsg. von Bruno Hillebrand. – [München] Deutscher Taschenbuch-Verlag; Tübingen : Niemeyer.
NE: Hillebrand, Bruno [Hrsg.]
2. Forschungsergebnisse / mit e. weiterführenden Bibliogr. hrsg. von Bruno Hillebrand. – 1978.
  (Deutsche Texte ; 51)
  ISBN 3-423-04334-2 (dtv)
  ISBN 3-484-19050-7 (Niemeyer)

© Max Niemeyer Verlag Tübingen 1978
Satz: Bücherdruck Wenzlaff, Kempten
Alle Rechte vorbehalten. Ohne ausdrückliche Genehmigung des Verlages ist es auch nicht gestattet, dieses Buch oder Teile daraus auf photomechanischem Wege zu vervielfältigen. Printed in Germany.

ISBN Niemeyer 3-484-19050-7 / ISSN 0418-9159
ISBN dtv   3-423-04334-2

Inhaltsverzeichnis

Vorbemerkung	VII
1. Max Kommerell: Notizen zu George und Nietzsche	1
2. Hans Steffen: Hofmannsthal und Nietzsche	4
3. Herbert W. Reichert: Nietzsche und Carl Sternheim	11
4. Gunter Martens: Nietzsches Wirkung im Expressionismus	35
5. Renate Werner: »Cultur der Oberfläche«. Zur Rezeption der Artisten-Metaphysik im frühen Werk Heinrich und Thomas Manns	82
6. Peter Pütz: Thomas Mann und Nietzsche	128
7. Inge und Walter Jens: Betrachtungen eines Unpoltischen: Thomas Mann und Friedrich Nietzsche	155
8. Ingo Seidler: Das Nietzschebild Robert Musils	160
9. Bruno Hillebrand: Gottfried Benn und Friedrich Nietzsche	185
Quellennachweise	211
Weiterführende Bibliographie	212
Namenregister	231
Sachregister	235

Vorbemerkung

Die wissenschaftliche Literatur zum Thema der Nietzsche-Rezeption ist (noch) überschaubar. Die Bibliographie dieses Bandes gibt einen Überblick. Die wichtigsten Forschungsergebnisse sind dort, seitenmäßig aufgeschlüsselt, verzeichnet. Eine Auswahl wird hier im Abdruck vorgelegt, einmal unter dem Gesichtspunkt der Rezeptionsbedeutung im Rahmen der deutschen Literaturgeschichte, zum anderen nach Maßgabe des forschungsmäßigen Effektivwertes. Die Untersuchungen stellen weitgehend den neueren oder neuesten Stand der Forschung dar. Es war nicht die Absicht, eine Wissenschaftsgenealogie zu bieten. Die frühen Schriften zum Thema *Nietzsche und die deutsche Literatur* sind großenteils in die Einführung des parallel erscheinenden Text-Bandes eingegangen. Dort wird die Nietzsche-Wirkung seit 1890 im Überblick behandelt. In dieser Breite läßt sich eine detaillierte Darstellung der Forschungslage schon aus Raumgründen nicht bringen. Andeutungen andererseits würden das Problem zu dilettantisch behandeln. Ein gründlicher Forschungsbericht steht noch aus. Die einzelnen Beiträge dieses Bandes geben teilweise Information zum Forschungsgegenstand des jeweiligen Themas.

Zu Thomas Mann und Gottfried Benn, den extensivsten Rezipienten Nietzsches innerhalb der deutschen Literaturszene, wurden Beiträge eigens für diesen Band geschrieben.

Der Herausgeber

1 MAX KOMMERELL
Notizen zu George und Nietzsche

[225] *Georgische Lebensform*

Vergleich mit Nietzsche [möglich], weil Weltsituation in beiden gleich, aber verschieden beantwortet.

Einsamkeit wird neu [gesehen]; nicht persönliches Schicksal, sondern Schicksal des Geistes. Nicht »wer sich der Einsamkeit ergibt...«
Bestimmte Lieder Georges und Nietzsches klingen gleich, aus gleichem geistigen Schicksal. Nirgends vorgebildet: mit südlicher Landschaft als Hintergrund.

Grund: der Geist hat sich aus den objektiven Formen zurückgezogen in eine Person, in der er verzehrende Leidenschaft wird, ohne Möglichkeit der Mitteilung... [...]
Ein Hölderlin, Kleist ... so einsam sie sind: haben irgendeine verwandte Landschaft in ihrer Zeit. Hölderlin und Schiller Dichtung und die Philosophie [...], Kleist das heroische Preußen: auch wo beides sich vernichtend gegen sie kehrt. Nietzsche und George unter dem fruchtbaren Zeichen der Nicht-Begegnung: des Nicht-Erlebnisses. [...]
[226] Nietzsches Wanderer und sein Schatten, George und der Engel.

Dazu: die Neuheit der persönlichen Substanz als grundsätzliche Notwendigkeit der Mitteilung. *Beider Leben von vornherein und unabwendbar* auf den schärfsten geistigen Schmerz gestellt. Die großen stellvertretend Leidenden.

Frühere Menschen hatten vielleicht einen kairos, diese aber *sind* einer. Das Anderswerden der Welt ist in ihnen Angst und Bereitschaft. – Natürlich nicht gleicher Inhalt.

Das Voluntarische dabei: das Schicksal der Menschen macht sich nicht mehr. Ich nehme es in die Hand. Bei beiden genau gleich. Übernahme einer höchsten Verantwortung!

Zwei symbolische Bücher [*Zarathustra* und *Stern des Bundes*] [=] Verschiedene Antwort auf dieselbe Weltsituation.

Nietzsche und George: zeitlos zeitverbunden... Horizontlosigkeit, Horizontbildung: Gegensatz. Intensive Beziehung aufeinander. Legende des Georgekreises...: andererseits Bayreuth als anticipierter Kreis. Legende des Kreises (von Stefan George aus produktiv) geschichtlich falsch. Wir müssen die Beziehungen neu ermitteln [...] Wann falsch? Anläßlich des Übermenschen.

[227] Die Nietzsche-Legende des Kreises ist falsch!

Ihr [Nietzsches und Georges] gemeinsamer Ausgangspunkt: die Anarchie. Symptome der entzauberten Tradition. Keine Gesellschaft. Unbedingtheit des geistigen Machtwillens.

Übernahme der menschenformenden Verantwortung... die damit verbundene Naturlosigkeit. Gegen Ende, nicht am Ende ihres Wirkens je ein symbolisches Buch, das, wie gemeint auch immer, vermächtnisartig wirkte, und, ehrlich gedeutet, den Folgebereiten in die Verlegenheit widersprechender Vermächtnisse setzt.

Von George vorausgeahnt. Daher die Legende.

Das Neubinden als höchste Hybris des Lösens.

Nun aber die Gegensätze. Das Bedrängende, von den zwei epochalen Geistern den entgegengesetzten Befehl vernehmen zu müssen.

[228]

Nietzsche	*George*
	revolutio
Umwälzung	Zurückwälzung
revolutionär	revolutionär-archaisierend.
fortschreitend	*religiös*
tragisch	*optimistisch*
beginnt archaisierend-collectiv, hat einen Meister, Anticipation der Bindungen an den führenden Genius, d. h. genau des Georgischen in seiner Jugend. Abgeschüttelt als Atavismus.	beginnt europäisch-einsam, als moderner Artist. Sucht die Länder ab nach Menschen und Kulturen... strafft sich mehr und mehr dogmatisch, autoritativ, stilisiert sein Leben unter Stern und Offenbarung, zuletzt Gott, Meister Jünger
national romantisch dann zum umfassenden Diagnostiker Europas	Volk Vaterland
umgekehrte Dynamik der Bewegung	

Kunst

die Kunst als Rest abgelehnt	die archaisierende Tendenz der Dichtung. George nicht bewußt, aber tatsächlich bejaht und wirksam.
ebenso die Moral	archaisierende Ethik

Resultat: in der morphologischen Zeitfolge ist George der Alte, Nietzsche der Junge. –

[229] ## Lebensform

Nietzsche	George
Einsamkeit beginnt mit Nichteinsamkeit. Hundertmännerschaft der Culturvorbereiter. Die eine Form – Verschwörung – republikanisch, verbunden mit der anderen Form: Gehorsam gegen den gesetzgebenden Künstler.	Abseitigkeit beginnt mit streng esoterischen Dichtervereinigungen. Geberde, Kleidung, Schrift, Stil. Außerhalb der Öffentlichkeit, des Erziehungswesens, der Literatur. Geheimwissen mit Lebensbewirkungen, das bei Nietzsche fehlt.
Einsamkeit: Gegenbegriff Europa, dessen Bestandsaufnahme durchaus realistisch erfolgt. Große Spannweite der Existenz. Alle Lebensgebiete mit einbezogen. *Ganz* isoliert *und* ganz der offenen Gegenwart zugewandt.	ebenfalls Bestandsaufnahme, aber esoterisch: neuer Ton und neue Seele, Übersetzertum, Blätter für die Kunst, Verschmähen der Öffentlichkeit. Es geht bloß um Dichtung dann um den Begriff eines ganz abseitigen Menschentums. Bismarck, Sozialism und so fort: negiert und ignoriert: Welt nicht einbezogen.

Gipfelungen:

Nietzsche: Gott tot	George: Gott lebt!

[230] *George:* Versuch hat vor Nietzsche voraus: die Tatsächlichkeit der Unternehmung, die geübte Menschenformung, die Stiftung einer Tradition in der realen Dreiheit von Meister-Gott-Jünger, und die Dichtung als Petrefact gelebter Momente.

Lebenswirklichkeit im Gegensatz zu Nietzsche (daß Gedichte gelebt, wahr sind: Georgisches Postulat.) Lauter Momente. Correlat: Photos. George schreckte nicht davor zurück.

Wenn Nietzsche nach Brüdern ruft, so ist das wesentlich das Mitteilungsbedürfnis eines Wahrheitstrunkenen. Bei George ganz anders: Liebe, Erziehung, religiöse Erweckung mischt sich mit einem unbelehrbaren uralten, aber streng geistigen Machttrieb: betonte Zurückhaltung von äußeren Machtmitteln, streng priesterlich... Er will nicht ein Du haben, im Gegenteil ein Du in sich vernichten, in sich verwandeln, prägen. Die geistige beinah dämonische Form des Machttriebs. Eine räuberische Monade, der es eigen ist, erst nach dieser Vergewaltigung zu segnen und zu beleben. [...]

Diese Aneignung hat immer die Formen des Ritus, der Einführung, der Weihe, sie erweist ihr Recht als priesterliches, mittlerhaftes Anrecht.

George handelt, als habe er das Spektrum des Zeitalters auswendig gelernt.

[231] Die Georgische Lebensform. Katholische Menschenverachtung. Das außerhalb der Zeit sein ein Zeitphänomen, zumal mit archaisierender Gruppenbildung. Kult. (Scharfer Gegensatz zu Nietzsche.)

Ethik Georges in doppeltem Sinn relativ:
a) durch Poesie... Geberde, Haltung, Stil
b) durch Cultstiftung
Hier liegt die Ironie Georges, wenn er rät oder Gesetze gibt.

Das Entscheidende ist nicht Maximin, sondern die Stilisierung der eigenen Person zur religiösen persona. [...]

2 Hans Steffen

Hofmannsthal und Nietzsche

[76...] Die *Nietzsche-Zeugnisse* sind sehr zahlreich. Sie erlauben nicht nur, die Rezeption Nietzsches genauer zu bestimmen, sondern lassen auch erkennen, zu welcher Modifikation es innerhalb der Rezeption kam. Daß er den Philosophen sehr genau studierte, belegt schon die Tatsache, daß er am 21. Mai 1891 mit seinem Lehrer Dubray die Übersetzung von »Jenseits von Gut und Böse« ins Französische begann. Mehrere Aphorismen daraus hat er sich im Wortlaut, von anderen die Nummer notiert (VIII). Zwischen dem 6. und 11. Juli, während der Arbeit an »Gestern«, liest er »Menschliches,

Allzumenschliches«. Am 20. 3. 1892 heißt es: »Il y a de médecins qui aiment les maladies (Die Kritiker der Nerven und des Nihilismus). Die Griechen Goethes. Die Griechen von Nietzsche. Die Griechen von Chénier.«[1]

Im Mai 1892 notiert er sich: »Der Arzt als tragischer Held (Nietzsche)«. Und im Juni: »Bei Nietzsches ›Fröhliche Wissenschaft‹ heitere Klarheit, das freie Lachen, der helle Hochmut.« – 6. 7.: »Nietzsche ist die Temperatur, in der sich meine Gedanken kristallisieren«; 15.–22. 8.: »Lichtenbergs Einfälle, Nietzsche verdünnt.« Er plante um diese Zeit ein Revolutionsdrama über die Girondisten und wollte ihm sogar »als Gesamttitel: ›Wille zur Macht‹« geben (27. 2. 92) (VIII).

Mit den Notizen im Nachlaß korrespondieren die Nietzsche-Zitate, die wie ein roter Faden Hofmannsthals frühe Rezensionen durchziehen. Da wird etwa das Klosterleben-Symbol bei Barrès erläutert: »Es ist die Maske, die Nietzsche rät« (IV,45). Auch eine Stelle im Bourget-Aufsatz nimmt darauf Bezug: »Es gibt vielleicht noch einen anderen Heilsweg aus der »mourance« heraus als den hinter Klostermauern: die Reflexion vernichtet, Naivität erhält, ... also Selbsterziehung zum ganzen Menschen, zum Individuum Nietzsches« (IV,10). Laurence Oliphants dämonisch-gärender Lebensgang (in »Englisches Leben«) scheint dem jungen Kritiker geradezu eine Anwendung auf Nietzsches Gedanken zu sein: »In Nietzsches ›Völkern und Vaterländern‹ steht die Philosophie davon« (IV,65). Selbst Oliphants Hinwendung zu einer swedenborgisierenden Sekte kann von Nietzsche aus gerechtfertigt werden: »Und hat nicht Nietzsche das hübsche Wort gesprochen: Der Fanatiker ist ein nach innen gewandter Krieger?« (IV,61).

Es wird deutlich, daß es Nietzsche »der Arzt« ist, »der Kritiker der Nerven und des Nihilismus«, den Hofmannsthal vor allem rezipiert. Er hilft ihm sowohl den »Psychologismus« wie Schopenhauers Pessimismus zu überwinden. Denn auch pessimistische Anklänge finden sich beim frühen Hofmannsthal. So etwa in der

---

[1] D. h. die Notiz V,96 müßte entsprechend datiert und ergänzt werden. – Siglen: I–VI: Hugo von Hofmannsthal, Gesammelte Werke in Einzelausgaben, hrsg. von H. Steiner, Frankfurt/M.: S. Fischer Vlg. I = Gedichte u. lyrische Dramen (1952); IV = Prosa I (1950); V = Aufzeichnungen (1959); VI = Prosa IV (1955); VIII = Nachlaß. Werke I und II: Friedrich Nietzsche, Werke in 3 Bänden, hrsg. von K. Schlechta, München 1956.

Rezension über Amiels »Tagebuch eines Willenskranken«, jenes Schopenhauerjüngers, der, vom »Bild der im Trug der Maja befangenen Kreatur« angeekelt (IV,38), Nein zum Leben sagte und den Hofmannsthal mit den Worten vorgestellt hatte: »Was ist uns von vagem Schmerz, von verborgener Qual und verwischtem Sehnen, jedes erstickte Anderswollen und alle Disharmonien, die der Wille zur Erhaltung übertäubt hat, sie erwachen zu einem unbestimmten Leben und leben aus Mitleid des Tat twam asi« (IV,24). Doch auch die Manier des »Psychologismus«, zu zergliedern und die Relativität des Bewußtseins auszuspielen, war ihm nicht fremd. Mit dem Psychologismus war er nicht nur durch das Studium der Bewußtseinspsychologen (Lange, Helmholtz, Wundt), sondern auch durch die Lektüre des französischen roman d'analyse (Stendhal, Bourget, Barrès), die sich seit 1889 feststellen läßt[2] und die durch die Freundschaft mit H. Bahr noch verstärkt worden war[3], in Berührung gekommen. Aber im Gegensatz zu Bahr liest er Barrès und Bourget mit den Augen Nietzsches: Barrès verwendet die Maske, »die Nietzsche rät« (IV,45), und auch in den Aphorismen Bourgets »steckt viel Nietzsche« (IV,11). Nietzsche ruft zur Selbstüberwindung auf, fordert die Haltung der Bejahung der alles umgreifenden Macht des Lebens, gibt die »kriegerische« Antwort auf die Erkenntnis, daß »die Königsgedanken mit Tiergedanken durchtränkt sind« (IV,9).

Es ist also weniger der Nietzsche der »Geburt der Tragödie« als der Nietzsche, der zur Selbsterziehung und Selbstüberwindung aufruft, der Nietzsche des »Zarathustra«, für den er sich interessiert. Vor allem dieses Werk übte einen bestimmenden Einfluß aus. Wie mir scheint, darf sogar das Sinnbild des *»Königs«*, das mit Stolz,

---

[2] Noch 1888 schrieb der 14jährige H. an Alice Sobotka: »Ich denke viel zu groß von unserer Literatur, um ihr nicht unbedingt den ersten Platz nach der englischen in der Weltliteratur einzuräumen« (VIII). Neben deutschen Dichtern finden sich als Lektüreangabe in den 75 unveröffentl. Briefen des Knaben H. an die Schwestern A. und M. Sobotka aus den Jahren 1886–1889: Shakespeare, Byron, Tennyson, Bulwer und Dickens. Doch werden auch Musset und – Anfang 1889 – Bourget genannt. Zwischen dem Herbst 1889 und dem Frühjahr 1891 finden sich dann Namen wie Flaubert, Maupassant, Zola und Daudet, Montaigne und Stendhal, Taine und Ibsen, Barrès und Bourget (vgl. VIII).

[3] Vgl. an Bahr: »Barrès, Bourget und unsere anderen wenigen Meister der psychologischen ›monologia‹« (VI,29).

Bewältigung und Selbstübersteigung übersetzt werden darf, unmittelbar auf Nietzsche zurückgeführt werden:

Im 3. Buch des »Zarathustra« lesen wir: »Und wahrlich, dies ist eine vornehme Rede, welche spricht: was uns das Leben verspricht, das wollen *wir* dem Leben halten«.[4] Diese Rede Zarathustras kehrt bei Hofmannsthal in bedeutungsvoller Weise wieder. So in dem Brief vom [78] November 1895 an Edgar Karg von Bebenburg, wo er den Begriff der Magie erläutert. Oder in den Notizen zu den im Mai 1893 geplanten »Dialogen über die Technik der redenden und bildenden Künste«. Oder schließlich im Material zum Ibsen-Aufsatz (1893), wo er sich notierte: »Über Peer Gynt ... könnte man vielleicht das adelige Wort des Zarathustra schreiben: ›Wahrlich, dies ist eine vornehme Rede...‹ usw.« (VIII). – Das Adelige und Vornehme wird bei ihm zum Königlichen. Bereits in der Bourgetrezension wurden die »Königsgedanken« in Verbindung mit Nietzsche genannt. Ein noch deutlicheres Beispiel findet sich in dem Aufsatz »Das Tagebuch eines jungen Mädchens« (1892). Es heißt von ihr: »Das Fieber des Lebens, das sie verbrennt, ist im Grund ein durstiges und bebendes Verlangen nach Macht, nach irgendeiner Herrschaft und Königlichkeit... Die leidenschaftliche Lust ... des Musikmachens, Musikwerdens, die bezwingt, fortträgt, beherrscht: welche Macht und welcher Wille zur Macht in diesem kleinen Mädchen!« (IV,110f.). Auf der gleichen Seite findet sich, in leicht veränderter Form, wieder das »adelige« Wort Zarathustras: »Und man geht hin und ›hält dem Leben, was einem das Leben versprochen hat‹ und wird ein Künstler und schafft das Leben aus sich selbst heraus« (IV,111). Bereits hier, nicht erst in »Der Tor und der Tod«, werden Schopenhauer (Musikwerden) und Nietzsche miteinander verbunden.

Das mag freilich auch als Zeichen dafür gelten, daß Hofmannsthals kritische Wachheit und künstlerische Kreativität durch das Studium der beiden Philosophen nicht beeinträchtigt wurde. Er kombiniert die Lehre der beiden Philosophen aus einer genauen Kenntnis ihrer Werke heraus. Denn im Gegensatz zu vielen anderen Nietzscheexegeten setzt er nicht sein subjektives Nietzschebild zusammen,[5] sondern weist sich als einer der ersten ernstzuneh-

---

[4] F. Nietzsche, Werke II,446.
[5] Vgl. P. Pütz, Friedrich Nietzsche (Sammlung Metzler, Nr. M 62), Stuttgart 1967, S. 6.

menden Nietzschekenner aus. Wenn er sich notiert (1898): »Zarathustra von Nietzsche, wie entstanden? aus dem Bedürfnis, das Ereignis in jeden Gedanken an sich zu gestalten; ein Übergangsproduct zwischen Denken und Bilden; wirkt wie Embryonen« (VIII), so dürfte an diesem Urteil nichts zu verändern sein.

*

Hofmannsthals distanzierte Aneignung Nietzsches ermöglicht eine weitere und, wie mir scheint, gewichtige Modifikation in der Rezeption des Philosophen. Sie ist zurückzuführen auf das Erlebnis der Krankheit und des Todes der mütterlichen Freundin J. v. Wertheimstein. In seine Dichtung tritt jetzt zur intellektuell-philosophischen Überlegung die persönliche, leidvolle Erfahrung hinzu: Die Bejahung des Unabwend- [79] baren, das Geschick des Menschen, seine Lebensgewolltheit, Endlichkeit und Zeitlichkeit – sie sind nicht nur das Thema der Dichtungen, die unmittelbar nach dem Todeserlebnis (Juli 1894) im Juli oder August entstanden sind[6] oder vollendet wurden, sondern bleiben auch in seinem späteren künstlerischen Schaffen das zentrale Motiv.

Die Nietzschesche Haltung der Selbstübersteigung erhält *jetzt* ihre bleibende Form. Selbstübersteigung bedeutete in »*Der Tor und der Tod*« sowohl Hinwendung zum Erdenleben als auch »Fühlensübermaß« oder Entgrenzung im Dionysisch-Urtriebhaften. Das implizierte Bewußtseinsauflösung und führte zur Bewußtseinsproblematik. Jetzt aber bedeutet Selbstübersteigung – Hofmannsthal spricht in diesem Zusammenhang auch vom »Selbstopfer« – Bejahung des Lebens als menschliches Geschick, wie sich ebenfalls von der Chiffre ›König‹ aus darlegen läßt. Dramatisch ausgeführt[7] wurde sie mit ihrem neuen Bedeutungsumkreis in der im Juli 1894

---

[6] »Wo ich nahe«, »Terzinen I–IV«, »Gedichte I und II« (von H. im Nachlaß auch »Große Kunst« genannt).

[7] Für die Lyrik sei auf die »Große Kunst« verwiesen:

Ich will den Schatten einziger Geschicke
Groß an den Boden der Gedichte legen

. . .

Und wenn wir später in die Hände schlagen
Wie Könige und Kinder tun,

So werden Sklaven der Musik geruhn,
Ein übermenschlich Schicksal herzutragen (I,55f.)

vollendeten[8] »Alkestis«, deren innerer Vorgang das Ineinander von
König(licher) Hinnahme des Geschicks und Bejahung des Unbegreiflichen ist: Durch seine Dienstleistung an Herkules, dem »Boten des
Dionysos«,[9] übt Admet jene Selbstüberwindung und Selbstaufgabe
aus, die im Selbstopfer der Alkestis vorgegeben war und für den
zunächst unköniglichen, weil durch die Erfahrung der rinnenden
Zeit verstörten Admet zum Vorbild wurde:

> ... mir ist auferlegt,
> *so königlich zu sein,* daß ich darüber
> vergessen könne all mein eignes Leid![10]

Mit der Bejahung des Lebens als menschliches Geschick kommt es
im Verhältnis Leben–Mensch zu einer stärkeren Rückwendung auf
den Menschen und seine Daseinserfahrung, ohne daß davon die
Grundposition berührt wurde. [...]

*

[83 ...] Hofmannsthals Wirklichkeitsauffassung setzt das ernüchternde Erlebnis des 19. Jahrhunderts mit seinem naturwissenschaftlichen Denken voraus, wonach Geist und Seele auf Gesetzmäßigkeiten zurückzuführen [84] sind und an die Stelle des Individuums der Zusammenhang der Dinge rückt. Im Essay »Das

---

[8] Begonnen worden war die »freie Übertragung der Alkestis des Euripides« schon früher. H. notierte sich: »18. 1. 94 bei (Alfred) Berger ...
Vorschlag, Alkestis des Euripides zu bearbeiten, aus maskenhafter
Starrheit zu lösen« (VIII). Am 21. 2. heißt es in einem Brief: »Alkestis ist nahezu fertig; sie wird Dir nicht gefallen, wenig Stimmung,
gar keine ehernen Verse; mir ist sie recht, weil ich dadurch dem dramatischen Drama, das ich will, ein Stückerl nähergekommen bin« (VI,
98). Doch dann bleibt die Arbeit liegen und mehr und mehr verdüstert
sich H.s Stimmung. Endlich, in einem Brief vom 3. Juli 1894, wo er
von dem bald zu erwartenden Tod der Frau von Wertheimstein spricht,
die »immer schwächer und immer wachsbleicher wird und dabei in dieser großen Weise von Leben und Sterben redet«, heißt es: »Ich habe in
diesen Wochen innerlich sehr viel erlebt, ich meine, das Leben erscheint
mir wieder noch merkwürdiger als früher ... Ich freue mich auf unser Zusammensein in Salzburg. Vielleicht bring ich die *neue* Alkestis
mit, neu und aus einem Guß von der ersten bis zur letzten Zeile, wie
ich sie jetzt spüre« (VI,106).
[9] W. H. Rey, Weltentzweiung und Weltversöhnung in H.s griechischen
Dramen, Philadelphia, Univ. of Pennsylv. Press. 1962, S. 46.
[10] Dramen I (1953), S. 31.

Schrifttum als geistiger Raum der Nation« (1927), zwei Jahre vor seinem Tode geschrieben, gibt Hofmannsthal noch einmal Rechenschaft über seine Bemühungen als Dichter und versucht zugleich das bestimmende Erlebnis seiner Epoche zu kennzeichnen. Er sieht es im Zeichen Nietzsches, und unter Berufung auf ihn grenzt er sich von der Romantik ab. Denn dort galt der Unterschied von Natur und Geist, jetzt aber gilt die »Ganzheit des Lebens« (VI,411). Gewiß sprachen auch die Romantiker von der Totalität, aber in Wahrheit ging es ihnen um die Erfahrung ihrer selbst. Hofmannsthal setzt deshalb den Romantiker dem Bildungsphilister gleich, weil beide glauben, den Geist zu »haben« und über die Wirklichkeit zu verfügen. Er stellt ihnen die Besitzlosen gegenüber, denen das, was Besitz zu sein schien, zerfiel: »Ich weiß kein treffenderes Wort, sie zu bezeichnen, als daß ich sie mit dem Worte nenne, mit dem Nietzsche in der ersten ›Unzeitgemäßen Betrachtung‹ diese deutsche Geisteshaltung bezeichnet hat: daß ich sie Suchende nenne, unter welchem Begriffe er alles Hohe, Heldenhafte und auch ewig Problematische in der deutschen Geistigkeit zusammenfaßte« (VI,398). Zu den Suchenden zählt er sowohl Nietzsche wie sich selbst.

Gleichwohl huldigt er dem Philosophen auch hier nicht uneingeschränkt. Sein dialektisches Prinzip gilt auch für Nietzsche. Er ist Führer – und Verführer. In einer nicht mit Namen genannten Umrißgestalt eines Suchenden wird seine Hybris verurteilt. Zu ihrer Identifizierung bedient er sich eines anderen Wortes von Nietzsche aus der späten ›Selbstkritik‹ zur »Geburt der Tragödie«: »Hier sprach ... eine mythische und beinahe mänadische Seele ... Wie schade, daß ich, was ich damals zu sagen hatte, es nicht als Dichter zu sagen wagte: ich hätte es vielleicht gekonnt!«[11] Und bei Hofmannsthal lesen wir: »Er ist auch Dichter, ... vielleicht ist er mehr Prophet als Dichter, vielleicht ist er ein erotischer Träumer – er ist eine gefährliche hybride Natur, Liebender und Hassender und Lehrer und Verführer zugleich. Wenn er es zuzeiten nicht verschmäht, Dichter zu sein, so geschieht es nicht um des Werkes willen. Das Werk würde ihn in die Ordnung hineinbeziehen« (VI,401f.). Der hybriden Natur stellt er einen anderen Suchenden gegenüber, »völlig kontrastierend mit dieser in der Grundgebärde« (VI,403). Denn diesem geht es darum, »alle Zweiteilungen, in die der Geist das Leben polarisiert hatte ... im Geiste zu überwinden und in geistige

---

[11] Nietzsche, Werke I, 28.

Einheit überzuführen« (VI,411). Durch den Geist, das Wort oder das Werk (das die hybride Natur nicht realisieren will) unterscheidet er sich von ihm. Gewiß, auch der Prophet ringt zuzeiten um die Sprache, aber er wirkt nicht mit an der »Schöpfung der Sprachnorm«, sondern will sie sich dienstbar machen »als die magische Gewalt, die sie ist« [85] (VI,402), denn er will allein zum Leben verführen. Der andere aber versucht dem Leben »immer wieder die sittliche Norm, das absolute Maß zu entreißen« (VI,404).

Hofmannsthal bekennt sich zu Nietzsche. Doch ist sein Bekenntnis nicht mit dem Urteil G. Benns zu verwechseln, der gesagt hat: »Eigentlich hat alles, was meine Generation diskutierte ... bereits bei Nietzsche ... definitive Formulierung gefunden, alles weitere war Exegese.«[12] Nicht um Nietzschenachfolge oder Nietzscheexegese geht es Hofmannsthal, sondern um die Auseinandersetzung mit ihm. Es galt, gegenüber seiner Lehre vom Primat des Lebens die Würde des ortlos gewordenen Geistes zu retten. Das aber gelang ihm mit Hilfe von Schopenhauer und seiner Lehre von der Intellektualität der Anschauung. Insofern liest er Nietzsche mit den Augen Schopenhauers und Schopenhauer mit den Augen Nietzsches. Nur so war es möglich, »dem Leben zu halten, was uns das Leben verspricht«, und doch den Raum des Humanen zu verteidigen.

3   Herbert W. Reichert
Nietzsche und Carl Sternheim

[334] Seit über vier Jahrzehnten befaßt sich die Kritik mit der Frage, ob und wieweit Nietzsche auf den Dichter Carl Sternheim eingewirkt hat. Schon 1925 konstatierte Ludwig Marcuse eine Beziehung zwischen dem »Überbürger« Sternheims und dem Gedankengut Nietzsches und Wedekinds.[1] Zehn Jahre später verstärkte Wolfgang Paulsen diese Auffassung in seinem Buch *Expressionismus und Aktivismus*.[2] Als jedoch Paulsen sich im Jahre 1956 mit

---

12 G. Benn, Nietzsche nach 50 Jahren, in: Gesammelte Werke I: Essays, Reden, Vorträge, Wiesbaden 1962, S. 482.
1 Ludwig Marcuse, »Das expressionistische Drama«, in: Literaturgeschichte der Gegenwart. II. Hrsg. Ludwig Marcuse. Berlin 1925, S. 149 bis 150.
2 Wolfgang Paulsen, Expressionismus und Aktivismus. Bern und Leipzig 1935, S. 76.

Sternheim gründlich auseinandersetzte, wollte er nichts mehr »von einer unmittelbaren Abhängigkeit von Nietzsche« wissen.³ George und Wedekind »seien die beiden Pole in Sternheims Dichtung«.⁴ Eher als zum Übermenschen wiesen die Helden Sternheims eine Verwandtschaft mit dem amerikanischen Typ des »rugged individual« auf.⁵ In seinem 1960 herausgegebenen Buch über Georg Kaiser räumte Paulsen überraschenderweise die Möglichkeit einer Nietzsche-Beeinflussung wieder ein, fügte allerdings noch hinzu, daß Kaiser, Sternheim und andere expressionistische Dichter sich ihre Nietzsche-Kenntnisse »meist durch Osmose angeeignet« hätten.⁶

In seiner vorzüglichen Ausgabe des Sternheimschen Gesamtwerks (1963–1970) ordnete und bearbeitete Wilhelm Emrich viel neues Material, beschränkte sich aber im Vorwort hinsichtlich unsres Themas auf die Bemerkung, Sternheims Gedankengänge seien nicht neu und schon »von Stirner, Nietzsche, Bakunin, den sogenannten Anarchisten, zum Teil auch von heutigen Existentialisten geäußert« worden.⁷ Wolfgang Wendler andrerseits hob 1966 gerade den Nietzsche-Einfluß mit der Schlußfolgerung wieder hervor, »Nietzsche ist also grundlegender als jeder andere für [335] Sternheim wichtig gewesen«.⁸ Weil aber Wendler mit Paulsen einig war, daß sich »nirgends ... ein tieferes Eindringen in Nietzsches Gedankengut belegen« läßt und weil er noch dazu überzeugt war, Nietzsches Einfluß beruhe »weniger auf einzelnen Gedanken, die Sternheim übernahm, als auf der Wirkung von Nietzsches Art zu denken«, so ließ es Wendler bei einigen im Ganzen zutreffenden aber allgemeinen Bemerkungen bewenden.⁹

---

³ Wolfgang Paulsen, »Carl Sternheim. Das Ende des Immoralismus«, in: Akzente. München. Jg. 3 (1956), S. 278.
⁴ A.a.O., S. 284.
⁵ A.a.O., S. 278.
⁶ Wolfgang Paulsen, Georg Kaiser. Die Perspektiven seines Werkes. Tübingen 1960, S. 104.
⁷ Carl Sternheim, Gesamtwerk hrsg. von Wilhelm Emrich, 9 Bde. Berlin 1963–1970. Bd. 1, S. 9. Alle ferneren Hinweise auf das Werk Sternheims, den Roman *Europa* ausgenommen, beziehen sich auf diese Ausgabe. Zitatbelege werden in Klammern im Text direkt nach dem Zitat gegeben.
⁸ Wolfgang Wendler, Carl Sternheim. Frankfurt a.M. 1966, S. 243. Überarbeitung seiner 1963 abgeschlossenen Dissertation.
⁹ A.a.O., S. 243. Auch unterscheidet Wendler wenig zwischen den verschiedenen Phasen von Sternheims Nietzsche-Verhältnis, was ihn dazu

Unsere Untersuchung wendet sich nochmals dem Problem Nietzsche–Sternheim zu, in der Überzeugung, es sei noch nicht gründlich erörtert worden. Obwohl wir den bedeutenden Studien von Paulsen und Wendler in vielem zustimmen, so meinen wir doch, den Einfluß Nietzsches etwas präziser bestimmen zu können. Dabei sind wir uns der ganzen Fragwürdigkeit des »Einfluß«-Begriffs bewußt: selten übernimmt der Mensch die Gedanken eines anderen, ohne sich selbst schon mehr oder weniger zu demselben Standpunkt durchgerungen zu haben.[10] Einfluß bzw. Wirkung kann aber auch so verstanden werden, daß man damit lediglich auf die schärfere Begriffsbildung hinsteuert, die einer Beschäftigung mit sympathischem Gedankengut entwächst.

Es geht uns nicht nur darum, Sternheim als Nietzsche-Anhänger darzustellen, sondern auch darum, die noch heftig umstrittene Weltanschauung Sternheims zu beleuchten. Verherrlichte er den Überbürger oder den Spießbürger? Sind seine, besonders die für die Öffentlichkeit bestimmten Aussprüche eigentlich ernst zu nehmen? Soll man sein Denken als logisch oder nur als pathologisch betrachten?[11] Durch seine Beziehung zu Nietzsche Sternheim etwas besser zu verstehen, darin sehen wir den inneren Sinn dieser Arbeit.

In seinem Aufsatz über Sternheim schrieb Wolfgang Paulsen folgende Sätze:

> Auch in späteren Jahren scheint Sternheim sich niemals ernstlich mit Nietzsche und dem Phänomen des europäischen Immoralismus beschäftigt zu haben. Wo immer er auf Nietzsche zu sprechen kommt, hat er sich mit einigen hämischen und oft völlig verständnislosen Bemerkungen begnügt, wie das beinahe allen großen Namen der Weltgeschichte gegenüber seine Art war, aus dem Bedürfnis einer inneren Verteidigung heraus.[12]

---

    verleitet im allgemeinen eine »zwiespältige Haltung« gegenüber Nietzsche bei Sternheim zu konstatieren, wobei dieser Nietzsche als Verkünder des »Willens zur Macht« ablehnt. Diese Schlußfolgerung gilt nur für den Nachkriegs-Sternheim.

10 Zum Beispiel hatte Gottfried Keller sich schon zu dem Standpunkt einer gottlosen Naturordnung durchgerungen, als er im Jahre 1849 die Philosophie Ludwig Feuerbachs begeistert annahm.

11 Winfried Georg Sebald, Carl Sternheim. Stuttgart 1969, 146 S. Sebald findet Sternheim widersprüchlich, überschätzt und »weitgehend pathologisch« (S. 126).

12 A.a.O., S. 282.

Diese Aussage ist bisher noch unangefochten, und da wir ihr nicht ganz bei- [336] pflichten, wollen wir zunächst Sternheims spätere, nach dem ersten Weltkrieg entstandene Schriften ins Auge fassen.[13]

Der im Jahre 1920 veröffentlichte Aufsatz, *Berlin oder Juste Milieu*, ist der bekannteste und dazu wohl auch der bedeutendste Sternheims aus dieser Zeit. Er hat dann auch den Ton fast sämtlicher kritischen Schriften in des Dichters Spätzeit bestimmt. Hier schildert Sternheim den geistigen Verfall Berlins in den Jahren 1870–1914, wie er ihn eben gesehen hat. Die absolutistische Ordnung der preußischen Junker wurde durch die Weltanschauung Darwins abgelöst. Das Gefühl der persönlichen Verantwortlichkeit mußte »Naturnotwendigkeiten« weichen. »Masse« wurde Schlüsselwort. Dies führte zum Umbruch, zur Industrialisierung und zum Einzug einer Intelligenz aus dem Osten, die auf geistigem und schriftstellerischem Gebiet die Macht an sich riß. Statt aber nun eine neue und freie Weltanschauung zu bekunden, ließ diese Clique, die ihren eigenen Vorteil suchte und sich daher den führenden kapitalistischen Schichten eng verband, die alten Werte wieder aufleben.

Sternheim fand diese Entwicklung besonders tragisch, da der Umbruch die Möglichkeit eines geistigen und menschlichen Aufstiegs dargeboten hatte. Man hätte auf Nietzsche hören sollen:

> An sich hätte man sich denken können, die auf der Linie von Hegel und Haeckel gewachsene radikale Unverantwortlichkeit des Menschen vor Naturnotwendigkeiten sei bei dem Berliner und seinem ursprünglich unbekümmerten und bewußten Charakter in rechte Hände gekommen, er hätte, da er nichts mehr besorgen mußte, sich auf Grund der neuen Lehre wirklich grenzenloser Ausgelassenheit, jauchzender Lebenslust, etwa so prachtvoll und unvergleichlich hingegeben, wie ein einziger freier Deutscher, Nietzsche, es in diesem Augenblick zu fordern begann.

---

[13] Unseres Erachtens trifft Paulsens Vorwurf nur für Sternheims letzte größere Schrift, Vorkriegseuropa (1936), zu. In dieser Zeit des aufkommenden nationalsozialistischen Deutschlands lehnte Sternheim Nietzsche entschieden ab. Die zwei diesbezüglichen Bemerkungen Sternheims sind wie folgt: »Jeder war aus seiner praktischen Wirklichkeit der eigenen Gattung bewußt; wobei ihm mit seinem hysterischen Übermenschen der spitzfindige Nietzsche nachhinkte« (*Vorkriegseuropa im Gleichnis meines Lebens*, Amsterdam 1936, S. 36). »Die Menschheit erlitt darüber hinaus Friedrich Nietzsches »Willen zur Macht«; sein »Jenseits von Gut und Böse«. Seines »Übermenschen« Willkür übernahm die Führung der Welt!« (*Vorkriegseuropa*, a.a.O., 122–123).

Es wäre denkbar gewesen, die in Deutschland am meisten verhätschelte Rasse der Berliner hätte sich solchen durch Philosophen rückversicherten Mut genommen, daß sie jenseits von Gut und Böse auf Grund großer Bankguthaben dionysische Laune, ein reines Lachen ausgetollt, ihre Landsleute, ganz Deutschland und schließlich abendländische Welt mit Lust angesteckt hätte.
Alle Umstände waren vollendet da. Nietzsche gab geistiges Geländer. (VI,125)

1921 erschien die Schrift *Tasso oder Kunst des Juste Milieu*, die im besonderen Goethe wegen seiner Verherrlichung von Pflicht und konventioneller Sittlichkeit stark rügte. Nochmals wird Nietzsche als potentieller Retter hervorgehoben:

Einen Augenblick schien es um des neunzehnten Jahrhunderts Ende, als könne das Goethesche »Leben und Leben-lassen« durch Friedrich Nietzsche bedroht, an des gemüt- [337] lichen Tasso Stelle in deutscher Sehnsucht der rauhere Zarathustra treten. Als könne aus seiner Lehre statt sich entwickelnder besinnungsloser Hingabe an alle Welt der Deutsche einen brutalen Egoismus in vernünftiger Schöpfung entdecken, und ihn statt wie bisher verbrecherisch geradezu sittlich nennen.
Aber die wesentliche Kraft, die nach Nietzsches schnellem geistigem Erlöschen deutsches Geist- und Kunstleben in Ermangelung bedeutender deutscher Nachfolge am stärksten beeinflussen sollte, Henrik Ibsen, mußte beim Versuch, das robuste Nietzschesche Gewissen in seinen Dramenhelden und -heldinnen durchzusetzen, alsbald einsehen, er habe sich in solchem Ziel übernommen... (VI,199)

Bemerkenswert ist, daß in beiden Aufsätzen, die im Abstand von einem Jahr erschienen sind, alleine Nietzsche die rettende Kraft zugeschrieben wird. Obwohl Nietzsche in der Nachkriegszeit zum Modephilosophen wurde, ist die Bezugnahme nicht zufällig, wie im Laufe dieser Untersuchung noch zu zeigen ist. Nun fassen die Zitate den Kern der Nietzschelehre als »jauchzende Lebenslust« und »brutalen Egoismus« auf, was von einem gewissen Standpunkt aus noch vertretbar ist. Die Zitate weisen aber auch andere Momente auf, die schwerlich von Nietzsche herstammen könnten. Wie läßt sich das alles erklären? Am besten, wenn wir die ethische Auffassung Sternheims selbst, seine Theorie der Denk- und Beziehungsinhalte kurz überblicken.[14] Die ist sowohl im *Berlin*aufsatz wie in dem 1919 erschienenen Roman *Europa* enthalten.

---

[14] Die Anregung zu dieser etwas ungewöhnlichen Begriffsbildung ging

Nach Sternheim gibt es eine absolute Gesetzmäßigkeit der »Naturnotwendigkeiten«, der der Mensch gehorchen muß.[15] Er bekämpfte aber mit allen Mitteln die, wie er behauptete, vom *Juste Milieu* vertretene Ansicht, der Mensch habe sich auch einem objektiven Sittengesetz zu unterwerfen. Auf dem Gebiet der Beziehungsinhalte, meinte Sternheim, müsse der Mensch seine persönliche Freiheit, »seine eigene Nüance« bewahren:

> Diese zeitgenössische, momentane Welt aber besitzt der Mensch immer von neuem neu und unabhängig von Vernunft nur durch Kraft der *Vision* ... Und zwar nach seinen visionären Fähigkeiten in abgestuften Graden jeder andere Mensch immer anders, so daß auf diesem Gebiet der Beziehungen jeder historische Vergleich sinnlos ist. Erst durch diese individuell gestufte Möglichkeit zum immer verschiedenen Besitz des »Beziehungsganzen« ist der neugeborene Mensch mit einem eigenen unvergleichlichen Schicksal frei, das heißt ganz seine eigene Nüance! (VI,170)

Die Beziehung zur Ethik Nietzsches liegt auf der Hand. Abweichende Momente, wie in den oben zitierten Auszügen, sind aber nicht zu verkennen. Diese wären 1. Der Glaube an eine objektive Gesetzmäßigkeit, 2. die Bezugnahme nicht nur auf [338] die wenigen Genies, sondern auf die ganze Menschheit, wobei allerdings eine Abstufung durch die »Kraft der Vision« des Einzelnen noch anerkannt wird,[16] 3. Ziel der persönlichen Freiheit und des inneren Triebes sei weder die große Tat noch die Machtbereicherung, sondern der Lebensgenuß.[17]

Die abweichenden Momente sind also wesentlich dieselben wie in den Auszügen und es ist nun klar, worum es sich handelt. Die

---

vermutlich von Heinrich Rickert aus, der in seinem Werk, Die Grenzen der naturwissenschaftlichen Begriffsbildung (Freiburg 1902) Denk- und Relationsbegriffe unterscheidet. Zu bemerken ist, daß es bei Rickert hauptsächlich um Metaphysisches, bei Sternheim vorwiegend um Ethisches geht.

[15] Sternheim scheint nie an der objektiven Wirklichkeit der sinnlichen Welt gezweifelt zu haben. Daher ist wohl sein mangelndes Interesse für Metaphysik zu erklären.

[16] »Kraft der Vision« ist eine durch den Krieg verursachte Abschwächung des früheren Sternheimschen Kraftbegriffs.

[17] Wie Richard Dehmel, Frank Wedekind und der junge Heinrich Mann beschränkte Sternheim den »Lebenstrieb« vielfach auf den »Geschlechtstrieb«.

Nietzsche zugeschriebene Ethik trägt wohl Züge Nietzsches, ist aber im Grunde die Anschauung Sternheims. Das soll aber nicht gleich heißen, daß sich Sternheim gar nicht um Nietzsche bemüht oder sich nur eine oberflächliche Kenntnis von dessen Gedanken erworben hat. Wie noch zu zeigen ist, hat sich Sternheim Punkt für Punkt hinsichtlich dieser abweichenden Momente mit dem großen Immoralisten auseinandergesetzt. Er wußte also, daß das, was er hier Nietzsche unterschob, sein Eigenes war. Andererseits wußte er ebenso gut, wie eng seine Meinung noch mit den Kerngedanken der Moral Nietzsches verwandt gewesen war, so nahe, daß er ohne Bedenken den Namen Nietzsches für seine eigene Version des Immoralismus einsetzen konnte.

Man muß es zugeben, in den Aufsätzen hat Sternheim die Moral Nietzsches zu eigenen Zwecken umgeformt. Es kann aber weder von »hämischen« noch von »verständnislosen Bemerkungen«, sondern nur von einem ziemlich positiven, wenn auch bewußt distanzierten Verhältnis zu Nietzsche und zu dessen Ethik die Rede sein. Diese Ansicht findet ihre volle Bestätigung in dem fast gleichzeitig veröffentlichten Roman, *Europa*[18].

Ehe wir uns aber von den *Juste-Milieu*-Schriften abwenden, soll noch kurz darauf hingewiesen werden, wie sehr sie von Ausdrücken und Gedanken des Zarathustra-Dichters Gebrauch machen. Einige Beispiele mögen genügen. »Leben« wird mit dem »zum Gesetz Erstarrten« verglichen (VI,189). »Hegelsche Verkündigung« werde durch das *Juste Milieu* »völlig zu Pöbelinstinkten und Pöbelwerten« degradiert (VI,194). Der »Mitleidsbefehl nicht nur Hegels aber auch Schopenhauers und Wagners« wird negativ bewertet (VI,197). Vorwurfsvoll spricht man von »Aufzucht zum Herdenvolk« (VI,133). Wie Nietzsche »Sklavenmoral« aus dem Ressentiment der Schwachen herleitet, so meint Sternheim vom »jüdischen Berliner«: »in ihr (der Presse) konnte er anonym sein Ressentiment gegen alles Heilige und Höchstpersönliche austoben« (VI,132). »Begriffe, die einseitig nach sittlichem Dienst messen« findet Sternheim »lebensschwächend« (VI,140). Dem Bürger soll »Mut zu seiner menschlichen Ursprünglichkeit«, »Mut zu seinen sogenannten Lastern« gemacht werden (VI,140). »Allmächtig lebendige, brutale Lebens-

---

[18] Carl Sternheim, Europa. München 1919, 2 Bde. Weitere Hinweise auf diesen Roman beziehen sich auf diese Ausgabe und werden im Text geführt.

frische« wird »verblasenen Theorien« gegenüber gestellt (VI,140). »Daß Kraft sich nicht verliert, [339] muß ... auf seinen frischen Einzelton der Mensch nur hören, unbesorgt darum, wie Bürgersinn seine manchmal brutale Nuance (sic) nennt« (VI,139).

Der Roman *Europa* (1919) behandelt dasselbe Phänomen des europäischen Zusammenbruchs und kommt zu ähnlichen Ergebnissen. Maßgeblicher Sprecher des Autors ist der Dichter Carl Wundt, der seine revolutionäre und heilbringende Botschaft – man spricht von »einem so riesigen, seit Jahrhunderten unvergleichlichen Geschenk an Deutsche« (I,177) – in Form einer Erzählung bekannt gibt. Der anpassungssüchtige Wolf Schwarzenberg, unbekannter Herkunft, bisher von Ressentiment getrieben (I,141), verliebt sich in ein Mädchen aus dem Rheinland. Seiner selbst nicht sicher, versucht er sich ganz der rheinländischen Kultur zu bemächtigen und den rheinländischen Menschen anzupassen. Diese Selbstverleugnung gelingt ihm in hohem Maße. Fast wie ein Wunder nun erscheint eines Tages die Heißgeliebte, von allen Vorurteilen befreit, und schenkt sich ihm. Von Glück überwältigt, kann sich Wolf aber nun nicht mehr von seiner neuangenommenen bürgerlichen Persönlichkeit befreien. Er hat sich von seiner Ursprünglichkeit zu weit entfernt, um jetzt noch das Leben der bürgerlichen Sicherheit vorzuziehen. Auf leisen Sohlen entfernt er sich von der schlafenden, lebensfrischen Eva, um zu der nicht vitalen aber bürgerlich anerkannten Professorentochter zurückzukehren.

Es fällt natürlich sofort auf, wie sehr Wundts Erzählung die uns nun bekannte Ethik Sternheims verkörpert. Dazu wird Wundt mit seinem Schöpfer geradezu identifiziert. Wie dieser hat auch er ein *Don-Juan*-Drama verfaßt (II,69), das »in Berlin zu beispiellosem Theaterskandal geführt« hat (I,98). Wie Sternheim sich auch eben nicht unterschätzte, so wird Wundt von den beiden anderen Hauptpersonen im Roman, Eura und Rank, für den größten deutschen Dichter der modernen Zeit gehalten (II,69).

Wie verhält sich Wundt–Sternheim zu Nietzsche? Grundsätzlich bejahend. Als zum Beispiel Wolf seinen großen Fehler der Selbstverleugnung begeht, deutet dies Wundt symbolisch an, indem er Wolf die männliche Lektüre von Nietzsche, Marx und Bakunin gegen die konventionellen Süßigkeiten von Schiller und Kleist eintauschen läßt:

> Nun zügelte er und vergewaltigte in sich Gewalten, die er aufgepeitscht hatte, verabscheute Musik, wie sie chaotisch in seinen Abgrün-

den brauste, floh vor Urwald und Dickicht in sich; erbleichte Marx und Nietzsche zu kennen, verwünschte ihre finsteren Sprüche, schleuderte seinen Bakunin in die Ecke. Mochte Bier und Branntwein nicht mehr und verbrachte über Schillers und Kleists Lektüre in Konditoreien Freizeit (I,142).

Wundt verhöhnt Goethe als »pünktlichen Niederschlag mittelrheinischer Poeterei: höchstens angemessen versonnen, niemals entrückt«, während er Nietzsche indirekt lobt:

> Hier hatte überstürzte Aufklärung, kein Mystizismus und nichts Dämonisches Platz gehabt; hier war kein Huß und Nietzsche geboren. Hier diente man lebendigen Interessen und verdient. (I,150)

[340] Goethe als Spießbürger wird dem ins Dämonische gesteigerten Nietzsche recht negativ gegenübergestellt.

Am Anfang des Romans betrachtet Wundt die Welt mit einem Anflug des Nietzscheschen Nihilismus. Das grauenhafte Dasein, das Allzumenschliche, erträgt er nur, indem er es verabscheut:

> Denn grauenhaftes Dasein trage er nur durch die Sprengkraft tödlicher Abneigung gegen Allzumenschliches um ihn. (I,40).

Gegen Ende des Buches erreicht er den urteilslosen *Amor fati* Nietzsches, freilich mit leicht religiösem Anstrich. Seiner Freundin, Eura, teilt er mit, seine bejahende Haltung trotz der vielen Schlechtigkeiten in der Welt

> sei kein Werturteil, sondern, wie er ihr schon oft bedeutet habe, Aufforderung zu freierem und heftigerem Genuß der Welt. (II,126)

Diese Ansicht entstamme der Haltung: »Neugier und darüber hinaus beruhigte Unterwerfung unter von Gott gewollte kernige Wirklichkeit« (II,126). Solche »kernige Wirklichkeit« bezieht sich in diesem Kontext auf das Harte, Brutale, also auf das Böse, oder besser gesagt, auf den Bereich jenseits von Gut und Böse. Freie Bejahung im Angesicht der rauhen Wirklichkeit entspricht dem Sinn des *Amor fati*. Wundt mag Nietzsche und denkt in vielem wie er. Nur vom »Willen zur Macht«, den er nun streng vom Lebenstrieb unterscheidet, will Wundt nichts hören. Er schließt seine Diskussion der Beziehungsinhalte mit dem Ruf, »Aufbruch vom Willen zur Macht zum Trieb reinen Lebens hin« (II,214). Vom Begriff »Wille zur Macht« distanziert sich Wundt-Sternheim, da er nach dem Krieg die fatale Entwicklung Europas und besonders Deutschlands diesem Triebe zuschreibt:

> Instinktiv wird Europa seit Jahrhunderten, bewußt seit über hundert Jahren von diesem einzigen Drang nach Wirksamkeit, Tat, Fortschritt und seinem Ziel, Kapital vergewaltigt, und was letzte Jahrzehnte hinzubrachten, war nur dieses Willens zur Macht schnelleres Tempo.... Und gerade der Deutsche. Nie und nirgends, in keinem Wort, keiner Führergeste fiel ihm ein, deutschen Machtwillens, Geschäfts Methoden (sic) auf ihren geistigen Gehalt zu prüfen, sondern von Anfang an hat er dieses Freibeutertum akzeptiert... (II,212–213)

Dieser »Wille zur Macht«, der zum Krieg führte, zeige sich schon wieder in der russischen »Diktatur des Proletariats« (I,215). Deswegen wendet sich Wundt vom schnellen Tempo des »Willens zur Macht« zum ruhigen Beharren bei sich selbst:

> Nicht Wettlauf zum Ziel, das keins ist, kein Äußerstes von Aktivität, doch ein Verweilen, Beharren bei sich selbst und jeder Regung der Umwelt. (II,213)

Von Nietzsche beeinflußte Terminologie ist auch hier wieder reichlich vorhanden, doch wollen wir aus räumlichen Gründen von einer diesbezüglichen Erläuterung absehen und statt dessen kurz darauf hinweisen, wie sehr die Hauptgestalten Wundt und Eura als Übermenschen aufgefaßt werden. Eura ist »ein Artgipfel«:

> [341] Wie Kohinor und Großmogul sei sie für alle Zeit weiblicher Geltung Solitär, aus dem Schopf rotgoldener Flechten höchste Nuance, irgend ein Artgipfel, nach dem ein über die Welt versprengter Klüngel von Männern wallfahren, und vor dem er sich immer erniedrigen werde (I,18).

Symbolisch gesehen stellt Eura den europäischen Sozialismus dar, als Frau vertritt sie den vitalen Lebenstrieb. In ihrer Verbindung von Kunstgefühl, politischem Idealismus und ungehemmter Sinnlichkeit erinnert sie eher an Heinrich Manns Herzogin von Assy als an Wedekinds Lulu oder Georg Kaisers Judith. Wie es fast immer der Fall bei Sternheim ist, wird jedoch urgründige Lebenskraft der Sinnlichkeit gleichgesetzt. Noch im blutigen Sterben will Eura die Wollust kulminieren:

> Wollust ein letztes Mal zu kulminieren, greift sie den Soldatenstiefel, der steil in ihren Unterleib fährt, zieht ihn tief in zuckende Gedärme und entblättert... (II,220)

Wundt steht auf noch höherer Ebene. Wie Eura besitzt er eine ungeheuere Vitalität, »eine Lebenskraft ... die sie (Eura) packte und wie mit Düften der Dschungel berauschte« (I,39). Von ihm allein ist dann auch die geistige Rettung Europas zu erwarten (II,178).

Wie Wundt schätzt auch Eura Nietzsche. Indem sie ihn als Vorkämpfer des Sozialismus bewundert, stimmt ihr Sternheim wohl zu:

> In diesem weiteren Sinn, nicht als Selbstzweck schätzte sie Nietzsche, des Vorkämpfers und seines Jüngers Bergsons Philosophien ... (II, 154) [19]

Als verblendeter Sozialistin mangelt ihr aber Wundts Scharfsinn, so wird uns angedeutet, und mit Sternheim müssen wir vorwurfsvoll erkennen, wie sie im Gegensatz zu Wundt den »epochalen Trieb zur Expansion«, wovon »Nietzsches Wille zur Macht« die letzte Phase sei, freudig begrüßt (II,30).

Fassen wir zusammen: der Roman *Europa* bezeugt wieder die Nachkriegs-Distanzierung Sternheims von Nietzsche. Gleichzeitig ist nicht zu übersehen, wie sehr der Roman in seiner Gesamtheit eine Auseinandersetzung mit Nietzsche darstellt, wobei Sternheim den Immoralisten hoch einschätzt und im wesentlichen bejaht.

Die intensive Beschäftigung Sternheims mit Nietzsche in den Nachkriegsjahren mag zum Teil der während des Krieges begonnenen Freundschaft mit dem Dichter und damaligen Militärarzt Gottfried Benn entstammen – Benn war ein Nietzsche-Enthusiast, der sich noch nach dem zweiten Weltkrieg mutig zu Nietzsche bekannte. Sternheims Interesse mag auch vom Zeitgeist angeregt worden sein, so wie es bei Hermann Hesse der Fall war. Jedenfalls aber war dies nicht die erste Begegnung mit Nietzsche.

[342] In ihrer Konzeption umfassen die Komödien *Aus dem bürgerlichen Heldenleben* das zweite Jahrzehnt des 20. Jahrhunderts. Und wenn auch das erste Stück nicht 1908, wie Sternheim angab, sondern erst 1909 geschrieben worden ist, und wenn die letzten Stücke zum Teil neue Themen aufweisen, so stimmt doch im wesentlichen seine Behauptung, daß die Stücke eine innere Einheit haben. Es läßt sich also dieser Zeitabschnitt in Sternheims Schaffen

---

[19] Rickert im Vorwort zur revidierten Ausgabe seines Buchs (s. Anm. 14) bezieht sich hinsichtlich der neueren Philosophie gerade auf Nietzsche und Bergson. Es mag sein, daß er dies dann auch in den Vorlesungen getan hat, die Sternheim besuchte.

durch eine Analyse des ersten Stücks, *Die Hose,* das dann auch die gedankliche Grundlage der weiteren Stücke darstellt, gut ins Auge fassen.

Die Handlung des Dramas scheint auf den ersten Blick wenig mit Nietzsche Gemeinsames zu zeigen. Eine junge Frau verliert unversehens ihre Hose auf der Straße. Ihr Mann, körperlich robust aber im Beruf nur kleiner Beamter, ist entsetzt und fürchtet dadurch seine Stelle zu verlieren. Zwei männliche Zeugen des Ereignisses verlieben sich in die Frau und wollen den Mann zum Hahnrei machen. Wie er nun die Sache für sich zum besten wendet, ist Kern der Handlung und des Humors. In dem Kampf des Gatten mit den zwei Verliebten geht es äußerlich um die Frau. Auf einer höheren Ebene geht es um Nietzsche.

Der eine Verliebte heißt Scarron und ist Dichter. Er ist ein Verehrer Nietzsches. Im dritten Akt fragt er den Gatten, Theobald Maske, »Ist Ihnen der Name Nietzsches zu Ohren gekommen?« (I,87). Als Maske dann (fast wie Hesses Peter Camenzind) nur ein erstauntes »Wieso?« hervorbringen kann, summiert Scarron die Ethik Nietzsches:

> Er lehrt das Evangelium der Zeit. Durch das mit Energie begnadete Individuum, kommt Ziel in die unübersehbare Masse der Menschen. Kraft ist höchstes Glück. (I,87)

In einer früheren Fassung des Dramas äußerte sich Scarron weitläufiger:

> Er lehrt das Evangelium des begnadeten Individuums. Durch ihn erst kommt System in die unübersehbare Masse der Menschen, in die er das Prinzip des aus sich selbst gearteten Menschen, den Einser unter Nullen setzt... Und diese Philosophie erdachte nicht etwa graue Theorie, sondern das Wirklichkeit hat sie gelehrt und lehrt sie allenthalben jeden Tag. Wem ist das Gleichnis vom Maulwurfsweibchen unbekannt, das von der Schar der um sie streitenden Männchen in die letzte unentrinnbare Ecke des letzten Ganges gedrückt wird und dort dem übrigbleibenden zufällt. Ist es bei den Bären oder bei den Menschen anders? (VII,854–855)

In der frühen Fassung stimmt ihm Theobald nur bedingt zu: »Glück ist bei den Weibern halt auch dabei« (VII,855). Worauf Scarron die klischeehafte Antwort gibt: »Aber was heißt das? Kraft ist Glück« (VII,855).

Damit ist der Dialog zwischen Maske und Scarron eingeleitet.

In der endgültigen Fassung geht das weniger schnell. Zunächst willigt Theobald vorsichtig ein, »Kraft ist freilich Glück. Das wußte ich auf der Schule, hatten die andern unter mir zu leiden« (I,87). Worauf aber Scarron eine gewichtige Unterscheidung macht:

> Natürlich meine ich nicht brutale Körperkräfte. Vor allem geistige Energien. (I,87)

[343] Einige Minuten später greift Scarron den ausweichenden Theobald wieder an:

> Hörten Sie von diesen Theorien nie sprechen? Lesen Sie so wenig? (I,88)

Scarron wirft ihm Bequemlichkeit vor, worauf Theobald, endlich ein wenig aufgebracht, reagiert:

> Ist bequem nicht recht? Mein Leben währet siebenzig Jahre. Auf dem Boden des mir angelernten Bewußtseins kann ich manches in diesem Zeitraum auf meine Weise genießen. (I,90)

Das genügt Scarron nicht. Nicht Genuß, sondern Mitarbeit an der geistigen Entwicklung des Menschengeschlechts sei das Maßgebende:

> Ich beurteile den Mann einfach nach dem Grad seiner Mitarbeit an der geistigen Entwicklung des Menschengeschlechts. Heroen sind die großen Denker, Dichter Maler, Musiker. Der Laie so bedeutend, wie weit er sie kennt. (I,90)

Worauf der zweite Verliebte, der schwindsüchtige Friseur und Wagner-Schwärmer Mandelstam, ihm begeistert zustimmt: »Und die großen Erfinder« (I,90).[20]

Nun bringt Theobald den Einwand hervor, der in der ersten Fassung viel früher erscheint:

> Und wo bleiben Sie mit dem Gemüt? ... Wie brauchen Sie das Herz dazu? (I,91)

---

20 Wie sehr Mandelstam in geistiger Hinsicht zu Scarron hält, läßt sich aus seiner Verteidigung desjenigen vor Luise ersehen. Mit Theobald verglichen sei »Herr Scarron wie der liebe Gott«. Scarron bewies »Vornehmheit der Gesinnung«. Er hatte »ein großes überströmendes Herz«. Es war »rührend, wie er noch am späten Abend versuchen (wollte), Aufklärung in diesen Wasserkopf (Theobald) zu gießen« (I,99).

Auf Scarrons kaltblütige Bemerkung, »Das Herz ist ein Muskel, Maske« (I,91), erwidert Theobald, »Gut. Doch es hat eine Bewandtnis bei ihm. Bei den Weibern vor allem« (I,91).

Scarron und Mandelstam bemühen sich, ihm zu beweisen, daß große Geister – Shakespeare, Goethe, Schwarz, Newton – bei ihren Errungenschaften nicht an Frauen gedacht hatten (I,91), jedoch bleibt Theobald unüberzeugt:

> Von Goethe zu schweigen, meinetwegen von Schwarz – immerhin – um mich so auszudrücken, die Weiber haben ihr Herz. (I,91)

Dies Gespräch wird einige Seiten weiter geführt, bis Theobald seine Meinung etwas eindeutiger zu verstehen gibt:

> Nun gibt es aber Wesen, für die ist ein Platz wie der andere, und vor allem mögen sie den, an dem sie stehen. Mit dem, was mir Geburt beschieden, bin ich an meinem Platz in günstiger Lage...(I,96)

Der verblüffte Scarron kann nur erwidern, »...Sklavenmoral!« Theobald aber grinst und gibt seiner Weisheit letzten Schluß kund:

> Meine Freiheit ist mir verloren, achtet die Welt auf mich in besonderer Weise. Meine Unscheinbarkeit ist die Tarnkappe, unter der ich meinen Meinungen, meiner innersten Natur frönen darf. (I,96)

[344] Da sind die Fronten gezogen. In der darauffolgenden Handlung siegt Theobald auf ganzer Linie. Die Verliebten mieten teure Zimmer bei ihm, ohne an die schöne Luise zu gelangen, während Theobald sich eine Maitresse gewinnt und noch zusätzlich das nötige Geld daraus schlägt, um eine Familie zu gründen. Scarron rettet sich zwar zur Nietzsche-Moral zurück, entwickelt sich aber dabei zur Karikatur. Die Keuschheit einer Straßendirne läßt ihn erst wieder an die Relativität der Werte glauben:

> ...nie vorher im Umgang mit Kindern und der Madonna war Keuschheit mit solcher Inbrunst wie aus dieser Hure mir nah. Und alsbald merke ich: Ihr (Theobalds) mit Emphase vorher ausgesagtes Urteil von der Unveränderlichkeit aller Werte – das nämlich ist der platte Sinn ihrer Lebensauffassung ... ungültig wurde es vor diesem Weib... (I,126)

Wir haben nun diese lange Auseinandersetzung Sternheims mit der Moral Nietzsches in allen Einzelheiten wiedergegeben, um ihre außerordentliche Bedeutung für das Stück hervorzuheben, sodann aber auch weil sie nicht ohne weiteres verständlich ist. Aber wie ist sie dann zu erklären?

Es fällt auf, daß beide Nietzsche-Verehrer Schwächlinge sind. Mandelstam kann sich eigentlich nichts Höheres denken, als abends allein mit Luise den *Fliegenden Holländer* zu lesen (I,70). Scarron will sich zwar als harten Übermenschen verstehen. Als Mandelstam ihm bei seiner Werbung um Luise im Wege zu stehen droht, schnauzt er, »Herrenmoral soll dem schlappen Hund gezeigt werden« (I,90). Auf Luisens Frage, ob »kein Mitleid mehr sein soll«, antwortet er barsch, »ist einfach nicht« (I,90). Er findet »unvergleichliche Wohltat in dem Gedanken: das Schwache, Lebensunfähige, muß dem Starken, Gesunden weichen« (I,86). Trotz aller atavistisch klingenden Nietzscheterminologie ist und bleibt Scarron ein großmäuliger Schwärmer mit schwachen Trieben. Dies zeigt sich dann auch eindeutig, als er stürmisch um Luise wirbt. In dem Augenblick, wo sie sich endlich völlig bereitwillig zeigt, verläßt er sie, läuft glücklich in sein eigenes Zimmer und schließt ab, um das Erlebnis auf Papier zu verewigen.[21]

Scarron ist also ein Großmaul und Schwächling. Warum hat ihn eben Sternheim zum Fürsprecher Nietzsches bestimmt? Offenbar um sich schon zu diesem Zeitpunkt von Nietzsche zu distanzieren. In einem wichtigen Punkt aber unterscheidet sich diese Distanzierung ganz wesentlich von der späteren. Denn hier geht es nicht um eine Verneinung, sondern um eine Bejahung der Kraft.

Es soll nochmals darauf hingewiesen werden, daß Theobald die ursprüngliche Erläuterung der Moral Nietzsches seitens Scarron als Sieg des Starken nicht ganz abgelehnt hat. Nur wollte er die Kraft nicht lediglich als geistige Energie aufgefaßt haben, die Starken nicht nur in den geistigen Menschen sehen. Er unterscheidet sich in dieser Hinsicht von Scarron nur insofern, als er die Kraft in den Bereich [345] des Alltäglichen verlegt. Theobald zufolge hat jeder Mensch die Möglichkeit sowie das Recht, sich jenseits von Gut und Böse zu verhalten. Zwar komme es schon auf die Kraft jedes einzelnen an, auch gibt es keinen unbedingten Spielraum, innerhalb gewisser Grenzen aber könne sich jeder bemühen, seine persönliche Freiheit zu wahren, seinen inneren Trieben zu frönen.

---

21 Scarrons übersteigerter Wunsch, das Erlebnis auf Papier zu verewigen, soll vermutlich eine Ironisierung Goethes sein. In seiner Tasso-Schrift wirft Sternheim denn Goethe auch vor, keine ergreifenden Verhältnisse mit Frauen gehabt zu haben (VI,191).

Obwohl Theobald es nicht ausdrücklich erwähnt, setzt er die Vitalität fast ausschließlich der Geschlechtskraft gleich. Durch die wiederholte Betonung der eigenen starken Muskulatur, will er die abgeschwächte Männlichkeit bei Mandelstam hervorheben. Nicht »Mitarbeit an der geistigen Entwicklung des Menschengeschlechts«, sondern »Genuß« ist ihm Lebensziel. Wie sehr er dieses Lebensziel erotisch auffaßt, ist beim Fallen des Vorhangs klar: er schätzt sich mehr als glücklich, da er in zweifacher Hinsicht auf dem Gebiet des Sexuellen Fortschritte erzielt hat: eine Maitresse hat er gewonnen und finanziell kann er sich nun auch Kinder leisten.[22]

Theobalds auf dem Kraftbegriff basierende Immoralität wird dann zur Grundlage der weiteren Stücke *Aus dem bürgerlichen Heldenleben*. Möge die Bemerkung des alternden Theobald gegenüber seinem Sohn Christian in dem 1913 geschriebenen Stück, *Der Snob,* uns hier genügen:

> In dir ist alles Maskesche um ein paar Löcher weitergeschnallt. Du hast mich völlig in dir... Meine Beziehung zur Welt, der höhere Sinn von mir – bist du. (I,201)

Fassen wir wieder zusammen: in der Komödie, *Die Hose,* und somit indirekt auch in den damit verwandten Stücken, distanziert sich Sternheim bewußt von Nietzsche hinsichtlich seines Geniemenschen, seiner Zielsetzung, seiner Geringschätzung der Frauen, auch hinsichtlich seines Kraftbegriffs. Trotzdem steht er in der Bejahung einer auf Kraft gegründeten Immoralität Nietzsche näher als in der Nachkriegszeit, wo er ihn doch gelegentlich recht positiv gewertet hat. Ferner sei bemerkt, gerade diesen Kraftbegriff, von dem er sich distanziert, hatte er von Nietzsche oder wurde zumindest bei seiner

---

[22] Die Kritik irrt, wenn sie meint, Sternheim habe sich auch von Theobald Maske distanziert. Bei ihm ist keine Karikierung anzutreffen. Wenn er auch am Anfang in seiner Angst Luise anschnauzt und sogar schlägt, so läßt Sternheim trotzdem durchschimmern, dieser Mann ist der einzige, der seine Frau wirklich versteht, der sie nicht wie Scarron fälschlich idealisiert, sondern nimmt, wie sie ist, als das Kind der Schneidersleute. Es darf auch nicht übersehen werden, daß Theobald eben derjenige ist, der Herz, Gemüt, und die Bedeutung des weiblichen Geschlechts in Schutz nimmt. Was man auch von ihm halten mag, Maske denkt und fühlt in vielem wie sein Schöpfer. Sternheims Diener meinte dann auch in Theobald Sternheim selbst zu sehen. Manche gestrichenen, von Emrich wiedergegebenen Aussagen Theobalds lauten fast wie »ein Glaubensbekenntnis... Sternheims« (I,566).

Formulierung von ihm angeregt. Das wollen wir nun zu zeigen versuchen, indem wir die vermutlich entscheidende Begegnung Sternheims mit Nietzsche während der Konzeption des *Don Juan* erörtern.

Es besteht wenig Zweifel darüber, daß *Don Juan* weltanschaulich für Sternheim von größter Bedeutung gewesen war. Emrich meint, das Stück sei von allen [346] vor der *Hose* »das Gewichtigste« gewesen (VII,850). Er behauptet sogar, »das Stück wurde Sternheim mehr und mehr zu einer Summe seiner Existenz« (VII, 808). Sternheim selbst schrieb Mai 1906, »Am Don Juan, wie es recht ist und billig, erlebe ich mein ganzes Leben« (VII,842).

Das Drama besteht aus zwei Teilen. Der erste Teil wurde im Juni 1905 geschrieben und im November desselben Jahres umgearbeitet. Erst bei der Umarbeitung kam der Gedanke, noch einen zweiten Teil hinzuzufügen, der dann Herbst 1906 angefangen wurde.

Es ist nun auffallend, wie sehr die beiden Teile in der Konzeption des Helden voneinander abweichen. Nimmt man die Pläne zum zweiten Teil hinzu, so wird der Unterschied noch erheblicher.

Im ersten Teil hat man es mit einer Liebesgeschichte zu tun, wobei der egoistische und von Liebessehnsucht gequälte Held nicht ganz zufällig an Goethes Faust erinnert. Im zweiten Teil spielt die Liebe eine untergeordnete Rolle. Die Geliebte begeht bald Selbstmord, und die Handlung konzentriert sich darauf, Don Juan als großen Kriegsführer und Gegenspieler des Königs darzustellen.

Dieser Wandel vom Liebhaber zum selbstsicheren Weltmann läßt sich ja auch in *Faust* vorfinden. Es steht aber mehr auf dem Spiel. Das ergibt sich am deutlichsten aus den Briefen Sternheims an seine Freundin und spätere Frau, Thea Löwenstein-Bauer. Noch im Januar 1906 bezieht sich Sternheim auf Schiller und versteht den Kampf zwischen Don Juan und König Philipp als zwischen fast ebenbürtigen Gegnern (VII,834). Dagegen zeigt ein im Februar desselben Jahres geschriebener Brief eine überraschende Neuerung. Sternheim beteuert, einen großen Fehler begangen zu haben: Don Juan sei als die Kraft, als Machthaber des Lebens, anzusehen, während Philipp als haßerfüllter, ohnmächtiger Schwächling zu betrachten sei:

... Den großen Fehler habe ich am ... Januar gemacht, als mir der wahnsinnige Vergleich Juan – Quichotte kam ... Es ist alles reiner Mist ... es ist ein Irrtum von uns anzunehmen, Juan sei die Sehnsucht. Er

ist die *Kraft* ... *Er ist der Machthaber des Lebens,* der Mächtige aus sich, der Sonnengott. Der König! das Plus! *Philipp, der König ist der ohnmächtige,* das Minus, die Schwäche an sich. Der Unterthan. Der Abhängige.
... Schwäche. Kraft.
Schatten. Sonne.
Das ist der Konflikt. Darum haßt Philipp.
... Die ohnmächtige Macht Philipps, die versucht diese Sonne zu erlöschen ... ist zu zeigen. Zu zeigen die Lebensfülle ... *Ein Wunder des Lebens ist zu zeigen,* der Lebenskraft. (VII,838–839)

Von Schiller zu Nietzsche! Der Konflikt plötzlich im Sinne von Nietzsches Herrenmoral aufgefaßt! Der Starke handelt aus Lebensfülle und Kraft, der Schwache aus Ohnmacht und Ressentiment – »Philipp verkörpert eben diese Welt herrlich, der das wahrhaft große Starke verhaßt, gefürchtet ... ist« (VII,840). Woher der Wandel? Was bestimmte diesen Umschwung?

[347] Ein zweiter Brief Sternheims von Februar 1906, aus der Zeit des Umschwungs also, berichtet von einem neuen philosophischen Interesse:

Ich habe mich vorsichtig mit Windelbands vorzüglicher Geschichte der Philosophie auf diese eingelassen und habe unendliche Freude (obwohl es mir sehr schwer fällt) damit, kann es nicht mehr ertragen, die Philosophie als die Wissenschaft, die uns Erkenntnisse, d. i. *Werturteile* über die Fragen der Ethik und Aesthetik vor allem giebt, zu entbehren. (VI,473)

Ein dritter Brief des Monats verrät die fortgesetzte Beschäftigung mit dem Problem des ethischen Verhaltens. Sternheim ringt bewußt darum, die persönliche Entschlußkraft zu bewahren, sein ganzes Denken aber steht noch im traditionellen Geleise:

Ein ethischer Mensch thut, was ihm seine beste Einsicht, *sein* höchstes Pflichtbewußtsein vorschreibt, nicht wie unethische, was ihm eine landläufige Moral, faule Prinzipien befehlen. ... Der ethische Mensch ... untersucht *in jedem Falle, was ist meine* Pflicht. Und läßt sich dann *ohne Rücksicht auf seine Neigung,* einzig von seiner Pflicht leiten ... (VI,473–474)

Sternheim unterscheidet scharf zwischen Pflicht und »landläufiger Moral«, schließt aber ganz im Sinne Kants und des deutschen Idealismus:

Ich füge noch einmal ausdrücklich hinzu. *Pflicht,* nicht *Neigung.* Einsicht! (VI,474)

Ende Februar kehrte Sternheim aus Rom nach Freiburg zurück, wo er bei dem Schüler Windelbands, dem Universitätsprofessor Heinrich Rickert, Vorlesungen über Ethik hörte. Daß er in manchem mit Rickert nicht übereinstimmte, bezeugt ein an diesen gerichteter Brief vom 27. November 1906, in dem er Rickerts Auffassung vom großen künstlerischen Menschen stark ablehnt (VI,484). Im selben Monat schreibt er begeistert über Nietzsche und seine Ethik:

> Eine Milde. Etwa mit Nietzsche zu sagen: Es wäre entsetzlich, wenn wir noch an die Sünde glaubten, sondern, was wir auch tun werden – es ist unschuldig. Ich weiß wohl, daß der Don Juan Kraft ist vom Anfang bis zum Ende ... (VII,847)

Daraufhin zitiert er Nietzsche (Nachlaß, GA XII, Seite 75ff. Ziffer 144–147, 168, 172, 186/187) und fügt erklärend hinzu:

> Mit anderen Worten: Er (Nietzsche) verwirft jede Ethik. Und will nur eine Aesthetik kennen. Der Mensch soll nicht gut, er soll nur ganz sein. Ganz er selbst. Dann ist er schön.
> Es leuchtet nebenbei aus seinem Werk als die Hauptsache heraus. Dass das *Starke* für ihn das *Schönste* ist. Es ist eine überraschende Entdeckkung. Der Don Juan der ersten Szene des zweiten Teils wäre Nietzsche als der schönste Mensch erschienen.
> All das ist sehr sympathisch und steht hoch über all dem ethischen Gefasel von Tausend und Abertausenden. Es ist jedenfalls sehr viel schönheitstrunken zu sein wie er. Ohne Maass.
> Denn er ist schönheitstrunken ohne Maass. Das Höchste erscheint mir in diesem Augenblick. Ein Schönheitsmaassbewusstsein. Tasso, Iphigenie. Du siehst wieder den Wertunterschied.
> [348] Für die Menschheit Nietzsche.
> Für den Menschen Goethe.

Ganz im Sinne Nietzsches überlegt er die ethische Vieldeutigkeit des Wortes:

> Wir können eine Ethik nicht haben – einfach weil etwas, durch ein *Wort ausgedrückt,* immer vieldeutig bleibt und ein ethisches System doch immer in Worten bestehen wird. Für jedes Individuum andersdeutig. Z. B. sage ich: das war grausam so empfindet der schwache Mensch einen Schmerz, Ekel, der starke eine Lust, Freude.
> Das Wort »grausam« hat eben keinen feststehenden Wert für alle

Menschen und alle Zeiten. Ebenso »selbstlos«. Ein Starker nennt es »schlapp« usw. (VII,848)

Uns scheint diese eingehende Auslegung der Ethik Nietzsches außerordentlich wichtig. Zunächst belegt sie mit ziemlicher Sicherheit, was Paulsen und Wendler bestreiten, die Tatsache, daß sich Sternheim zu irgendeiner Zeit einigermaßen intensiv mit Nietzsches Werk selbst beschäftigt hat. Eben hier bezieht sich Sternheim direkt auf das Werk (»es leuchtet nebenbei aus seinem Werk«), hier zitiert er aus dem Werk. Auch handelt es sich kaum um eine flüchtige Bekanntschaft, wobei Nietzsche etwa als Kuriosum oberflächlich durchblättert wird, denn diese Aussage Sternheims kommt zu einer Zeit, wo er sich ja anhaltend mit Philosophie und Ethik beschäftigt hat, wie die Briefe bezeugen. Ferner ist die Aussage gewissermaßen Wiederholung und Bestätigung des zehn Monate früher geschriebenen »Herrenmoral«-Briefes vom Februar 1906.[23]

Die Intensität und Aufrichtigkeit dieser ethischen Beschäftigung läßt sich besonders daran erkennen, daß er an dem Studium der Philosophie »unendliche Freude« empfindet, obwohl er eingestehen muß, daß es ihm schwer fällt. Auch daran, daß er in dieser Zeit nicht einfach rezeptiv die Meinungen anderer aufnahm, sondern selbst im Gegensatz zum Gehörten und Gelesenen nach einer ethischen Haltung suchte, die Pflicht mit persönlichem Entschluß und Selbstwollen verband. Erst mit der fröhlichen Begrüßung der Moral Nietzsches löste sich für ihn das Problem.

Wie sehr sich Sternheim mit der Nietzsche-Lektüre im besonde-

---

[23] Wie der Nietzsche-Brief vom November 1906 und der »Herrenmoral«-Brief vom 6. Februar 1906 zu einander stehen, ist schwer zu sagen. Man hätte eher die umgekehrte Reihenfolge der Briefe erwartet. Denn die allgemeinen Überlegungen hätten doch der praktischen Übertragung vorangehen sollen. Dies mag denn auch der eigentliche Hergang gewesen sein. Die Beschäftigung mit Nietzsche könnte schon in Rom angefangen haben – in einem anfangs 1905 aus Rom geschriebenen Brief bezieht sich Sternheim auf den Stil Nietzsches hinsichtlich des Stils in Don Juan: »O ihr Thoren, die ihr, wenn ihr knappe dramatische Verse lehrt, meint, der Autor könne nicht sprechen wie Nietzsche, Hofmannsthal. Im Gegenteil ... Ich meine im Juan die dramatische Sprache Shakespeares oft erreicht zu haben« (VI,472). In diesem Fall hätte Sternheim früher Durchdachtes, etwa aus einem Tagebuch, seinem späteren, im November geschriebenen Brief eingefügt. Auch so ist aber von Bedeutung, daß er noch zu der früheren Aussage steht.

ren abgab, kann man daran erkennen, daß er die Begriffe verständig und sachlich erfaßt. Hier distanziert sich Sternheim nicht, fügt keine eigenen Meinungen hinzu. Seine [349] Formulierung, »Der Mensch soll nicht gut, er soll nur ganz sein«, trifft schon das Wesentliche. Auch übersieht Sternheim das dionysische Moment nicht, auch nicht das Fehlen jeglichen äußeren Maßstabs (»ohne Maaß«).[24]

Und nun die positive Stellungnahme zu Nietzsche. Sternheim findet Nietzsches Vorliebe für das Starke »überraschend« und »sehr sympathisch«. Was der Immoralist behauptet »steht hoch über all dem ethischen Gefasel von Tausend und Abertausenden«. Eine fast unbewußt bejahende Annahme der Nietzscheschen Denkart ist in den Bemerkungen über die ethische Vieldeutigkeit des Wortes zu erkennen.

Wenn man nun zu all dem noch die zeitliche Übereinstimmung der Entdeckung des Kraftbegriffs bei Nietzsche seitens Sternheim und das plötzliche Auftauchen dieses Begriffs als Kerngedanke des *Don Juan* nimmt, so kann man nicht umhin, den Schluß zu ziehen: aus dieser Zeit des ethischen Ringens und besonders aus der intensiven Beschäftigung mit der Moral Nietzsches erhielt Sternheim entscheidende Anregung, Bestätigung, Klärung seiner eignen Gedanken. Wir wissen, eben zu diesem Zeitpunkt festigte sich seine ethische Einstellung. Bis dahin unsicher und konfus, lagert sie sich nun eindeutig um den Kraftbegriff, der lange Jahre die zentrale Stelle einnimmt.[25] In dieser Zeit also des belegten Nietzsche-Studiums und des belegten weltanschaulichen Umschwungs findet wohl die entscheidende Begegnung mit Nietzsche, die Zeit der Nietzsche-»Beeinflussung« statt.

---

24 Damit soll nicht gesagt werden, daß er die Metaphysik Nietzsches begriff. Dafür hatte der in dieser Hinsicht wissenschaftlich orientierte Sternheim wenig Verständnis. An seiner Intelligenz darf aber nicht gezweifelt werden. Obwohl er wie Georg Kaiser, um Sensation zu erregen, nicht ungern große Worte um Dinge machte, die er nicht verstand, so hat Kasimir Edschmid, der ihn gut kannte und gelegentlich von Sternheims Meinungen Abstand nahm, wohl recht in seiner Feststellung: »Er war ein Kindskopf, aber vielleicht der intelligenteste, den ich kannte« (*Lebendiger Expressionismus*, Wien 1961, S. 129).
25 Die Bedeutung dieses Wandels ist auch Wilhelm Emrich nicht entgangen: »In der Ablösung des Zentralbegriffs der »Sehnsucht« durch den der »Kraft«, so undeutlich sie auch noch ist, kündigt sich auch die Konzeption an, die den Komödien zugrunde liegt.« (VII,850–851).

Übrigens liegt bei Sternheims Begriff der Kraft, zu dieser Zeit noch recht undifferenziert, das Hauptgewicht auf der Stärke, der Vitalität. Don Juan ist in seiner jugendlichen Lebensfülle dem König überlegen. Wenn auch die Kluft Adel–Bürger, Romantik–Biedermeier, die beiden trennt, so stehen in ihrer Verkörperung der Kraft Don Juan und Theobald Maske einander nahe. Wenn einige Jahre später Sternheim Scarrons Geniemoral verwirft, so ist das wohl so zu verstehen, daß Sternheim im Gegensatz zu der immer gängiger werdenden Deutung der Ethik Nietzsches als Geniemoral, an seiner einmal gefaßten Anschauung festhalten wollte. Welche Ironie, daß Sternheim dann nach dem Krieg seinen Kraftbegriff in ein »Beharren bei sich selbst«, also doch noch in eine geistige Macht umwandelte!

[350] 1905 war Sternheim 27 Jahre alt. Schon vor der Jahrhundertwende studierte er Literaturgeschichte und Philosophie an drei deutschen Universitäten. Da Nietzsche gerade in diesen Jahren Berühmtheit erlangte, ist anzunehmen, daß Sternheim auch vor 1905 mit Nietzsches Ideen bekannt gewesen sein muß.

In den *Don Juan* unmittelbar vorangehenden Werken ist jedoch nichts von Nietzsche zu verspüren. Das Hauptwerk des Jahres 1904, *Ulrich und Brigitte* (erst 1907 veröffentlicht), stellt eine romantische Geschwister-Tragödie dar. In den drei Lustspielen des *Abenteuerers*, etwa um dieselbe Zeit konzipiert, ist Casanova zwar der Held, wird aber nur als witziger Lüstling und Till Eulenspiegel aufgefaßt.

Bei den allerfrühesten Versuchen (1895–1900) findet man dann wieder eine Vorliebe zum vorurteilslosen, starken Helden. So siegt Barry in dem etwa 1895 entstandenen Stück *Im Hafen* über den intrigierenden Marquis, da er, obwohl ein leichtlebiger Galan, sich jedoch mutig zu sich selbst bekennt:

> Ich thue, was mir mein Gefühl
> Vorschreibt, und halte das für gut und recht.
> Der strengen Sitte hündisch feiger Knecht
> Mag der sein, der in sich die Kraft nicht fühlt,
> Eigenen Weg zu gehen, ich spür' den Mut
> In mir.   (VIII,17)

In dem Prosafragment, *Geschichte eines bedeutenden Mannes* (1898), trägt der Held deutliche Züge des Herrenmenschen:

> Auch war schon der Augenblick da ich ihn kennen lernte sehr verschieden von dem ersten Begegnen mit andern Menschen... Woher

hatte er auch all diese äußern Attribute einer starken Herrschaft? (IX,590. Gestrichene Stellen) Wie schön war dieser Glaube, der tief von sich überzeugt war (IX,325). Wie er frei und groß ging und stand, hierin und dorthin plauderte und überall gehört wurde... (IX,326).

Die Problematik des starken mitleidslosen Menschen wird in dem Einakter *Glaube* (etwa 1895) angerührt. Öfter taucht auch im Frühwerk die Gestalt des Künstlers auf, dem innerer Drang den eigenen Weg zu gehen vorschreibt.

Ein Gedicht des Jahres 1897 beginnt mit den Zeilen »Originell, um jeden Preis, sei die Losung« (IX,24). Bald aber entpuppt sich der Sprecher als Dandy, dem es nur darum geht: »Im Sein und im Handeln anders als andere«. »Freiheit der Meinung« wird »Respektlosigkeit« gleichgesetzt.

In der von Stefan George stilistisch stark beeinflußten Gedichtsammlung *Fanale* (1901) finden sich Hinweise auf den genialen, stark erlebenden Künstler. Im Vorwort heißt es:

Mag einem, dem Natur das Talent in die Wiege gab, auch die Möglichkeit nicht genommen sein, in starkem Erleben die angestammte Herrlichkeit zu genialer Größe zu vervollkommnen. (VII,8)

Und in dem Gedicht »Strahlendes Erkennen«:

[351] Wenn kleines Menschentum ich um mich merke...
Man muß ganz strahlend aus sich selber leuchten. (VII,17)

Die meisten Gedichte dieser Sammlung sind jedoch mit jugendlicher Erotik so sehr befrachtet, daß man unwillkürlich an Sternheims wohl ironisch gemeinte Zeilen von 1897 denken muß:

Wenn ich nur nicht immer schriebe
Meine schlüpfrig seichten Verse
Meine höchst perverse Lyrik. (IX,28)

Nietzsche wird auch erwähnt in einem Gedicht dieser Zeit (1901):

Ich glaube Nietzsche auch, trotz Jesu Christ,
Ich glaube auch, daß Irren menschlich ist,
Ich glaub' an Raffael und Mozart, Goethen,
Und trotzdem ist ein Glaube mir von nöthen. (IX,86)

Es handelt sich hier offensichtlich um die Ethik Nietzsches, die mit den christlichen Glaubensgeboten verglichen wird. Der leichte Ton verrät aber, wie wenig ernst es Sternheim dabei war, wie wenig er sich noch um ethische Dinge kümmerte.

Aus den veröffentlichten Werken der Frühzeit läßt sich also keine tiefere Beschäftigung Sternheims mit Nietzsche feststellen. Es mag vielleicht in den unveröffentlichten Heften des in Marbach befindlichen Sternheim-Archivs noch dieser oder jener frühe Bezug zu Nietzsche zu entdecken sein. Es ist aber kaum anzunehmen, daß sie den Tatbestand wesentlich ändern würden.

Schlußbemerkung

Schon das Frühwerk Sternheims weist selbstsichere, vorurteilslose Menschen auf, und die Frage nach der ethischen Sonderstellung des starken Menschen und des Künstlers wird gelegentlich angerührt. 1901 legt Sternheim ein leichtfertiges Glaubensbekenntnis zu Nietzsche ab. Es ist aus all dem anzunehmen, daß er in diesen frühen Jahren in der Schule über Nietzsche sprechen gehört, den *Zarathustra* etwa gelesen, und von an Nietzsche orientierten Schriftstellern wie Stefan George diesbezügliche Eindrücke erhalten hat. Von einem näheren Verhältnis zu Nietzsche kann aber noch nicht die Rede sein.

Bei der 1905 in Angriff genommenen Arbeit an *Don Juan* kommen Sternheim Bedenken hinsichtlich der ethischen Erfassung seines Helden. Da das Stück ihm besonders nahe geht, wird die eigene Weltanschauung miteinbezogen. Am Anfang des Jahres 1906 vertieft er sich plötzlich in ethische Studien, die er im Zusammenhang mit Vorlesungsbesuchen in Freiburg im Laufe des Jahres fortsetzt. Gegen die hergebrachte Schulphilosophie versucht er seine eigene Meinung zu formulieren, kommt aber zunächst nicht recht vom Fleck. Erst bei der jubelnden [352] Besprechung der Ethik Nietzsches, die als vom Begriff der Stärke ausgehend aufgefaßt wird, lösen sich die ethischen Schwierigkeiten. Wie sehr Sternheim dieser subjektiven Ethik der Stärke verfallen ist, wird an dem drastischen Umschwung in der Gestaltung des Don Juan deutlich. Seine neue Haltung wird auch in dem Stück *Die Hose* und den damit verwandten Komödien ersichtlich.

In der Komödie *Die Hose*, durch die Sternheim berühmt wurde, ist die Auseinandersetzung mit Nietzsche der wesentliche gedankliche Inhalt. Sternheim distanziert sich hier zwar vom geistigen Geniemenschen, hält aber im Grunde an dem von Nietzsche übernommenen bzw. angeregten Kraftbegriff fest. Nach dem ersten Weltkrieg setzt sich Sternheim in dem Roman *Europa* wiederum eingehend mit Nietzsche auseinander. »Wille zur Macht« als Ursache brutaler Kriege und kultureller Selbstvernichtung wird nun abgelehnt. Der Kraftbegriff wird aber als der »Trieb reinen Lebens« beibehalten. In dem *Berlin*-Aufsatz spricht Sternheim dann auch von der maßgeblichen Bedeutung der »Kraft der Vision«. Von herkömmlicher Ethik will er aber noch nichts wissen. Wie immer soll der Mensch lebensbejahend auf sich selbst hören und nach wie vor bleibt die Stärke des inneren Erlebens das entscheidende Kriterium. Wiederholt wird in sehr positivem Sinne auf Nietzsche gewiesen. In den *Juste-Milieu*-Schriften dieser Jahre wird er sogar als der einzige, der Europa hätte retten können, dargestellt, wenn ihm auch Sternheim seine eigene Adaption der Nietzschelehre unterschiebt. Erst in den allerletzten Jahren seiner literarischen Tätigkeit (1936), zu einer Zeit also, da man den Namen Nietzsches vielfach in Verbindung mit dem Nationalsozialismus brachte, lehnte Sternheim Nietzsche samt seiner Lehre ab, wie es auch viele andere deutsche, Nietzschebezogene Schriftsteller – Thomas Mann, Hermann Hesse, Robert Musil usw. – taten.

Was man auch von Sternheims bizarrer Weltanschauung halten mag – seine brutale Ironie und übertriebene Erotik erregen heute noch heftigen Anstoß –, war er ein ursprünglicher und konsequent denkender Mann. Mit Recht kann aber gesagt werden, daß er sich fast zwei Jahrzehnte immer wieder, und mehr als mit irgendeinem andern, mit Nietzsche auseinandergesetzt hat. Ohne die immer wiederkehrende Bezugnahme zur Moral Nietzsches hätte das Hauptwerk Sternheims wohl ein ganz anderes Gesicht erhalten.

4   Gunter Martens
Nietzsches Wirkung im Expressionismus

1. *»Nietzsche – das größte Ausstrahlungsphänomen der Geistesgeschichte«*

Superlative beherrschen das Feld der deutschen Literaturgeschichtsschreibung, wenn es darum geht, die Bedeutung Friedrich Nietzsches für die Geistesgeschichte der jüngsten Vergangenheit zu bezeichnen;

die Feststellung, daß »die Wirkung Nietzsches auf das literarische Leben seit dem Naturalismus der achtziger Jahre kaum überschätzt werden kann«,[1] ist zum vielfach wiederholten Topos der Forschung geworden. Das gilt für den gesamten Bereich der Literatur unseres Jahrhunderts, ganz besonders jedoch für den Umkreis des deutschen Expressionismus, auf den sich die folgenden Ausführungen beschränken werden. Bereits 1918 kam Eckart von Sydow in einer Betrachtung über die zeitgenössische expressionistische Literaturströmung zu dem Befund, daß Nietzsche als ihr »Leitstern« zu gelten habe,[2] und vier Jahre später glaubte Max Freyhan in Nietzsche den »Ahnen« und ersten »Verkünder« des »neuen Kunstwillens« zu erkennen.[3] Zu ähnlichen Schlußfolgerungen gelangt auch die jüngere Forschung zum literarischen Expressionismus: Begriffe wie »Ahnherr«,[4] »Stammvater«,[5] »epochemachende Erscheinung«[6] suchen die Bedeutung des Dichterphilosophen für diesen Zeitabschnitt zu kennzeichnen.

Freilich kann sich eine so hohe Einschätzung der Wirkung Nietzsches auf den Expressionismus auf Zeugnisse berufen, in denen die Autoren selbst zu den sie bestimmenden Wirkkräften Stellung nehmen: sie scheinen die Befunde der Forschung vollauf zu bestätigen,

---

Die Schriften Friedrich Nietzsches werden – mit Ausnahme des Nachlasses der achtziger Jahre – zitiert nach der Ausgabe: Werke in drei Bänden, hrsg. v. Karl Schlechta, München 1954–1956 (im folgenden nachgewiesen als »Werke« mit Angabe der Band- und Seitenzahl). Bei Aphorismen aus der Nachlaßkompilation »Der Wille zur Macht« wird aus wirkungsgeschichtlichen Gründen auf den Text der Kröner-Ausgabe (hrsg. v. Alfred Baeumler, Stuttgart 1930) zurückgegriffen (zit.: »WzM« und Seitenzahl).

[1] Paul Böckmann, Die Bedeutung Nietzsches für die Situation der modernen Literatur, in: Deutsche Vierteljahrsschrift 27 (1953), S. 77–101.
[2] Das religiöse Bewußtsein des Expressionismus, in: Neue Blätter für Kunst und Dichtung 1 (1918/19), S. 193–199.
[3] Das Drama der Gegenwart, Berlin 1922, S. 52.
[4] Ernst August Wicke, Das Phänomen der Menschenliebe im expressionistischen Drama als säkularisierte Form der christlichen Agapé, Diss. phil. Marburg 1952 (Mskr.), S. 10.
[5] W. Paulsen, Expressionismus und Aktivismus, Bern und Leipzig 1935, S. 72.
[6] P. U. Hohendahl, Das Bild der bürgerlichen Welt im expressionistischen Drama, Heidelberg 1967, S. 154.

wenn etwa Kasimir Edschmid in seiner Rede »Über die dichterische deutsche Jugend« (1918) ehrfürchtig von »Nietzsches heiligem Namen« spricht[7] und Georg Heym den Philosophen neben Hölderlin, Mereschkowski und Grabbe zu den »Helden seiner Jugend« zählt.[8] Nietzsche gehört für Heym zu den »liebsten Heiligen«, denen er, wie er im »Versuch einer neuen Religion« ausführt, Bilder in seinem Haustempel aufhängen würde,[9] und ähnliches hat auch Paul Boldt im Sinn, wenn er in seinem Gedicht »Lyrik« seinem Zeitgenossen den Rat gibt: »Bete zu Nietzsche!«[10] Als Gerrit Engelke sich zum Kriegsbeginn 1914 in einem einsamen dänischen Fischerdorf zu verkriechen sucht, ist die »Taschenbuchausgabe von Zarathustra« unter fünf Büchern, die er sich zur Vertreibung seiner Einsamkeit bestellt,[11] und Georg Kaiser antwortet 1926 auf die Frage nach den zwölf unsterblichen Dichtern: »Ich kenne nur zwei Unsterbliche: Plato und Nietzsche. Wenn ich auf eine einsame Insel verbannt würde, hätte ich an den Büchern dieser Beiden vollauf genug.«[12] Übertroffen werden alle diese eindeutigen Bekenntnisse zum Autor des »Zarathustra« von den Superlativen, mit denen der alte Gottfried Benn das zentrale Bildungserlebnis seiner Generation zu fassen sucht: Nietzsche, »der weitreichende Gigant der nachgoetheschen Epoche (...) für meine Generation das Erdbeben der Epoche und seit Luther das größte Sprachgenie (...) (erhebt sich selbst über Goethe) als das größte Ausstrahlungsphänomen der Geistesgeschichte«.[13] Noch Johannes R. Becher gerät – wenn auch aus konträrer Position – in einen ähnlichen Überschwang, wenn er rückschauend das »Verhängnis« Friedrich Nietzsche beschreibt: »Er hat in der Folge nahezu 50 Jahre lang fast alle deutschen Geisteserscheinungen aufs tiefste und erschreckendste beeinflußt, ungeachtet ihrer literarischen, philosophischen und politischen Orientierung. Der zersetzende Einfluß Nietzsches hat nicht haltgemacht vor der sogenannten linken

---

[7] K. Edschmid, Frühe Manifeste, Hamburg 1957, S. 18.
[8] G. Heym, Dichtungen und Schriften, Hamburg und München 1960ff., Bd. 3, S. 86.
[9] Ebd. Bd. 2, S. 171.
[10] Die Aktion 3 (1913), Sp. 863.
[11] G. Engelke, Das Gesamtwerk, München 1961, S. 375.
[12] G. Kaiser, Werke, hrsg. v. W. Huder, Frankfurt/M., Berlin, Wien 1971f., Bd. 4, S. 591.
[13] G. Benn, Gesammelte Werke in 4 Bänden, Wiesbaden 1958–1961, Bd. 1, S. 482ff.

Intelligenz.«[14] Nietzsche als »größtes Ausstrahlungsphänomen«, von den einen zum »Heiligen« emporgehoben, von anderen als »Verhängnis« verdammt: diese Spannweite eines einmütig anerkannten Einflusses auf die Geistesgeschichte des 20. Jahrhunderts wird eine wirkungsgeschichtliche Untersuchung zu orten und zu begründen haben; welches sind die Ursachen der Faszination, die von diesem Autor ausging, welches die Folgen, die sein Denken und seine Sprache nach sich zogen, und wie sah die historische Konstellation aus, die eine so intensive Apperzeption seiner Werke bedingte: das sind die Probleme, die sich einer Wirkungsgeschichte Nietzsches stellen. Von einer Beantwortung dieser Fragen ist allerdings die Nietzsche-Forschung – zumindest im Bereich der Nietzsche-Rezeption im Expressionismus – noch weit entfernt. In einem eigentümlichen Gegensatz zur überragenden Bedeutung, die von Wissenschaft und beteiligten Autoren übereinstimmend bekundet wurde, steht die Zahl der Untersuchungen zu diesem Fragenkomplex. Mit Ausnahme einiger Spezialstudien, die vorwiegend aus dem Umkreis der amerikanischen und italienischen Germanistik stammen,[15] hat man sich in der Literaturwissenschaft bislang mit der bloßen Behauptung des weitreichenden Einflusses oder mit dem unverbindlichen Konstatie-

---

[14] J. R. Becher, Auswahl in sechs Bänden, Berlin (Ost) 1952, Bd. 5: Vom Anderswerden. Reden. Aufsätze. Briefe, S. 69.

[15] Die spärliche Erforschung der Nietzsche-Wirkung auf den Expressionismus, die P. Pütz im Rahmen seines Metzler-Bändchens über Nietzsche (Stuttgart 1967, S. 80) feststellt, hat sich bis heute nicht grundlegend verändert. Bedeutsame Ergebnisse hat vor allem die ausländische Germanistik vorgelegt, so etwa Herbert W. Reicherts vorzügliche Untersuchung zum Nietzsche-Einfluß auf G. Kaiser (in: Studies in Philology 61 [1964], S. 85–108) und Carl Sternheim (in: Nietzsche-Studien I [1972], S. 334–352). Daneben sei auf die aufschlußreichen Arbeiten Paolo Chiarinis (insbesondere: Caos e Geometria, Firenze 1964) und seines Schülerkreises (Lia Secci, Il Mito Greco nel Teatro Tedesco Espressionista, Roma 1969 und Ferruccio Masini, Gottfried Benn e il Mito del Nichilismo, Padova 1968) verwiesen, die gerade auch zum Einfluß Nietzsches auf expressionistische Autoren wichtige Beobachtungen anführen. – Den Anteil Nietzsches an der Ausbildung vitalistischer Tendenzen im Expressionismus habe ich in meiner Untersuchung »Vitalismus und Expressionismus« (Stuttgart 1971) herauszuarbeiten gesucht (vgl. vor allem S. 175ff., 224ff., 287). – Auf weitere Forschungsliteratur, deren Ergebnisse im folgenden herangezogen werden, wird in späteren Anmerkungen hingewiesen.

ren einiger Parallelen in Stil und Thematik begnügt. Mit dem Hinweis auf »Zeitgeist« und Kontemporaneität, mit der Feststellung, daß die Expressionisten sich Nietzsche mehr »durch Osmose angeeignet« haben als durch eine intensive Beschäftigung mit seinen Werken,[16] glaubt man sich jeder weiteren Klärung der anstehenden Fragen enthoben.

Das hier zu monierende Defizit der Rezeptionsforschung kann zweifellos auch im Rahmen dieses Aufsatzes nicht eingeholt werden. Es geht mir im folgenden zunächst einmal darum, verstreute Ergebnisse von Einzeluntersuchungen zusammenzufassen und um eine Reihe eigener Beobachtungen zu ergänzen. Damit soll in einem ersten Überblick der Umkreis des Einflusses Nietzsches auf expressionistische Autoren umrissen und an einzelnen Beispielen die Art dieser Wirkung demonstriert werden. Unter ausdrücklichem Verzicht auf eine vollständige Dokumentation verstehen sich die hier vorgelegten Ausführungen als eine Vorstudie zu einem Unternehmen, Literaturgeschichte als eine Geschichte von Ideologien zu begreifen; am Fall der Nietzsche-Rezeption im Expressionismus wäre aufzuzeigen, wie selbst eine literarische Generation, die sich selbst als revolutionär bezeichnet und den Bruch mit jeder Tradition auf ihre Fahnen schreibt, in ihren Reaktionen und Möglichkeiten bestimmt wird durch Denkschemata und Ausdrucksweisen, die sie vornehmlich der Geistesgeschichte entnimmt.

2. *Frühexpressionistische Zeitkritik unter dem Zeichen des Lebens*

Die heranwachsenden Autoren der expressionistischen Bewegung, zumeist geboren in den siebziger und achtziger Jahren des vorigen Jahrhunderts, erhielten ihre entscheidenden Anregungen in einer Zeit, in der die Auseinandersetzung um das Werk Nietzsches voll im Gange war. Noch gehörte der Philosoph nicht zu den Klassikern der Geistesgeschichte, aber in Literaten- und Studentenkreisen zählte die Diskussion um Übermenschentum und Immoralismus zum Pflichtpensum der jungen Intelligenz. Gerade der Umstand, daß Nietzsche damals noch nicht zum Schulautor avanciert war, seine Gedanken sogar seitens der Erzieher auf heftige Ablehnung stießen, mußte eine Jugend, die sich im Widerspruch zu Elternhaus und Schule wußte und einen verschärften Generationskonflikt austrug,

---

[16] W. Paulsen, Georg Kaiser, Tübingen 1960, S. 104.

zur Beschäftigung mit den Schriften dieses umstrittenen Philosophen reizen. Professor Sittensauber in Hanns Johsts Szenarium »Der junge Mensch« begegnet dem ekstatischen Ausruf seines Schülers »Es lebe das Leben« mit dem bezeichnenden Verweis: »Möchten Sie Ihre Grammatik studieren, statt daß Sie Nietzsche mißverstehen und deklamieren!«[17] Alfred Döblin berichtet in seiner Autobiographie: »Hölderlin, Schopenhauer, Nietzsche haben schon unter meiner Schulbank gelegen«;[18] in seinem Nachlaß finden sich denn auch zwei Aufsätze über den »Willen zur Macht als Erkenntnis bei Friedrich Nietzsche« und über »Nietzsches Morallehre«, die bereits in den Jahren 1902 und 1903 entstanden sind.

Auch Georg Heym, dessen oppositionelle Haltung gegenüber Eltern und Lehrern vielfach bezeugt ist, setzte sich als Primaner intensiv mit den Werken Friedrich Nietzsches auseinander. Die entscheidenden Impulse für eine nachhaltige Einwirkung Nietzschescher Gedanken erhielt er jedoch einige Jahre später: im »Neuen Club«, jener kleinen Gruppe gegen die Tradition revoltierender Studenten und Künstler, die Kurt Hiller, Erwin Loewenson und Jakob van Hoddis mit einigen Freunden im Herbst 1909 begründeten und die als eine der wichtigsten Keimzellen expressionistischer Dichtung und Programmatik gelten kann.[19] Nicht allein die Autoren, die selbst der Gruppe angehörten,[20] fanden hier ihre Entwicklung prägende Anregungen, auf einen weit größeren Kreis der jungen Generation wirkten die in Artikeln der »Aktion« und des »Sturm« oder im eigenen »Neopathetischen Cabaret« vorgetragenen Gedanken eines »Neopathos« ein.

In unserem Zusammenhang erhält der »Neue Club« vor allem

---

[17] H. Johst, Der junge Mensch, München 1919, S. 16.
[18] A. Döblin, Alfred Döblin im Buch – zu Haus – auf der Straße, Berlin 1928, S. 72.
[19] Zur Entstehung und Zielsetzung des »Neuen Club« vgl. meinen Aufsatz: Georg Heym und der ›Neue Club‹, in: G. Heym. Dokumente zu seinem Leben und Werk, hrsg. v. K. L. Schneider und G. Burkhardt, München 1968, S. 390–401. – Die Programmatik des »Neuen Club« habe ich ausführlich dargestellt in meiner Arbeit: Vitalismus und Expressionismus, Stuttgart 1971, S. 189–198; dort sind auch die im folgenden angeführten Zitate aus dem unveröffentlichten Nachlaß E. Loewensons im einzelnen nachgewiesen.
[20] Neben den bereits genannten Gründungsmitgliedern u. a. Georg Heym, Ernst Blass, Arthur Drey, Robert Jentzsch, Friedrich Koffka.

als Vermittler Nietzschescher Positionen eine entscheidende Bedeutung. Schon der Aufruf zur Gründung des »Neuen Club« richtete sich mit einem einleitenden Nietzsche-Wort an die Öffentlichkeit: »Daß wir wirkende Wesen, Kräfte sind, ist unser Grundglaube«. Auf den Programmen des »Neopathetischen Cabaret«, die ab Mitte 1910 bei der jungen Generation ein weites Echo fanden, stand der Name Nietzsche mehrfach im Mittelpunkt der Veranstaltungen; vom zweiten öffentlichen Abend wußte ein Rezensent des »Berliner Tageblatt« zu berichten: »Herr Golo Gangi (d. i. Erwin Loewenson) erklärte, er würde platzen, wenn er uns nicht gewisse Stellen aus Nietzsche vorlesen dürfte.«[21] Und nicht zuletzt bestimmte der Dichterphilosoph Stoßrichtung und Vokabular der Zeitkritik, wie sie uns in Vorträgen und Manifesten E. Loewensons und K. Hillers, der führenden theoretischen Köpfe dieses Kreises, entgegentreten. Programm und Zielrichtung der kultur- und gesellschaftskritischen Tätigkeit im »Neuen Club« erläutert Erwin Loewenson in seiner Rede »Die Dekadenz der Zeit und der ›Aufruf‹ des Neuen Clubs«, die er vor mehreren hundert Studenten, vor den geladenen »Productiven, Intellectuellen und Asocialen« am 8. November 1909 vortrug. In Formulierung und Argumentationsweise zeigt sich der Redner als gelehriger Schüler Friedrich Nietzsches: Ansatzpunkt seines wortgewaltigen Angriffs ist die Dekadenz der Zeit, die »niedergehende Lebenskraft« des abendländischen Menschen. Die Ruhebedürftigkeit und Affektlosigkeit der Zeitgenossen, die Geniefeindlichkeit einer vorgeblich demokratischen Staatsordnung und deren konservierende Tendenzen werden als Symptome der Krankheit angeprangert. So richtet sich der Aufruf an diejenigen, »die in sich die Décadence überwunden haben« und die »Steigerung der Lebensintensität« für sich als höchsten Wert anerkennen, an die, die in sich den Willen tragen, »dieser Zeit der platzenden Belanglosigkeiten einen Schlag ins Gesicht zu setzen« und als Politiker, als Künstler oder Philosophen eine »allgemeine Regenerationsbewegung« einzuleiten.

In bezeichnender Weise kommt in dieser frühexpressionistischen Programmatik die Nietzsche-Wirkung zur Geltung: Wie in den meisten anderen Gruppenbildungen dieser Jahre wurde auch im »Neuen Club« die Kritik an der Vorweltkriegszeit zum konstitutiven Moment des Zusammenschlusses; sie allein vermochte die einzelnen

---

[21] Zit. nach Heym, Dokumente, S. 413.

Gruppenmitglieder, deren sonstige Interessen weit auseinandergingen, zu verbinden. So wird auch in Loewensons Reden und Manifesten – ebenso wie in den meisten literarischen Äußerungen seiner Klubkameraden – das Ungenüge an der Zeit, die Unzufriedenheit mit den politisch-ökonomischen Verhältnissen der Wilhelminischen Ära, zum tragenden Element. Doch der Protest gegen kulturelle Tradition und gesellschaftliche Zustände erfährt durch das Medium, das zur Formulierung herangezogen wird, eine spezifische Veränderung. Denn indem man zur gedanklichen Fassung dieses Unbehagens gegenüber den Tendenzen der Zeit auf Nietzsche zurückgreift, reproduziert sich in der Übernahme seiner Ausdrucksmittel zugleich sein Argumentationsspektrum, sein vitalistischer Wertungsansatz, der zur Verkennung der eigentlichen Ursachen jenes Unbehagens führen muß. Loewenson und seine Freunde bleiben befangen in den rezipierten Denkmustern ihres enthusiastisch verehrten Vorbildes; der Blick auf die sie umgebende Wirklichkeit wird verstellt, die Aufmerksamkeit vom eigentlichen Gegenstand der Kritik abgezogen. Die politische und gesellschaftliche Realität ist, nach Loewensons eigenem Eingeständnis, von geringerer Bedeutung, »unmaßgeblich«, geworden, denn »das, was dahintersteht, die Tatsache LEBEN, ist von einer solchen Monumentalität, daß der ganze tatsächliche Kosmos klein wird und nicht ›inbetracht‹ kommt«.

Trotz einer größeren Offenheit gegenüber den politischen Fragen der Zeit zeigt auch das schriftstellerische Werk Kurt Hillers, soweit es der expressionistischen Programmatik zuzurechnen ist,[22] im Prinzip ähnliche Tendenzen. Auch Kurt Hiller, bis 1911 der »ewige Präsident« des »Neuen Club«, teilt die Hochschätzung der Werke Friedrich Nietzsches; in den vielen Zitaten und Berufungen auf den Philosophen hat er Zeit seines Lebens diese wichtigste Quelle seines Denkens niemals verschwiegen. So bekennt er denn auch in seiner Autobiographie »Leben gegen die Zeit«:

> Friedrich Nietzsche ist schon allein deshalb einer der paar ganz überragenden Denker seit Echnaton, weil im Mittelpunkt seiner Lehre das unübertreffbar leidenschaftliche Ja zum Leben steht (...) Nietzsche ist für mich (seit mehr als sechzig Jahren, ohne Schwanken je) kraft seines geschriebenen Werks der größte Mensch aus den beiden letzten Jahrtausenden.[23]

---

[22] Dazu zähle ich seine Schriften bis zu den Jahren 1921/22, also auch alle Äußerungen zu dem von ihm begründeten Aktivismus.
[23] K. Hiller, Leben gegen die Zeit, Reinbek bei Hamburg 1969, S. 8f.

An Nietzsches »fundamentalen Gedanken unbedingter Heiligung von Leben und Leib«[24] schließt auch die Konzeption seines Aktivismus an, die er vor allem nach seinem Bruch mit dem »Neuen Club« entwickelt, die dann in der späteren Entwicklungsphase des Expressionismus eine zentrale Stellung erhält. Betont noch Hillers früher Aufsatz »Das Wesen der Kultur« (der zweite Beitrag auf dem Einführungsabend des »Neuen Club«) die Gemeinsamkeiten mit den anderen Mitgliedern der Gruppe, so fällt in einem selbstkritischen Nachtrag des Jahres 1913 das entscheidende und das frühere Konzept erweiternde Stichwort: »Höher als Gesinnung hebt ... die *Tat*.« Nicht mehr die »folgenlose Erkenntnis«[25] steht auf dem Programm, sondern der »Herr werdende Geist«, der als ein Instrument des »Willens zur Macht«, als bewußtgewordener Wille in den Ablauf der Welt eingreift, sie verändert.

Diese Funktion der Geistestätigkeit ist freilich nicht mit einer rationalen Operation gleichzusetzen. Sich auf Nietzsches Feststellung berufend, »man geht zu Grunde, wenn man zu den Gründen geht«, wendet sich Hiller gegen jede nur kausale Operation und lehnt ein Denken ab, das sich »ohne Verbindung mit dem Zentrum und Mark der selbstbewußten Lebendigkeit, mit der Seele, der Persönlichkeit, dem Willen« abspielt, »fremd unserer gebenedeiten Panheit, als das lebenslose Surren eines selbsttätigen Apparates, ... mechanisch und nicht organisch«.[26] Geist wird vielmehr gesehen – wiederum ganz der Anschauung Nietzsches folgend – als ein vitaler Prozeß und zugleich als ein Mittel, bei »lebendigem Leibe ins Paradies« zu kommen.[27] Er gewährt die »Wonne des heiligen Krieges, des Kriegs der Ratio für die Zukunft der Gemeinschaft; für die Gemeinschaft der Zukunft«.[28]

---

24 K. Hiller, Eudämonie und Evolution, in: Der Neue Merkur 4 (1920), S. 104.
25 K. Hiller, Die Weisheit der Langenweile, Leipzig 1913, Bd. 1, S. 73f. – Auch Nietzsche wendet sich mehrfach gegen die »reine folgenlose Erkenntnis« (u. a. Werke I, 245 und III, 311 – Stellen, auf die sich Hiller in seinen Ausführungen ausdrücklich bezieht, vgl. z. B.: Geist werde Herr, Berlin 1920, S. 30).
26 Die Weisheit der Langenweile, Bd. 1, S. 65.
27 K. Hiller, Philosophie des Ziels, in: Das Ziel 1 (1916), S. 196.
28 K. Hiller, Zur Ergänzung (einer Auseinandersetzung mit Franz Werfel), in: Das Ziel 2 (1918), S. 234. – Das hier angeführte Zitat verweist zugleich auf die große Nähe zur Sprachartistik Friedrich Nietz-

Dieses »Paradies auf Erden«, das durch die Tat des Geistigen erreicht wird, trägt wiederum spezifisch vitalistische Züge Nietzschescher Provenienz: es ist im Diesseits angesiedelt, sieht aus »wie eine schöne, ganz große Stadt« und erlaubt seinen Bewohnern, »nichts denn vital zu sein«. In ihm »herrscht das Glück der unbewußten Kreatur – ohne die Dumpfheit des Unbewußten«, und das Leben ist bestimmt durch die dynamische Bewegtheit des Werdens, »den Rhythmus des Turgor: ein zeugungsstarkes Ab und Auf zwischen Müdheit und Überschwang«. Es ist die Dynamik der steten Überwindung des Erstarrenden, zwar kein »wüster Krieg der Körper«, jedoch fortwährender »Kampf«. Dieses Ziel aktivistischer Tätigkeit ist selbst »ziel-los« und »frei von Geist«. Doch zur Verwirklichung dieser Stätte irdischen Glücks bedarf es der unendlichen Anstrengung des Geistes, einer »Logokratie«, eines Zusammenschlusses aller Geistigen. Und wenn Hiller diese Geistigen definiert als die »Zwecklosen und Zielhaften, die Tollen des Soll, die Zerstörerischen, die Dionysier der Unzufriedenheit für Alle, ... die mit der großen Ich-Erweiterung«, so wird mit diesem »aristokratischen« Typus Nietzsches Konzeption des höheren Menschen genau nachgebildet.[29]

Mit Bedacht sind in diesem Abschnitt die theoretischen Schriften Erwin Loewensons und Kurt Hillers relativ ausführlich behandelt worden. Denn zum einen zeigt sich in diesen frühexpressionistischen Programmen die Nietzsche-Wirkung in besonders eindeutiger und für den zu untersuchenden Literaturbereich kennzeichnender Weise, zum anderen haben gerade die frühen Äußerungen der beiden »Neopathetiker« zur Weiterentwicklung des Expressionismus Wesentliches beigetragen und damit zugleich für eine weitere Verbreitung Nietzscheschen Gedankenguts gesorgt. Schließlich sei darauf verwiesen, daß sich in den Darlegungen der beiden Autoren zwei grundsätzliche Möglichkeiten der Nietzsche-Rezeption manifestieren, die sich in ähnlicher Form, z. T. sogar unverkennbar beeinflußt durch die hier besprochenen Theoretiker, auch bei anderen Expressionisten aufzeigen lassen. Während nämlich Loewenson mehr die vitalistisch-dionysischen Perspektiven in den Werken Nietzsches

---

sches, die Hiller in fast allen seinen Schriften zu erkennen gibt. In der Vorliebe für pointierte Formulierung, für die Paradoxie, für raffinierte rhetorische Strukturen zeigt er sich als getreuer Schüler seines Meisters.
[29] Darstellung des Paradieses und alle gekennzeichneten Zitate nach K. Hillers »Philosophie des Ziels« (S. 196f. u. 207).

betont und sich berechtigt glaubt, daraus eine mystisch-metaphysische Weltdeutung ableiten zu können, interessiert sich der junge Hiller vor allem für den zeit- und kulturkritischen Ansatz und begeistert sich an den scharfsinnigen Analysen des Moralisten und Religionskritikers. Erwin Loewenson bekannte sich in der Nachfolge Nietzsches zu einem irrationalistischen »vitalisierenden Weltaspekt«, der nicht »intellectiv«, sondern »voluntarisch« bestimmt war, der nach »Orgien der Lebendigkeit«, nach dem mystische Erfüllung verheißenden Vitalrausch strebte, und darin folgte ihm nicht nur sein Klubkamerad Georg Heym, sondern auch Autoren wie Paul Boldt, Ernst Wilhelm Lotz, Franz Werfel, Walter Hasenclever, Kasimir Edschmid; auch August Stramm, Kurt Heynicke und andere von Nietzsche direkt oder indirekt beeinflußte Mitglieder des Sturm-Kreises standen dieser Position nahe, die eine religiöse Transzendierung der vitalen Urkräfte nahelegte. Demgegenüber vertrat Kurt Hiller eine rationalistisch argumentierende Denkrichtung, die das »Ideeliche«[30] an die höchste Stelle setzte und eine unmittelbare Neuordnung der bestehenden Gesellschaft intendierte. Dieser Nietzschedeutung schlossen sich vor allem »Aktivisten« wie z. B. Ludwig Rubiner, Rudolf Kayser, Rudolf Leonhard, Leo Matthias an; im Ansatz ist sie freilich auch in Werken von Georg Kaiser, Johannes R. Becher und Carl Sternheim vertreten. Beide Richtungen der Nietzsche-Rezeption trafen sich jedoch in der hohen Bewertung des Phänomens Leben, das gleichermaßen als maßgeblicher Oberwert ihr Denken prägte. Eine solche Position mußte – früher oder später – in einen Irrationalismus einmünden, der bei den meisten »Voluntaristen« in der exaltierten Darstellung »rasenden Lebens«, in einer Bewegtheit, die keine konkrete Zielvorstellung mehr erkennen läßt, seinen konsequenten Ausdruck fand, aber auch die ethische und politische Stoßrichtung der Aktivisten letzten Endes durchkreuzen mußte. Diese Konstellation trug dazu bei, daß der reformatorische oder gar revolutionäre Anspruch der Expressionisten, soweit er sich auf eine direkte Veränderung der sie umgebenden Wirklichkeit bezog, durch Verkennen der realen Gegebenheiten nicht eingelöst werden konnte.

---

[30] Freilich zeigt sich in Hillers Formulierung »loderndes Erfülltsein von unserm geliebten Ideelichen« (Weisheit der Langenweile, Bd. 1, S. 237) wiederum die spezifisch vitalistische Brechung des Rationalismus.

3. Direkte Wirkungszeugnisse in expressionistischen Zeitschriften und in Nietzsche-Dichtungen

In den vorangehenden Abschnitten lag das Schwergewicht der Darstellung zunächst auf direkten Wirkungszeugnissen. Eigene Aussagen der Autoren über ihre Stellung zu Nietzsche, Zeugnisse über eine Beschäftigung mit seinen Schriften, Berufungen auf ihn, Zitate aus seinen Werken und Schlagworte, die einen eindeutigen Bezug auf seine Gedanken markieren, hatten vor allem die Aufgabe, die Nietzsche-Kenntnis der Expressionisten zu belegen und erste Hinweise zur Bedeutung seiner Werke für die Entwicklung dieser Literaturströmung zu sammeln. Zu diesen expliziten Nennungen und Verweisen gehören noch zwei weitere Gruppen von Dokumenten der Nietzsche-Rezeption, die zumindest kurz angesprochen werden sollen: die Behandlung Nietzsches in expressionistischen Zeitschriften und die Person des Philosophen als thematischer Vorwurf für Dichtungen.

Ein Abdruck von Schriften Friedrich Nietzsches in den Publikationsorganen des Expressionismus erscheint seltener, als zunächst angenommen werden mag. Vor allem dürften die von Elisabeth Förster-Nietzsche eifersüchtig gehüteten Autorenrechte eine extensivere Wiedergabe von Texten aus dem Werk verhindert haben. Auf diese Schwierigkeiten weist Franz Pfemfert, der Herausgeber der »Aktion«, in seinem Artikel »Die Deutschsprechung Nietzsches« (1915, Sp. 320-323) direkt hin, wenn er von den »wenigen Auszügen« spricht, die er »geben darf«; »manche anderen Proben (...) würden, hier zitiert, die *Aktion* in Schwierigkeiten bringen«. Doch sind schon diese wenigen kurzen Textauszüge aufschlußreich genug. So druckt etwa die »Aktion« 1912 (Sp. 230) unter dem Titel »Tauwind« den achten Abschnitt aus Zarathustras Predigt »Von alten und neuen Tafeln« ab, in der der Tauwind als »wütender Stier, ein Zerstörer, der mit zornigen Hörnern Eis bricht« dargestellt wird, als eine Kraft, die alles Erstarrte auflöst und alle »Stege« in gewaltiger Bewegung mitreißt. Dieses berühmte Bild aus »Also sprach Zarathustra« läßt nun Pfemfert bezeichnenderweise in die Rubrik »Glossen« einrücken, umgeben von einer kriminalsoziologischen Studie, die auf die Forderung »einer völligen gesellschaftlichen Veränderung« hinausläuft, und gefolgt von einer sarkastischen Abrechnung mit dem Konservatismus Kaiser Wilhelms, in der Franz Pfemfert mit Befriedigung »das Rot derjenigen Partei begrüßt, die es wagt, die staatlichen Grundlagen anzugreifen«. Damit ist der Stellenwert des Nietzsche-Zitates genau gekennzeichnet: Nietzsche wird als Zeitkritiker, sein Werk als Aufforderung zu Kampf und Revolution gedeutet, eine Auslegung, die selbst noch nach dem Ende des Ersten Weltkrieges begegnet, wenn die erste Nummer der radikalen sozialkritischen Zeitschrift »Der Revolutionär« auf der ersten Seite Auszüge aus der Vorrede zu »Also sprach Zarathustra« zitiert.

Zahlreicher sind in expressionistischen Zeitschriften Äußerungen *über* Nietzsche. Im ersten Jahrgang des »Sturm« wird in einem Artikel von Erich Unger, einem weiteren Theoretiker aus dem Kreis des »Neuen Club«, das Werk Friedrich Nietzsches ausführlich gewürdigt und der Ansatz eines »schaffenden Denkens«, jener »Intensitätssturm der naiven Erkenntnis«, die im »Zarathustra« schließlich zu einem »Machtausbruch des Geistes ohne Gleichen« geführt habe, ganz im Sinne der frühexpressionistischen Programmatik des Neopathos herausgearbeitet.[31] Mehrfach nimmt Salomo Friedlaender in Aufsätzen und Besprechungen zu Nietzsche Stellung, wie im allgemeinen diesem Schriftsteller, der dem Sturm-Kreis Herwarth Waldens nahestand und zudem einen intensiven Kontakt zu den Mitgliedern des »Neuen Club« pflegte, eine bedeutsame Rolle in der Vermittlung Nietzschescher Positionen zukam.[32]

Einen relativ breiten Raum nimmt in expressionistischen Zeitschriften die Verteidigung Nietzsches gegenüber den Verunglimpfungen durch konservative Literaten und den verfälschenden Tendenzen einer systemstabilisierenden Deutung ein. In Artikeln in der »Aktion« und in der »Revolution« setzt man sich 1913 mit scharfen Worten von den Angriffen des damals weit bekannten Hamburger Schriftstellers Otto Ernst ab und gibt den »inkompetenten« Kritiker als »Typ des deutschen Oberlehrers« der Lächerlichkeit preis.[33]

---

31 E. Unger, Nietzsche, in: Der Sturm 1 (1910–11), S. 380f. und 388ff.
32 Friedlaenders Buch »Friedrich Nietzsche, eine intellektuale Biographie« (Leipzig 1911) wurde z. B. im »Neuen Club« intensiv diskutiert. Die Besprechung von Golo Gangi (= E. Loewenson) im »Sturm« (II, S. 544) gibt davon ein beredtes Zeugnis. – Friedlaender ist im Expressionismus – unter dem Namen Mynona – vor allem als Autor von Grotesken sehr geschätzt worden.
33 Walter H. Beyerdorf (Pseudonym?), Also!!! Sprach Otto Ernst, in: Die Aktion 3 (1913), Sp. 1111f., Elois Essigmann, Der Lehrer Schmidt contra Nietzsche, in: Die Revolution 1 (1913), Heft 3, S. 4.

Zwei Jahre später wendet sich Franz Pfemfert in einem »Protest« der »Aktion« energisch gegen eine »Deutschsprechung Nietzsches« und bezichtigt die Schwester des Philosophen der Konstruktion einer Nietzsche-Legende, die einzig auf das »Wohlgefallen« bei den »Deutschen dieser Tage« angelegt sei. In diesem Zusammenhang wird auf den Briefwechsel zwischen Nietzsche und Overbeck (aus dem dann in den Jahrgängen 1916 und 1917 ausführlich zitiert wird) aufmerksam gemacht, der die Manipulation der Elisabeth Förster-Nietzsche enthüllte und die philologische Kritik an den veröffentlichten Brief- und Nachlaßtexten des Philosophen auf den Plan brachte.[34]

Auf den letzten Bereich der Wirkungszeugnisse, in denen die Gestalt Nietzsches oder auch sein Denken zum Gegenstand von Dichtungen geworden ist, soll in diesem Rahmen nur mit einigen Titeln hingewiesen werden. So schreibt Arthur Drey ein Gedicht »Nietzsche«, das die Verstoßung des »Gott-Menschen« durch das Volk und die Einsamkeit zum Thema nimmt. Von Gustav Sack ist ein Romanfragment »Paralyse« überliefert, in dem die Entwicklung eines jungen Menschen dargestellt wird, der eindeutig die Züge von Nietzsche-Zarathustra trägt. Darauf verweisen nicht nur die vorläufigen Titel »Hochgebirge« und »Ein Genie«, die Sack zunächst erwogen hatte, und das (geplante) Schicksal des Helden, der an dementia paralytica zugrunde gehen sollte, sondern auch die in diesem Werk gestaltete Spannung zwischen Einsamkeit und dem Willen zur Wirkung auf andere, die Problematik einer reinen, jedoch auch sterilen Selbstverwirklichung, und nicht zuletzte die Sprache des Romans, die oftmals wie eine Zitatenkollage aus dem »Zarathustra« und aus anderen Werken Nietzsches anmutet. Aus der nachexpressionistischen Phase stammen die Gedichte »Sils Maria«,

---

[34] Die Aktion 5 (1915), Sp. 320–323. – Ähnliche Tendenzen verfolgten auch Oscar Levy in den »Weißen Blättern« (Nietzsche im Krieg: 6 [1919], S. 277–284) und Siegfried Seelig in »Der Kritiker« (Nietzsche – und wie er mißbraucht wird: 1 [1919], Heft 23, S. 5–7). – Bei diesen vorwiegend positiven Einschätzungen darf nicht übersehen werden, daß sich gerade in den Kriegsjahrgängen der »Aktion« auch vereinzelt Gegenstimmen zu Worte melden, die gegen Nietzsches »reaktionäre Gesinnung« und gegen seine Idee des Übermenschen kritisch Stellung nahmen (Wladimir Solowjew, Der Übermensch Friedrich Nietzsches: 5 (1915), Sp. 549–551; Heinrich Schaefer, Bemerkungen zu Nietzsches Umwertung: 7 [1917], Sp. 238f.).

»Turin I« und »Turin II« Gottfried Benns, in denen sich das im Expressionismus begründete Nietzsche-Erlebnis dieses Dichters spiegelt. Ebenfalls in den dreißiger Jahren plante Georg Kaiser unter dem Titel »Ariadne« ein Nietzsche-Drama, und zu gleicher Zeit schrieb Reinhard Goering einen aufschlußreichen Essay über den kranken Philosophen.[35]

4. Zwischenbemerkung zur Methode wirkungsgeschichtlicher Untersuchungen

Wenn auch in der bisherigen Darstellung Bedeutung und Ausmaß der Wirkung Nietzsches auf den Expressionismus in Umrissen bereits sichtbar wurden, so blieb bislang die Frage nach Umfang und Art des Einflusses auf die eigentliche dichterische Produktion – abgesehen von einigen vorgreifenden Beobachtungen – weitgehend unbeantwortet: Wie sich der Einfluß des Philosophen im literarischen Medium niederschlägt, wie er auf die Erfassung und Darstellung einer Thematik einwirkt und welche Folgen er für die ideologische Fixierung dichterischer Positionen zeigt: diese für eine wirkungsgeschichtliche Untersuchung zentralen Fragestellungen können mit direkten Wirkungszeugnissen nicht angemessen angegangen werden. Freilich bringt die Bearbeitung der hier sich stellenden Aufgabe eine Fülle methodischer Schwierigkeiten mit sich, die trotz des gegenwärtig in den Vordergrund getretenen Interesses an wirkungsgeschichtlichen Analysen bis heute kaum befriedigend gelöst worden sind – eine Situation, die ohne Frage dazu beigetragen hat, daß sich die Forschung auch in der Behandlung der Nietzscherezeption weitgehend darauf beschränkte, unverbindliche Parallelen oder vage Analogien anzuführen. Will die Literaturwissenschaft über diese wenig abgesicherten Ergebnisse hinausgelangen, will sie sich nicht

---

[35] Nachweise: A. Drey, Nietzsche, in: A. D., Der unendliche Mensch, Leipzig 1919 (Der jüngste Tag 68/69), S. 35. G. Sack, Paralyse, in: Gesammelte Werke in 2 Bänden, Leipzig 1920, Bd. 1, S. 409ff. G. Benn, Gesammelte Werke in 4 Bänden, Wiesbaden 1958ff., Bd. 3, S. 153, 177 und 465. R. Goering, Der »kranke« Nietzsche, in: Die Literatur 35 (1933), S. 249–251. – In diese Reihe gehören ebenfalls die Werke R. J. Sorges: »Zarathustra«, »Antichrist« und »Gericht über Zarathustra«.

mehr mit Feststellungen begnügen, in denen eine ausufernde Metaphorik jede nachprüfbare Argumentation ersetzt, wird sie gerade im Arbeitsbereich der Wirkungsforschung Verfahren zu entwickeln haben, mit denen solche Beobachtungen objektiviert, gegebenenfalls auch formalisiert werden können.

An dieser Stelle muß ich mich allerdings darauf beschränken, die methodischen Schwierigkeiten, die sich gerade auch der Analyse von Einflüssen Nietzsches entgegenstellen, kurz zu erläutern und Lösungsmöglichkeiten anzudeuten, die den nachfolgenden Analysen zwar zugrunde liegen, dort aber nicht im einzelnen expliziert werden können. Jede Untersuchung wirkungsgeschichtlicher Zusammenhänge wird von der grundsätzlichen Einsicht ausgehen müssen, daß es ihr nicht um die Bestimmung konstanter Größen geht, sondern um die Erfassung eines dynamisch verlaufenden Prozesses, einer historischen Entwicklung, in der Wirkungsströme jeweils ihrer Zeit und ihrem historischen Ort gemäß adaptiert werden und in entsprechend veränderten Formen ihren Niederschlag finden. Gerade weil es der Wirkungsgeschichte auch darum geht, die Eigenheit eines historischen und geistigen Lebensraumes durch die Art der Umsetzung von außen kommender Einflüsse zu begreifen,[36] interessiert nicht in erster Linie das unveränderte Zitat, die bloße Imitation, sondern die zeitspezifische Fassung eines Problems, eines Gedankens, der aus dem wirkenden Text übernommen wird. So trifft auch das Werk Nietzsches im Zeitraum des Expressionismus auf eine veränderte geschichtliche Konstellation, auf ein Bündel andersartiger Einflüsse, welche die vom Wirktext ausgehenden Anregungen umschmelzen und in neue Verstehenszusammenhänge treten lassen. Neben dieser historisch bedingten Umsetzung ist allerdings eine zweite verändernde Kraft zu berücksichtigen, die besonders in den anschließenden Untersuchungen eine zentrale Rolle spielen wird: das andersartige literarische Medium – im Expressionismus vor allem das lyrische und das dramatische –, das eine Transformierung der vom Wirktext aufgenommenen Elemente erfordert.

Dennoch wird jede wirkungsgeschichtliche Analyse zunächst bei der Feststellung von Äquivalenzbeziehungen, von gleichartigen Elementen und Strukturen im Wirktext und im beeinflußten Text

---

[36] Vgl. dazu Karl Mannheims wichtige Ausführungen in seinem Aufsatz: Das konservative Denken, in: K. M., Wissenssoziologie, Neuwied und Berlin ²1970, S. 447.

ansetzen müssen, da literarische Wirkung nicht anders denn als gedankliche oder auch formale Entsprechung in zwei verschiedenen (Text-)Medien zu definieren ist. So hat denn Wirkungsgeschichte in einem ersten Schritt dieses Gleichartige, das in Syntagmatik, Semantik oder auch Pragmatik auftreten kann, in einem Subtraktionsprozeß, der das Übernommene von den verändernden Faktoren ablöst, herauszuarbeiten, um es sodann vor dem Hintergrund der hinzutretenden Elemente, in der Abweichung des beeinflußten vom beeinflussenden Text, zu beurteilen und zu bewerten. Gerade für die Untersuchung der Äquivalenzbeziehungen scheint mir künftig eine Formalisierung der Verfahren möglich, die sich aus Ansätzen des russischen und insbesondere des französischen Strukturalismus entwickeln läßt.

Die so herausgearbeitete Äquivalenzbeziehung wird sich um so eindeutiger als Einfluß eines einzelnen Werkes bestimmen lassen, je größer sich jene Teile beider Textmedien erweisen, die sich durch Gleichartigkeit definieren lassen. Ein einzelnes Wort, ein einzelner Gedanke – sofern nicht durch Signifikanz hervorgehoben – wird die Annahme einer Wirkung kaum stützen können, sondern allererst ein Komplex von Textelementen, ein Strukturzusammenhang, der sich in beiden Texten nachweisen läßt.

Die Bestimmung solcher Strukturgleichheiten stößt allerdings auf eine wesentliche Schwierigkeit, die in paradigmatischer Weise in der Wirkungsgeschichte Nietzsches zur Geltung kommt: Die Strukturierung des Wirktextes läßt sich nicht von der Perspektive des Rezipienten lösen; erst im verstehenden Subjekt konstituieren sich unter Einfluß der subjektiven Verstehensbedingungen jene Strukturzusammenhänge, die als wirkende aufgenommen werden. Gerade ein Werk wie dasjenige Nietzsches, das sich jeder begrifflichen Fixierung, jeder objektiven Erfassung zu entziehen scheint, verweist auf die Notwendigkeit, den Rezeptionsakt des beeinflußten Autors in das oben angedeutete Äquivalenzmodell entsprechend einzubringen; denn Nietzsche hat seine Werke, und zwar sowohl »Also sprach Zarathustra« wie auch seine Aphorismen und seine Gedichte, als Ausdruck seiner philosophischen Weltsicht so angelegt, daß sie keine eindeutige Festlegung erlauben und es erst dem Rezipienten überlassen bleibt, Mehrdeutigkeiten und Widersprüche in einer subjektiven Setzung von Bedeutung aufzulösen. Damit wird es aber auch dem Sinn produzierenden Rezipienten mehr als bei anderen Texten möglich, das Werk Nietzsches als (scheinbare) Bestätigung eigener Denk- und Wertungsansätze, als Widerspiegelung der persönlichen Probleme einzusetzen.[37]

Zugleich darf jedoch die dennoch erfolgte Einwirkung jener Schriften nicht unterschätzt werden, da das wirkende Textmaterial jeder Auslegungswillkür Grenzen auferlegt, ja, die spezifische Bedingung seiner weitverbreiteten Rezeption bewirkt wiederum eine um so stärkere unkontrollierte Beeinflussung, ist es doch die größere Anschließbarkeit dieser Texte an die persönlichen Erlebnissituationen, die ihrerseits die Möglichkeit eröffnet, die im Material *festgelegten* Zusammenhänge, die Argumentations- und Wertungsstrukturen, die in der Selektion der Textelemente und in deren syntagmatischer Verkettung enthalten sind, zu vermitteln. Hinter der Ambiguität Nietzschescher Sprachartistik kommen die Grundpositionen seiner Weltsicht um so wirksamer zum Zuge.

Auf ein weiteres, spezifisch wirkungs*geschichtliches* Problem stoßen wir bei der Nietzsche-Rezeption der Expressionisten: die jungen Autoren wachsen bereits in eine Auseinandersetzung um das Werk Nietzsches hinein, die sehr dezidierte Auslegungen parat hält. Der oben beschriebene Deutungsfreiraum wird eingeschränkt durch einzelne Interpretationsmuster, die in der Zeit der Jahrhundertwende entwickelt worden sind: dazu gehört etwa die Heraushebung des Tatkults, des Übermenschen, des Immoralismusproblems. Zwar haben die Expressionisten den Jugendstil-Nietzsche nicht vorbehaltlos übernommen – so wird etwa die hedonistische Auslegung des Zarathustra-Worts »Das Leben ist ein Born der Lust« einer weitgehenden Kritik unterworfen –, aber ihr eigenes Nietzsche-Bild ist in dieser Tradition vorherbestimmt. Das zeigt nicht nur die Vorliebe für »Also sprach Zarathustra«, sondern auch die weitgehende Verkennung der sprach- und erkenntniskritischen Perspektiven in den Schriften dieses Philosophen.

5. Das Problem der indirekten Wirkung Nietzsches

In diesen Zusammenhang gehört auch das Phänomen, daß Nietzsche zur Zeit des Expressionismus ganz offensichtlich wirken konnte, ohne

---

[37] Die Schwierigkeit des hier angedeuteten dialektischen Verstehensprozesses wird noch potenziert durch den analysierenden Wissenschaftler, der im Verständnis des beeinflussenden wie auch des beeinflußten Textes von seiner eigenen historischen Situation und von seinem Erkenntnisinteresse nicht wird absehen können.

daß das Werk selbst auch nur mit einer Zeile gelesen sein mußte. Bei einem Autor, der in den vorhergehenden Jahren schon so intensiv diskutiert und rezipiert wurde, ist verstärkt mit einer Fortwirkung auf dem Umweg über vermittelnde Drittautoren zu rechnen. Bei Nietzsche kommt hinzu, daß er früher und z. T. auch nachhaltiger im Ausland wirkte als in Deutschland selbst. Der dänische Literarhistoriker Georg Brandes, der zugleich als einer der ersten in Deutschland auf den Philosophen aufmerksam machte, löste in Skandinavien eine weite Kreise erfassende Auseinandersetzung mit den Schriften Nietzsches aus, die vor allem über die Werke August Strindbergs, das bewunderte Vorbild der expressionistischen Dramatiker, auf Deutschland zurückwirkte. Als ein wichtiger Vermittler Nietzscheschen Gedankenguts muß der russische Symbolist Dmitry Mereschkowski angesehen werden; Georg Heym zählte ihn zu den »vier Helden seiner Jugend«, sein Roman »Leonardo da Vinci« (der zweite Teil der Trilogie »Christ und Antichrist«) galt ihm als »Lieblingsbuch«, das ihn selbst im letzten Lebensjahr noch faszinierte. Georg Kaiser erhielt ebenfalls wichtige Anregungen, die seine Vorliebe zu Nietzsche bestärkten, aus dem Ausland: vom englischen Dramatiker George Bernard Shaw, dessen »Man and Superman« wie auch das spätere »Back to Methuselah« auf eine intime Kenntnis des deutschen Philosophen verweisen.

Die wichtigste indirekte Wirkung Nietzsches auf den Expressionismus erfolgte zweifellos über Italien: Die futuristischen Manifeste Marinettis und seiner Anhänger verbreiteten Nietzsches Ansatz der Zeit- und Kulturkritik, seine Idee des Übermenschen und die Verherrlichung des Lebens in einem Maße, wie es kaum durch die originalen Werke erreicht wurde.[38] Wenn auch Marinetti selbst sich in seiner Schrift »Was uns von Nietzsche trennt« ausdrücklich von einem Nietzsche-Einfluß distanzierte, so ist eine intensive Beschäftigung des Futuristen-Kreises mit dem Autor des »Zarathustra« doch mehrfach bezeugt; in den Manifesten und in Marinettis Ro-

---

[38] Dieser wichtige indirekte Einfluß kommt vor allem im Sturmkreis stark zur Geltung, in dem freilich auch die Werke Nietzsches weitgehend bekannt waren. So ist Herwarth Waldens Kunstpolitik und seine eigene Dichtungstheorie von der direkt und indirekt vermittelten Wirkung Nietzsches nicht abzutrennen. – Auch August Stramm und Alfred Döblin, die beide in früheren Jahren bereits mit dem Werk des Dichterphilosophen bekannt geworden waren, konnten über die Futuristen eine Bestätigung ihrer früheren Eindrücke erfahren.

man »Marfarka« (der zum Vorbild ven René Schickeles Roman »Benkal der Frauentröster« wurde) findet sie zudem einen so deutlichen Niederschlag, daß selbst ohne direkte Wirkungszeugnisse eine Einflußnahme durch Nietzsche belegt werden könnte.

Indirekte Wirkung ging schließlich auch von deutschen Autoren wie Richard Dehmel, Stefan George, Max Dauthendey u. a. aus, deren Dichtungen von Nietzsche stark geprägt und zugleich von den meisten Expressionisten hoch geschätzt waren. Alle diese nicht direkt vom Werk Nietzsches vermittelten Einflußströme dürften einen großen Teil jener Gleichzeitigkeits-Phänomene erklären, die von der Forschung meist vorschnell als Ausdruck eines gemeinsamen »Zeitgeistes«, einer Kontemporaneität abgetan werden.[39]

6. Vitalistische Deutungsmuster in den Dichtungen Georg Heyms

Wenn wir uns nunmehr mit den nachfolgenden Ausführungen der Frage zuwenden, wie sich im literarischen Werk der Expressionisten die Einflüsse Nietzsches niederschlagen, in welcher Weise sie bestimmend einwirken und wie sie in spezifischer Weise transformiert werden, so wird die damit erwachsende Aufgabe – gerade auch im Hinblick auf die vorangegangenen methodologischen Überlegungen – im Rahmen dieses Aufsatzes nur unzureichend zu erfüllen sein. Die Darstellung wird sich auf Andeutungen beschränken müssen, denen zwar eine zu fordernde Untersuchung des Gesamtwerks eines Autors (zumindest soweit es in die expressionistische Phase fällt) durchaus zugrunde liegt, die jedoch nur an wenigen paradigmatischen Werkausschnitten entwickelt werden können. Gerade das nur partielle Aufzeigen von Äquivalenzbeziehungen, in denen der Einfluß gefaßt werden soll, erfordert eine Absicherung durch Selbstzeugnisse, die eine Kenntnis der wirkenden Texte belegen und die oftmals, wie auch die teilweise herangezogenen theoretischen Äußerungen der Autoren, Hinweise geben auf die Perspektive, unter der die Schriften Nietzsches rezipiert wurden.

---

[39] Freilich kann auch nicht übersehen werden, daß gleichartige geistes- und gesellschaftsgeschichtliche Konstellationen gegen Ende des 19. Jahrhunderts auch bei anderen Autoren zu Positionen führen konnten, die große Ähnlichkeiten mit den Denkmustern Nietzsches aufweisen, ohne daß eine gegenseitige Beeinflussung vorliegt. Das gilt insbesondere für den lebensphilosophischen Ansatz bei Dilthey, Bergson, Simmel und anderen, die gerade auch auf den Expressionismus Einfluß ausübten.

Daß der frühexpressionistische Lyriker Georg Heym den Autor des »Zarathustra« außerordentlich schätzte, ist im Vorhergehenden schon mehrfach angesprochen und durch Tagebuchzitate dokumentiert worden. Sieht man sich die zahlreichen unmittelbaren Zeugnisse etwas genauer an, so heben sich deutlich zwei verschiedene Phasen der Beschäftigung mit dem Werk Nietzsches ab: einem frühen Studium von »Also sprach Zarathustra« in den Jahren 1906/ 1907 folgt in der letzten und zugleich eigentlich »expressionistischen« Schaffensperiode (1910/11) eine offensichtlich vertiefte Auseinandersetzung, die neben wiederholter Lektüre des »Zarathustra« nun auch andere Schriften des Philosophen einbezieht. So merkt sich Heym in einem Notizbuch aus dem Frühjahr 1911 folgende Titel für eine Durcharbeitung vor:

    3) Götzendämmerung
    1) II Unzeitgem. Betrachtung
    2) Jenseits von Gut u. Böse
    4) Fr. Wissenschf
    5) Ecce homo [40]

Diese aufschlußreiche Liste – wie auch wohl überhaupt die erneute Beschäftigung mit Nietzsche – dürfte auf Anregungen zurückgehen, die er aus dem Kreis des »Neuen Club« (dem er seit Anfang 1910 angehörte) erhalten hatte. Loewensons und Hillers enthusiastische Preisung des Lebensphilosophen, die erregten Diskussionen der Club-Mitglieder um »Décadence« und Steigerung der Lebensintensität und nicht zuletzt der gemeinsame Besuch der Nietzsche-Vorlesung Georg Simmels mußten in Georg Heym Tendenzen und Interessen bestärken, die durch die eigene Konstitution angelegt und durch die Kenntnisse Nietzsches wie auch von Werken, die Nietzsches Denken und Werten indirekt übermittelten (Mereschkowski, Gustav Renner, Alfred Dove, Richard Dehmel u. a.), bereits frühzeitig in bestimmte Bahnen gelenkt worden waren.

 Diese Bildungserlebnisse, die – wie Tagebücher und Briefe dokumentieren – den jungen Expressionisten tief aufwühlten, konnten auch an der dichterischen Produktion nicht spurlos vorübergehen. Doch während noch zu Beginn des Jahres 1910 Gedichte wie »Dionysos« und »Ich verfluche dich, Gott« entstanden sind, die als unmittelbare Umsetzungen dieser Eindrücke in das lyrische Medium

---

[40] Heym-Nachlaß der SUB Hamburg, Inv. Nr. 25, S. 16^v.

angesehen werden können, ist der Niederschlag der Nietzsche-Kenntnis im literarischen Bereich späterhin nicht mehr in dieser direkt zu nennenden Form erfolgt. Auffallend ist allerdings eine Reihe signifikanter Bilder und Formulierungen, die sich – oftmals als wörtlich übernommenes Zitat – auf Nietzsche zurückführen lassen. So gemahnt etwa der Halbvers »Bald wird es Winter sein« aus der »Herbstlichen Tetralogie« (I,370)[41] – wie auch Thematik und Bildlichkeit des gesamten Zyklus – an Nietzsches berühmtes Gedicht »Vereinsamt«, die eigentümliche Vorstellung der »brummenden Glocke«, die im Werk des Philosophen mehrfach begegnet,[42] hat in der Gedichtzeile »Glocken nicht brummten. Und Bettler nicht saßen am Pfad« (»Die Meerstädte«, I, 507; ähnlich auch I, 213) eine auffallende Entsprechung gefunden. Ein einprägsames Gleichnis aus Zarathustras Rede »Vom freien Tode« scheint den jungen Dichter besonders fasziniert zu haben:

> Wahrlich, nicht will ich den Seildrehern gleichen: sie ziehen ihren Faden in die Länge und gehen dabei selber immer rückwärts.[43]

Wiederholt greift Georg Heym dieses Bild in seiner Lyrik auf:

> Andere gehen wie Seiler an Stricke gebunden
> Ihre Gedanken rückwärts in einsamen Stuben.   (I,504)

> Nun wohnen wir in ringsumbauter Enge, (...)
> Wie Seiler zerrend grauer Stunden Länge.   (I,395)

Auf den ersten Blick scheinen diese Beispiele (die hier für eine sehr viel größere Zahl ähnlicher Entlehnungen stehen) auf eine nur äußerliche Beeinflussung zu verweisen: auf das Aufgreifen von effektvollen Metaphern und Formulierungsfetzen, um sie als bloßes Material zum Ausdruck der eigenen Problematik einzusetzen. Doch diese, von der Expressionismusforschung immer wieder hervorgehobene Technik des Arbeitens mit sprachlichen Versatzstücken bedeutet mehr als nur eine Adaption neutraler Bausteine der Sprache; die fremden Werken entnommenen Textelemente gehorchen nicht nur der oft bemühten Ausdrucksnot, sondern bestimmen und ver-

---

[41] Die in diesem Abschnitt wiedergegebenen Zitate aus der Ausgabe von Georg Heyms »Dichtungen und Schriften« (Hamburg und München 1960ff.) werden verkürzt mit Band- und Seitenzahl nachgewiesen.
[42] Nietzsche, Werke II, 472 und 554.
[43] Ebd. 334.

ändern ihrerseits als eigene Sinnträger den auszudrückenden Gedanken, das zu formulierende Problem. Sehen wir uns zur Demonstration dieser für die Relevanz wirkungsgeschichtlicher Untersuchungen bedeutungsvollen Beobachtung Georg Heyms Gedicht »Die Gefangenen« an, das sich als eine fünfstrophige Paraphrase des Seilergleichnisses bezeichnen läßt:

> Vor ihren Spindeln sitzen sie, zu stecken
> Ein jeder eng in seiner hohlen Kammer,
> Und drehen ihrer Stunden weißen Jammer.
>
> Wie Spinnen, die auf ihren Faden starren.
> Und fahren plötzlich (unl. Wort) herum vor Schrecken
> Wenn in der Tür die großen Schlüssel knarren.
>
> Und wieder ziehn den Faden ihre Hände
> Und machen ihn so lang wie ihre Jahre.
> Und immer weißer werden ihre Haare,
> Und leer die Spulen laufen noch zu Ende.
>
> Ihr Leben ist wie ihre leere Zelle,
> Ein hohles Etwas, einer Mauer Enge. (...)   (I,412)

Fragt man sich, was diese dem Gleichnis Nietzsches weitgehend folgende Vision eines eintönigen, »leeren« Lebens, eines totengleichen Gefangenendaseins bedeuten soll, so ist zunächst auf die vielfach zitierten Tagebuchaufzeichnungen zu verweisen, in denen Georg Heym eine entsprechende eigene Lebenssituation darstellt. So heißt es in einer Eintragung vom 6. 7. 1910:

> Ach, es ist furchtbar. Schlimmer kann es auch 1820 nicht gewesen sein. Es ist immer das gleiche, so langweilig, langweilig, langweilig. Es geschieht nichts, nichts, nichts. Wenn doch einmal etwas geschehen wollte, was nicht diesen faden Geschmack von Alltäglichkeit hinterläßt. (III,138)

Und am 15.9.1911, etwa zur Entstehungszeit des oben zitierten Gedichtes, notiert er sich: »Mein Gott – ich ersticke noch mit meinem brachliegenden Enthousiasmus in dieser banalen Zeit. Denn ich bedarf gewaltiger äußerer Emotionen, um glücklich zu sein« (III, 164). Genau dieses Unbehagen, diese Kritik an einer öden Zeit und an einem Frieden, der »so faul ölig und schmierig wie eine Leimpolitur auf alten Möbeln« ist (III, 139), findet in dem von Nietzsche aufgegriffenen Gleichnis seinen Ausdruck; das Motiv der ihren Faden in die Länge ziehenden Seiler wird für Heym – in gleicher Weise wie bei

Nietzsche – zum Sinnbild eines inhaltsleeren, leidenschaftslosen Daseins, einer ereignislosen Existenz.

Doch geht der Einfluß Nietzsches über diese einprägsame Fassung einer persönlichen Erfahrung weit hinaus, denn die Zeit- und Gesellschaftskritik, die in diesen Formulierungen angesprochen wird, ist nicht allein in der Bildlichkeit, sondern vor allem auch in ihrer erkenntnisstiftenden Substanz von den weltanschaulichen Kategorien Friedrich Nietzsches bestimmt; Erfassung, Einordnung und Begründung der eigenen historischen Situation liegt eindeutig die von Nietzsche ausgehende und besonders durch den »Neuen Club« vermittelte Auffassung der Dekadenz, des niedergehenden Lebens zugrunde. Nicht eine ethische oder gesellschaftspolitische Argumentation fundiert Heyms Angriff gegen seine Zeit und Umwelt, sondern eine vitalistische: Stets bleibt das Leben, die erstrebte leidenschaftliche Bewegtheit – der »höchste Intensitätsrausch« im Sinne Erwin Loewensons – das Maß, das an die kritisierten Mißstände, an ein erstarrtes und »verstädtertes Dasein« gelegt wird. Wie in den Programmschriften des »Neopathos« ist die angeklagte Welt schon immer die schwache, die lebensarme oder gar lebensfeindliche, der erstrebte Zustand dagegen die Freisetzung und Intensivierung der verschütteten vitalen Energien. Diese grundlegende Polarität, die aus Nietzsches vitalistischem Weltbild bezogen wird und nun ihrerseits den kritisierten Befund ausdeutet, durchzieht leitmotivartig die Aufzeichnungen und Schriften der Jahre 1910 und 1911; so bestimmt sie in der scharf akzentuierten Dichotomie von Krankheit und Gesundung Form und Aussage des zeitkritischen Manifestes »Eine Fratze«, und als konstitutiv strukturelles Element findet sie sich vor allem in den späteren Gedichten Georg Heyms wieder. Wie ich an anderer Stelle ausführlich dargelegt habe,[44] ist es vor allem die Kehrseite des »starken Lebens«, die Heym, dem Unbehagen an seiner Zeit entsprechend, in diesen Texten betont. In den Bildkreisen des stockenden Atems und des erstarrten Blutes, der Dürre und der Fäulnis sowie in den Vorstellungen der Vereisung und der Verödung, die in der Bildlichkeit des Todes und eines feindseligen Mondes kulminieren, hat die persönliche Situation des Dichters, sein Protest gegen die ihm unerträglich erscheinende Bürgerwelt wie auch die Tendenz zur fatalistischen Resignation in den Kategorien vitalistischer Weltdeutung einen bezeichnen-

---

[44] Vitalismus und Expressionismus, S. 204ff.

den Ausdruck gefunden. Und wenn der Wahrsager in Nietzsches »Zarathustra« den Niedergang des Lebens ebenfalls in der Vision eines »Lebens in Grabkammern« mit einem nahezu identischen Bildarsenal beschwört, so mag dieser Text belegen, wie mit der Adaption einzelner Sprach- und Bildelemente zugleich Nietzsches Grundposition übernommen wird, die dem rational nicht mehr faßbaren Leben die höchste Stelle in der Rangordnung aller Werte zuweist:

»– und ich sahe eine große Traurigkeit über die Menschen kommen. Die Besten wurden ihrer Werke müde.
Eine Lehre erging, ein Glaube lief neben ihr: ›alles ist leer, alles ist gleich, alles war!‹
Und von allen Hügeln klang es wieder: ›alles ist leer, alles ist gleich, alles war!‹
Wohl haben wir geerntet: aber warum wurden alle Früchte uns faul und braun? Was fiel vom bösen Monde bei der letzten Nacht hernieder?
Umsonst war alle Arbeit, Gift ist unser Wein geworden, böser Blick sengte unsre Felder und Herzen gelb.
Trocken wurden wir alle; und fällt Feuer auf uns, so stäuben wir der Asche gleich – ja das Feuer selber machten wir müde.
Alle Brunnen versiegten uns, auch das Meer wich zurück. Aller Grund will reißen, aber die Tiefe will nicht schlingen!
›Ach, wo ist noch ein Meer, in dem man ertrinken könnte‹: so klingt unsre Klage – hinweg über flache Sümpfe.
Wahrlich, zum Sterben wurden wir schon zu müde; nun wachen wir noch und leben fort – in Grabkammern!« –[45]

Zu fast jeder Zeile dieser visionären Darstellung eines vitalen Niedergangs – von der Zarathustra bezeichnenderweise sagt, sie habe ihn mit großer Traurigkeit erfüllt [46] – lassen sich in Heyms Lyrik Parallelen finden, die zu zahlreich und zu signifikant sind, als daß man noch von einer rein zufälligen Übereinstimmung sprechen kann. In ihnen zeigt sich – wie besonders deutlich auch im Gedichtfragment »Unserer Zeit« (I, 352) –, wie Heym seine Auflehnung gegen die ihn umgebende Kultur und Gesellschaft an den von Nietzsche bereitgestellten Deutungsmustern orientiert und zugleich im Bann-

---

[45] Nietzsche, Werke II, 388f.
[46] Trauer ist zugleich auch – als Reaktion auf die immer wieder beschworene Erstarrung des Lebens – die Grundstimmung der meisten Gedichte Georg Heyms.

kreis der dort vorgefundenen Sprachgestalt formuliert. Ihm gelingen auf diesem Wege ohne Frage faszinative Bilder der Bedrohung, die Ursachen der Bedrohung müssen bei einer solchen Erfassung der realen Gegebenheit freilich verdeckt bleiben.

Doch selbst noch in der Überwindung dieses bedrückenden Zustandes der Welt, die in Gedichten wie »Der Krieg (I)«, »Gebet« und im Schlußteil der Novelle »Der fünfte Oktober« dargestellt wird, bleibt der Expressionist den Vorstellungen Friedrich Nietzsches verpflichtet.

Eine »matte Menschheit (bedarf) der größten und furchtbarsten Kriege (...), um nicht an den Mitteln der Kultur ihre Kultur und ihr Dasein selber einzubüßen«, heißt es in »Menschliches, Allzumenschliches«.[47] Und wie der Lebensphilosoph hier und an vielen anderen Stellen seines Werkes immer wieder den Krieg als »Heilmittel«, als Weg zur Gesundung empfiehlt, so ersehnt auch Heym in seinem Gedicht »Gebet« die Veränderung der Situation durch Gewalt:

> Äolus du, der du auf den großen Kriegsschläuchen sitzt.
> Vollbackiger du, der den Pestatem kaut.
> Lasse raus, wie den Sturm gegen Morgen, den Tod,
> Gib uns Regen, Herr, kalte Winter und Hungersnot.
>
> Wir ersticken, Herr, denn wir sind fett und krank,
> Unser Blut rinnet wächsern, und tropft nur blaß.
> (...)
>
> Laß uns Feuer der Kriege, und brennende Länder sehen,
> Daß noch einmal unser Herz, wie ein Bogen schnellt,
> Wenn der Donner der Schlacht braust über ein weites Feld
> Und der Kanonen Höllengelächter erschallt,
>
> Daß wie Fackeln dir brennen nachts Wald um Wald
> Und wenn du schreitest riesig über dem Untergang
> Blutroter Tage, dir feurig schallt
> Tausend Sterbender Schrein und Lobgesang. (I,354f.)

Sturm, Revolution und Krieg werden in diesen Versen als Überwindung jenes »Lebens in Grabkammern« eingesetzt, dessen bedrückendes Sein den Dichter zu stets erneuter Darstellung reizt. Als Befreiung von Lebensmüdigkeit und Erstarrung erhält hier die Zer-

---

[47] Nietzsche, Werke I, 688.

störung eine eindeutig positive Bewertung: der »Untergang blutroter Tage« wird zur Vorbedingung eines erfüllten, lebensvolleren Daseins. »Denn solche Feuersäulen müssen dem großen Mittage vorangehn« bemerkt Zarathustra angesichts der »großen Stadt«, »wo alles Anbrüchige, Anrüchige, Lüsterne, Düstere, Übermürbe, Geschwürige, Verschwörerische zusammenschwärt«.[48] Und im gleichen Sinn »träuft« auch der in Vernichtungswut berserkerhaft rasende Dämon des berühmten Kriegsgedichtes G. Heyms »daß er mit dem Brande weit die Nacht verdorr / Pech und Feuer unten auf Gomorrh« (I, 347).

Doch bedeutet das Kriegsgeschehen für den Expressionisten nicht nur triumphale Vernichtung des Abgelebten, des Avitalen, sondern zugleich auch Erfüllung des Lebens selbst. Denn auch in jenem Gedanken, daß Leben nichts anderes ist als der fortwährende Prozeß dynamischer Überwindung, in dem also »Zeugen, Leben und Morden« als unteilbare Einheit erscheinen,[49] folgt Heym seinem Anreger. Und wenn nach dieser Auffassung jeder Untergang zugleich »Übergang« zum Neuen bedeutet, so muß gerade auch die Überwindung der Gegenwelt, der bloße Akt der Zerstörung und des Aufbruchs schon diesen Sinn des Lebens erfüllen. Das zumindest scheint mir genau die Aussage des Gedichtes »Der Krieg (I)« zu sein, in dem die vernichtende Gewalt als Negerfürst und Köhler, als urtümliche Gestalt voller vitaler Leiblichkeit, personifiziert wird und ein faszinatives Schauspiel entfesselter Vernichtungskraft inszeniert; das ist zugleich auch die Bedeutung der letzten Abschnitte in der Novelle »Der fünfte Oktober«, in denen die Lethargie eines lebensfeindlichen Daseins, die »trübe Flut der Jahre«, in denen »die Asche der Mühsal« jede Bewegung »erstickt« hatte, durch den revolutionären Aufbruch, durch den begeisterten Sturm auf Versailles überwunden wird:

> Ihre Herzen, die in der trüben Flut der Jahre, in der Asche der Mühsal erstickt waren, fingen wieder an, zu brennen, sie entzündeten sich an diesem Abendrot. (...) Sie wußten alle, daß die Jahre der Leiden vorbei waren, und ihre Herzen zitterten leise. Eine ewige Melodie erfüllte den Himmel und seine purpurne Bläue, eine ewige Fackel brannte. Und die Sonne zog ihnen voraus, den Abend herab, sie ent-

---

[48] Nietzsche, Werke II, 427f. – Vgl. dazu auch Heyms Gedicht »Die Stadt der Qual« (I, 349).
[49] Nietzsche, Werke III, 279.

zündete die Wälder, sie verbrannte den Himmel. Und wie göttliche Schiffe, bemannt mit den Geistern der Freiheit, segelten große Wolken in schnellem Winde vor ihnen her.

Aber die gewaltigen Pappeln der Straße leuchteten wie große Kandelaber, jeder Baum eine goldene Flamme, die weite Straße ihres Ruhmes hinab. (II,18)

Die Naturerscheinungen, der brennende Himmel, die »goldenen Flammen« der Pappeln, werden in dieser ›heroischen Landschaft‹ zum Spiegel des im Untergang neu hervorbrechenden Lebens; Abendrot[50] und die neuerwachte Leidenschaft verschmelzen zu einer Einheit, in der es nicht mehr auf die Stimmigkeit der einzelnen Bildelemente ankommt, sondern allein auf den Ausdruck der Intensität und Größe, die sich im Aufbruch manifestieren.

Damit ist für Heym das Ziel des Aufbruchs schon erreicht: Die Erzählung schließt mit dem zitierten visionären Landschaftsbild ab; der Erfolg des Marsches nach Versailles und das weitere Schicksal der Revoltierenden bleiben außerhalb des Blickfeldes, sind für den Expressionisten kein Gegenstand dichterischer Gestaltung. Das Gefühl leidenschaftlich gesteigerten Lebens und der dadurch ausgelöste Taumel unermeßlicher Beglückung[51] bilden Höhepunkt und Abschluß des dargestellten Geschehens – wie denn auch bei Nietzsche die Bewegung des ständig sich selbst schaffenden und überwindenden Lebens in sich ihr Genüge findet und kein anderes Ziel kennt als eben diesen Prozeß fortwährender Überwindung.

7. Versuch einer Bewertung des Nietzsche-Einflusses auf Georg Heym

Bei dem Versuch, die Bedeutung Nietzsches für die dichterische Entwicklung Georg Heyms zu beurteilen, erscheint es mir angemessen,

---

[50] Die Szenerie des Abendrots findet in Zarathustras Rede »Vom freien Tode« eine deutliche Parallele: »In eurem Sterben soll noch euer Geist und eure Tugend glühn, gleich einem Abendrot um die Erde« (Werke II, 335).

[51] Zum Ausdruck dieses Glücksgefühls benutzt Heym in dieser Novelle wie auch in vielen anderen seiner Prosatexte das Motiv der vor Seligkeit leise zitternden Herzen, das unverkennbar von Nietzsches Gedicht »An der Brücke stand jüngst ich in brauner Nacht« inspiriert ist: »Meine Seele, ein Saitenspiel, / sang sich, unsichtbar berührt, / heimlich ein Gondellied dazu, / zitternd vor bunter Seligkeit«. (Werke II, 1093; vgl. dazu u. a. Heym II, S. 34, 37 und 148.)

noch einmal die Komplexheit dieses Wirkungsprozesses mit allem Nachdruck hervorzuheben. Die in unseren knappen Ausführungen vorgetragenen Beobachtungen erlauben ohne Frage noch nicht, den Vorgang der Einflußnahme durch die Werke Nietzsches abschließend zu bewerten. Eines dürfte indessen schon hinreichend erwiesen sein: Es handelt sich im Falle Georg Heyms nicht um eine sklavische Nietzschenachfolge, um reines Epigonentum, sondern um einen sehr viel schwieriger zu fassenden Prozeß der Adaption und Transformierung, in den veränderte personale, gesellschaftliche und mediale Bedingungen hineinwirken. Heym setzte sich mit Nietzscheschen Denkansätzen, die er teils durch eigene Lektüre (insbesondere des »Zarathustra«), teils durch indirekte Vermittlung kennenlernte, auseinander aufgrund des Bedürfnisses, seine eigene Situation zu erkennen, formulierend zu erfassen und zugleich anderen mitzuteilen. Hier ist zweifellos die eigene Vitalität, die sich in den gesellschaftlichen und kulturellen Schranken der damaligen Zeit nicht angemessen entfalten konnte, als ein wichtiger Antrieb anzusehen, der ihn nach den enthusiasmierenden Predigten Zarathustras greifen läßt, aber auch nach dem »Leonardo da Vinci« Mereschkowskis oder nach den Romanen Alfred Doves. Aus dieser Perspektive wählte er sich auch aus dem Angebot des deutschen Lebensphilosophen einen nur sehr begrenzten Ausschnitt aus – so fällt etwa auf, daß die moralkritischen Aussagen Nietzsches und die scharfsinnigen Analysen der Kultur- und Bildungstradition ebenso wenig von Heym aufgegriffen werden wie etwa der Gedanke des dionysischen Pessimismus, die Bedeutung des Mythos der ewigen Wiederkunft des Gleichen oder gar der erkenntniskritische Aspekt seiner Perspektivenlehre. Im Zentrum der den jungen Dichter interessierenden Gedanken aus dem Werk Friedrich Nietzsches standen die Vorstellungen einer lebenserfüllten Dynamik des Werdens, der steten Steigerung und Selbstüberwindung, und die damit zusammenhängende Zeitkritik unter dem Gesichtspunkt des niedergehenden Lebens. Ihn faszinierte damit insbesondere die »Löwenstufe«, wie sie in Zarathustras Gleichnis von den drei Verwandlungen des Gesetzes dargestellt wird: »Neue Werte schaffen – das vermag auch der Löwe noch nicht: aber Freiheit sich schaffen zu neuem Schaffen – das vermag die Macht des Löwen.«[52] Diese Ansätze aus Nietzsches Werk bieten ihm genau das, was er suchte: Deutungsmuster zur Erkenntnis und

---

[52] Nietzsche, Werke II, 294.

Erfassung seiner eigenen Lage – Erkenntnis freilich nunmehr unter den Prämissen der von Nietzsche (und von anderen vorwiegend durch Nietzsche beeinflußten Autoren) propagierten Lebensphilosophie. Diese Deutungsmuster setzt Heym nun nicht nur im literarischen Medium zum Abbild der ihm bedrohlich erscheinenden Kräfte des Lebens ein, sie greifen auch weit, wie Tagebuch und Briefe zur Genüge belegen, in die eigene Bewältigung personaler Probleme hinein. Die Vorstellung des Krieges, für Nietzsche bevorzugtes Bild der in der steten Überwindung sich erfüllenden Bewegung des Lebens, wird von ihm ›wörtlich‹ genommen und löst den Wunsch nach realer Verwirklichung von Krieg und Revolution aus[53] – aber nicht etwa, um gesellschaftlichen Umbruch zu erreichen, sondern allein, um im Intensitätsrausch ein eigenes und durch literarische Vorbilder gesteigertes Lebensbedürfnis zu befriedigen.

Schließlich sei angemerkt, daß Heyms Verhältnis zu Nietzsche schon deswegen nicht als epigonenhafte Nachfolge gewertet werden kann, weil er in der Formulierung seiner im Bannkreis des Lebensphilosophen entwickelten Weltdeutung die Sprachartistik seines Vorbildes weit hinter sich läßt. Nietzsches Spiel mit dem Leser, seine Technik der ironischen Verwirrung und der paradoxen Widersprüchlichkeit weichen bei Heym einer bohrenden Eindringlichkeit, mit der vor allem der kritische Befund, die Bedrohung – teils mit unüberhörbarem resignativen Unterton – dem Leser vorgeführt wird. Indessen ist zu bedenken, ob nicht gerade die Sprachmächtigkeit des expressionistischen Lyrikers, die Dichte seiner anklagenden und zugleich im Formprozeß Überwindung anzeigenden Visionen in einem viel tieferen Sinn einer Nachfolge Nietzsches entspricht, als die nur äußerlich aus dem »Zarathustra« übernommenen Bild-

---

[53] Vgl. dazu die zahlreichen Äußerungen Heyms in seinen Tagebüchern und Briefen, in denen er Krieg und Revolution als »Heilmittel« (III, 128) herbeisehnt, so bereits in der Aufzeichnung vom 30. 5. 1907: »Gäb' es nur Krieg, gesund wär' ich« (III, 89), und in der vielfach zitierten Tagebuchnotiz vom 15. 9. 1911 heißt es: »Mein Gott – ich ersticke noch mit meinem brachliegenden Enthousiasmus in dieser banalen Zeit. Denn ich bedarf gewaltiger äußerer Emotionen, um glücklich zu sein. Ich sehe mich in meinen wachen Phantasieen, immer als einen Danton, oder einen Mann auf der Barrikade, ohne meine Jacobinermütze kann ich mich eigentlich garnicht mehr denken. Ich hoffte jetzt wenigstens auf einen Krieg. Auch das ist nichts.« (III, 164; vgl. auch III, 105, 135, 138f., 168, 181f. und VI, 512).

elemente vermuten lassen: Liegt hier nicht eine Dichtung vor, in der weniger in der inhaltlichen Aussage als im Vorgang sprachlicher Formung Stagnation und schablonenhafte Erstarrung zerbrochen wird, damit also in einer Sprache, die durch eine eigentümliche Spannung zwischen Starrheit und Dynamik geprägt ist, Zarathustras Forderung nach zerstörender Überwindung genau entsprochen wird? Dieser Gedanke, der auf die gesamte Literatur des Expressionismus auszudehnen wäre, sei nur als eine Hypothese geäußert, ohne daß ich an dieser Stelle bereits einen detaillierten Nachweis bringen könnte.

8. *Ewig im Aufbruch – Nietzsches Grundpositionen im Spiegel der Lyrik Ernst Stadlers*

Was in den Dichtungen Georg Heyms nur in wenigen Texten gestaltet erscheint, wird in den Gedichten Ernst Stadlers zur zentralen Thematik: die Überwindung der Erstarrung, die Erneuerung, der Aufbruch. Schon Titel wie »Befreiung«, »Resurrectio«, »Reinigung« verweisen auf dieses Geschehen, vor allem aber das Gedicht »Der Aufbruch« selbst, das nicht nur zu den bekanntesten Versen dieses Dichters zählt, sondern zugleich seiner einzigen expressionistischen Buchveröffentlichung ihren bezeichnenden Namen verlieh. Bevor wir jedoch an Texten dieser Gedichtsammlung unsere Vermutung überprüfen, daß auch Stadlers Konzeption eines Aufbruchs in der Nähe Nietzschescher Gedanken anzusiedeln ist, soll zunächst wiederum ein kurzer Blick auf direkte Wirkungszeugnisse die Nietzsche-Kenntnis dieses Autors belegen.

Auch Ernst Stadler kam schon frühzeitig mit dem Werk Friedrich Nietzsches in Berührung. Schon im Jahre 1901 sammelte sich um ihn und René Schickele ein Kreis von Nietzsche-Enthusiasten, die sich bezeichnenderweise »Stürmer« nannten und eine »künstlerische Renaissance des Elsaß« erstrebten. Aus dieser Zeit stammt auch Stadlers kurze programmatische Schrift »Neuland«, die zum ersten Mal den Namen Nietzsche nennt:

> Und dies sei fortan das höchste Ziel des Künstlers, vom Bestehenden zu sagen: »Es war« und darüber hinwegzuschreiten zu dem Neuen. Und dies sei euer Gesetz, ihr Künstler und Dichter: Nicht länger »rückwärts schauende Propheten« zu sein. Seht vorwärts! Seht in Morgensonnen! Vorwärts sahen alle großen Geister der Weltgeschichte, Christus und Giordano Bruno, Luther und Nietzsche. Zerschmettert die

alten Tafeln und schreibt euch euer eigen Gesetz aus euerem Eigen-Willen! (II,10) [54]

In diesem frühen Manifest künstlerischen Aufbruchs werden bereits die Grundpositionen bezeichnet, die auch für den späteren Expressionisten ihre volle Geltung behalten: der Aufruf, die alten Tafeln zu zerbrechen, über das Alte zum Neuen hinwegzuschreiten und in sich selbst das eigene Gesetz zu finden. Zugleich wird aber auch die Quelle dieser Forderungen nicht nur in der direkten Berufung auf Nietzsche, sondern auch durch die Form der Aussage mit aller Deutlichkeit preisgegeben.

Die Vertrautheit des jungen Stadler mit den Werken Nietzsches – vor allem mit »Also sprach Zarathustra« – zeigt sich ebenfalls in zahlreichen Zitaten, Bildern und Anspielungen in Gedichten, die in dieser frühen Periode entstanden sind. Aus späterer Zeit verweist Stadlers Penthesilea-Aufsatz (1909) auf seine Hochschätzung Nietzsches als des Entdeckers »des ursprünglichen dionysischen Urgefühls« (II, 104). Ein wichtiges Zeugnis bietet schließlich eine Nachschrift der Vorlesung über die »Geschichte der deutschen Lyrik der neuesten Zeit«, die Stadler im Sommer 1914 in Straßburg gehalten hatte: in diesem Rahmen hat sich Stadler eingehend mit dem Einfluß Nietzsches auf die junge deutsche Dichtung befaßt und hob neben der zentralen Bedeutung des Zarathustra-Stils für die Entwicklung der zeitgenössischen Literatur besonders den vitalistischen Weltentwurf des Lebensphilosophen hervor. »Durch (Nietzsche) habe der Begriff des Lebens eine nie geahnte Wichtigkeit erhalten. Die Apotheose des Lebens sei an die Stelle des Gottglaubens getreten.« [55]

Mit dieser Angabe ist zugleich auch für die Untersuchung der Nietzsche-Wirkung auf Stadler selbst ein Hinweis von höchster Bedeutsamkeit gegeben, kann man doch annehmen, daß es dem jungen Germanisten, ähnlich wie in seinen Besprechungen und literaturkritischen Aufsätzen, auch in dieser Vorlesung vornehmlich um eine Darstellung der eigenen dichterischen Entwicklung ging. So wäre denn Stadlers nachdrückliche Hervorhebung des Lebensbegriffes

---

[54] Texte aus den Schriften Ernst Stadlers werden – soweit nicht anders angegeben – nach der Ausgabe der »Dichtungen« (2 Bde., hrsg von K. L. Schneider, Hamburg 1954) zitiert und in diesem Abschnitt abgekürzt mit Band- und Seitenzahl nachgewiesen.

[55] Zitiert nach Hellmut Thomke, Hymnische Dichtung im Expressionismus, Bern und München 1972, S. 88.

Nietzsches als ein wichtiges Zeugnis dafür zu werten, unter welchem Interesse auch er sich mit dem Werk des Philosophen auseinandersetzte und was er selbst dessen Schriften entnahm.

In der Tat läßt sich bei eingehenderer Untersuchung der Lyrik dieses Expressionisten vielfach belegen, daß es vor allem der vitalistische Weltentwurf war, was ihn an Nietzsches Werk faszinierte, ja, daß dessen Setzung des Lebens als des höchsten Prinzips alles Seins zugleich auch die eigentliche Aussage der expressionistischen Gedichte E. Stadlers bestimmt. Diese auffallende Übereinstimmung der Grundpositionen zeigt sich in aller Deutlichkeit, wenn wir einen Aphorismus aus Nietzsches Nachlaß heranziehen, um die Qualität dieses zentralen Lebensbegriffes näher zu beleuchten. Dieser Text, der als pointierender Abschluß der Nachlaßkompilation »Der Wille zur Macht« schon seit der Jahrhundertwende allgemein bekannt war, scheint nicht nur Ernst Stadler, sondern ganz allgemein seine Generationsgenossen nachhaltig beeindruckt und zu ähnlichen Gedanken und Bildern angeregt zu haben:

> Und wißt ihr auch, was mir »die Welt« ist? Soll ich sie euch in meinem Spiegel zeigen? Diese Welt: ein Ungeheuer von Kraft, ohne Anfang, ohne Ende (...) ein Meer in sich selber stürmender und flutender Kräfte, ewig sich wandelnd, ewig zurücklaufend, mit ungeheuren Jahren der Wiederkehr, mit einer Ebbe und Flut seiner Gestaltungen, aus den einfachsten in die vielfältigsten hinaustreibend, aus dem Stillsten, Starrsten, Kältesten hinaus in das Glühendste, Wildeste, Sich-selber-Widersprechendste, und dann wieder aus der Fülle heimkehrend zum Einfachen, aus dem Spiel der Widersprüche zurück bis zur Lust des Einklangs, sich selber bejahend noch in dieser Gleichheit seiner Bahnen und Jahre, sich selber segnend als Das, was ewig wiederkommen muß, als ein Werden, das kein Sattwerden, keinen Überdruß, keine Müdigkeit kennt –: diese meine *dionysische* Welt des Ewig-sich-selber-Schaffens, des Ewig-sich-selber-Zerstörens, (...) *Diese Welt ist der Wille zur Macht – und nichts außerdem!* Und auch ihr selber seid dieser Wille zur Macht – und nichts außerdem! [56]

So dürfte es denn zweifellos keine zufällige Übereinstimmung sein, wenn auch Stadler in seinen Gedichten das Motiv des Meeres als Bild der allem zugrunde liegenden Urmacht des Lebens, als Ausgangspunkt und Ziel auch der menschlichen Existenz immer wieder gestaltet. Neben den vielen Metaphern aus diesem Bildbereich, die

---

[56] Nietzsche, WzM, 696f.

stets auf Fülle und Bewegtheit des Lebens verweisen, ist es vor allem der Hymnus »Meer«, der die große Nähe zu dem faszinativen Weltentwurf des »Willens zur Macht« belegt:

> (...)
> Du Hingesenktes, Schlummertiefes! Horch, dein Atem sänftigt meines Herzens Schlag!
> Du Sturm, du Schrei, aufreißend Hornsignal zum Kampf, du trägst auf weißen Rossen mich zu Tat und Tag!
> Du Rastendes! Du feierlich Bewegtes, Nacktes, Ewiges! Du hältst die Hut
> Über mein Leben, das im Schachte deines Mutterschoßes eingebettet ruht. (I,169)

Schon in diesen Schlußversen des Gedichtes tritt die Gemeinsamkeit der Grundkonzeption beider Autoren deutlich in Erscheinung. Für beide Vertreter eines vitalistischen Denkansatzes ist die fundamentale Qualität des Lebens die zweckfreie und ziellose Bewegung, ein fortwährendes Werden, der als Gesamtzustand (bei Nietzsche im Ring der ewigen Wiederkunft des Gleichen) als in sich ruhendes Sein betrachtet werden kann, das aber im einzelnen Lebensvollzug als ständige Überwindung und Übersteigerung vorgestellt werden muß. Ein solcher Prozeß vermag alle Gegensätze in sich einzuschließen, er verläuft im dialektischen Gegeneinander der Stufen und Stationen, in dem der Untergang, die Zerstörung zugleich schon immer ein Neuwerden bedeutet, dessen Bewegtheit zu ausdrucksstarker Dynamik gesteigert ist.

Diese vitalistische Weltkonzeption, die sich in Thematik, Komposition und sprachlicher Gestaltung der Aufbruch-Gedichte als grundlegendes Schaffensprinzip nachweisen läßt, ist für Ernst Stadler zweifellos das Ergebnis einer sehr bewußten Auseinandersetzung mit den Werken Nietzsches. Anders als Georg Heym, der in einem sehr viel intuitiveren Zugriff das ihn persönlich Interessierende auswählte und sich offenbar von der bilderreichen und mit rhetorischem Pathos vorgetragenen Sprache dieses Dichterphilosophen leiten ließ, war Stadler sehr viel mehr um ein Gesamtverständnis, um den hinter der Gleichnissprache liegenden Weltentwurf bemüht. So konnte er gerade in einem Text wie dem zitierten Aphorismus aus dem »Willen zur Macht« einen Schlüssel finden, der einen Zugang zur scheinbaren Widersprüchlichkeit des »Zarathustra« und anderer Schriften öffnete.

Als Folge einer solchen intensiven Beschäftigung erscheinen denn auch in den Gedichten die wichtigsten Bausteine dieses Weltbildes in ähnlicher Bedeutung wie bei Nietzsche: »Heimgekehrt von Reisen ins Metaphysische« (I, 121): diese Gedichtzeile könnte ebensogut als Motto Nietzschescher Philosophie gelten, wie sie die Grundstimmung der Lyrik des Expressionisten charakterisiert. Das Leben findet allein in der realen Gegenwart, im hic et nunc sein Wirkungsfeld. »*Im Kleinsten und Alltäglichsten unwissend* zu sein (...) das ist es, was die Erde für so viele zu einer ›Wiese des Unheils‹ macht. (...) Wir müssen wieder *gute Nachbarn der nächsten Dinge* werden und nicht so verächtlich wie bisher über sie hinweg nach Wolken und Nachtunholden hinblicken«, sagt Nietzsche,[57] und in fast wörtlicher Entsprechung heißt es bei Stadler:

> Keine Ausflüge mehr ins Wolkige, nur im Nächsten noch sich finden,
> einfach wie ein Kind, das weint und lacht,
> Aus seinen Träumen fliehen, Helle auf sich richten, jedem Kleinsten
> sich verweben. (I,121)

So steht für beide das Diesseits, die »Erde« im Zentrum aller Tätigkeit. Das dionysische Prinzip, jenes »Jasagen zur Welt, wie sie ist, ohne Abzug, Ausnahme und Auswahl«[58] findet sich in den Gedichten Stadlers wieder als ekstatische »Weltfreude«, die gerade in der Hinwendung zu den Verfemten und Verstoßenen ihre Erfüllung findet. Zugleich zeigt sich in dieser Hingabe an das Geringste und Verworfenste eine Durchbrechung sozialer und moralischer Schranken, und es ist zweifellos kein Zufall, wenn in dem »Drang (...), Sicherheit der Frommen, Würde der Gerechten anzuspeien« (I, 112), die bekannte Aufforderung Zarathustras anklingt: »Zerbrecht mir (...) diese alten Tafeln der Frommen (...) Zerbrecht mir die Guten und Gerechten!«[59]

In diesen Zusammenhang der zerstörenden Überwindung des Alten und Erstarrten gehört nun auch das zentrale Motiv des Aufbruchs. Im gleichnamigen Titelgedicht der Stadlerschen Gedichtsammlung (I, 128) sind es drei Zustände, die sich gegenseitig ablösen: eine Zeit der ungestümen Bewegtheit, in der »Fanfaren mein ungeduldiges Herz blutig gerissen«, wird »plötzlich« unterbrochen

---

[57] Nietzsche, Werke I, 875 und 882.
[58] Nietzsche, Werke (Großoktavausgabe), Bd. XVI, Leipzig 1911, S. 383.
[59] Nietzsche, Werke II, 452 und 459.

durch einen Zustand, in dem »Leben stille stand«, um dann in gleicher Abruptheit schließlich wieder in wilden Sturm umzuschlagen.

> Aber eines Morgens rollte durch Nebelluft das Echo von Signalen,
> Hart, scharf, wie Schwerthieb pfeifend. Es war wie wenn im Dunkel
> plötzlich Lichter aufstrahlen (...)

Aufbruch ist hier wiederum eindeutig als Überwindung von Stagnation, von Ermattung und Stillstand des Lebens definiert; schon überrascht es kaum mehr, wenn dieser Aufbruch, ganz der Anschauung Nietzsches folgend, als ein Kriegsgeschehen dargestellt wird: »Und herrlichste Musik der Erde hieß uns Kugelregen«, »Vorwärts, in Blick und Blut die Schlacht, mit vorgehaltnem Zügel«. Doch zugleich fällt auf, daß in diesem dreiteiligen Gedicht auch die Bewegung – ebenso plötzlich – in Statik übergeht: ein unmißverständlicher Hinweis darauf, daß es hier nicht um ein aktuelles revolutionäres oder gar kriegerisches Geschehen geht, sondern um die Darstellung eines allem Sein zugrunde liegenden Prinzips, in dem beide Zustände, Stillstand und Bewegung, sich fortwährend ablösen, fortwährend wiederkehren. Damit ist der Bezug zur übergreifenden Gesamtkonzeption, wie sie in der Meeressymbolik des zitierten Aphorismus aus dem »Willen zur Macht« in Erscheinung trat, hergestellt – zu einem Weltentwurf, den Stadler im »Zwiegespräch« mit folgenden Worten beschreibt:

> Windrose deines Schicksals, Sturm, Gewitternacht und sanftes Meer,
> Dir selber alles: Fegefeuer, Himmelfahrt und ewige Wiederkehr –
> (...)
> Und nichts, was jemals war und wird, das nicht schon immer dein. (I,123)

Doch kehren wir zum Aufbruch-Gedicht zurück und schauen uns die letzten Verse an:

> Vielleicht würden uns am Abend Siegesmärsche umstreichen,
> Vielleicht lägen wir irgendwo ausgestreckt unter Leichen.
> Aber vor dem Erraffen und vor dem Versinken
> Würden unsre Augen sich an Welt und Sonne satt und glühend trinken.

Noch einmal bestätigt sich in diesen Versen ein Befund, auf den wir in dieser Untersuchung schon mehrfach stießen: Der militante Aufbruch hat kein bestimmtes Ziel, zu dem der Kampf hinführen könnte, er ist in sich schon Erfüllung, so daß Sieg oder Tod letztendlich gleichgültig bleiben. Das Leben ist hier als ein Prozeß gesehen, in dem der Mensch in kämpferischer Auseinandersetzung sich die Welt zu eigen macht; gerade in der Überwindung vermag Leben sich in seinem ureigensten Prinzip zu erfüllen, in der Dynamik jenes Werdens, von dem Nietzsche sagt, daß es keinen »Zielzustand« habe, daß es niemals in ein Sein münden könne.

Eine weitere Beobachtung läßt sich an die Betrachtung der angeführten Schlußverse anschließen, die auf eine sehr spezifische Einwirkung Nietzsches hinzudeuten scheint: Die Erfüllung des Lebens wird in der abschließenden Langzeile mit Worten voller sinnenhafter Qualität hervorgehoben; durch einen elementaren vitalen Akt wird das äußere Sein dem Körper zugeführt, gleichsam »einverleibt«. Und wie hier das Geschehen mit einer ausgeprägt sensuellen Metaphorik dargestellt wird, so zeichnet die expressionistische Lyrik Stadlers insgesamt eine Bevorzugung sensorischer Empfindungen aus: starke Gerüche, auffallende Geräusche und bunte Gesichtseindrücke spielen in der konkreten Darstellung von Gedanken und Erlebnissen eine bedeutsame Rolle; Vergleich und Metapher erhalten die Aufgabe, Ideen, abstrakten Denkinhalten und Stimmungen eine greifbare, durch die Sinne wahrnehmbare Gestalt zu geben. Das Darstellen in »sichtbaren und fühlbaren Vorgängen«, das Nietzsche in seinen »Unzeitgemäßen Betrachtungen« empfiehlt,[60] findet in der zu konkreter Faßbarkeit neigenden Bildlichkeit des »Aufbruch«-Dichters eine bezeichnende Entsprechung; die »gebeugte Schwermut« der Synagoge (in »Gratia divinae pietatis...«), die mit in »Julisonne« schwellenden »gelben Weizenfeldern« umschrieben wird (I, 181), stellt ein – bis in den Bildkreis genau zutreffendes – Musterbeispiel dar für Nietzsches Forderung: »Denken soll kräftig duften, wie ein Kornfeld am Sommerabend.«[61]

Die sich hier äußernde Ausdruckstendenz Nietzsches, die in der beiden gemeinsamen Vorliebe für Bilder wie »Euter« und »schwellen« einen besonders eindrucksvollen Beleg findet, gehört vielleicht zu den wichtigsten Anregungen, die Ernst Stadler und andere expressionistische Autoren aus dem Werk des Lebensphilosophen entnehmen. Zugleich zeigt sich an dieser Wirkung beispielhaft, wie eine gedankliche Aussage, die Vorrangstellung von Leib und Leben gegenüber dem Intellekt, in ein anderes, ein literarisches Medium umgesetzt wird, dabei die eigenen Darstellungsansätze bei Nietzsche,

---

[60] Nietzsche, Werke I, 413.
[61] Nietzsche, Werke (Großoktavausgabe), Bd. XI, Leipzig 1919, S. 20.

vor allem im »Zarathustra«, aufgreifend und konsequent weiterführend. Damit hätte ein wesentliches Kennzeichen expressionistischer Literatur, insbesondere der Lyrik, die Tendenz zur konkretisierenden Verbildlichung, eine wichtige Quelle in den Schriften dieses Autors. Sie ist ohne Frage mitbestimmt durch Nietzsches betonte Wendung zum Diesseits, zur »Erde«, sie ist aber vor allem Ausdruck seiner irrationalistischen Weltkonzeption, Konsequenz aus der Einsicht, daß die ratio zwar als Handwerkszeug des »Willens zur Macht« eine wichtige Funktion zu erfüllen habe, selbst aber keinen Einblick in den Prozeß des Werdens gewähren kann. Der Geist wird in seiner dominierenden Stellung vom »Leib« verdrängt:

> Wesentlich: vom *Leib* ausgehen und ihn als Leitfaden zu benutzen. Er ist ist das viel reichere Phänomen, welches deutlichere Beobachtungen zuläßt. Der Glaube an den Leib ist besser festgestellt, als der Glaube an den Geist.[62]

Dieser Gedankengang, von Nietzsche in vielfacher Variation wiederholt, war den Expressionisten zweifellos bekannt. Er hat bei Stadler wie auch bei den meisten seiner Generationsgenossen einem Irrationalismus zum Durchbruch verholfen, der sicherlich nicht dazu beitragen konnte, die historische Situation jener Zeit zu durchleuchten, der aber dennoch Aussageformen herausbildete, deren Wirksamkeit noch heute aktuell ist.

9. Überwindung als kosmologisches Prinzip in der Aufbruchthematik Georg Kaisers

Wie gemeinhin in der Forschung die Aufbruch-Thematik als die zentrale Aussage der expressionistischen Dichtung gilt, so begegnete auch in unserer Darstellung des Nietzsche-Einflusses bereits mehrfach dieser Themenbereich. Dabei stellte sich übereinstimmend heraus, daß dieser Aufbruch stets ohne konkrete Zielsetzung erfolgte und als eine Erneuerungsbewegung gezeigt wurde, die in dem Akt des Veränderns schon immer ihren Sinn erfüllte. Dieser Befund deutete sich bereits im »Bettler« Reinhard J. Sorges an,[63] wurde dann konstitutiv für die Kriegs- und Revolutionsmotivik bei Georg Heym

---

[62] Nietzsche, WzM, 366.
[63] Die Ausführungen über R. J. Sorge sind in diesem Band nicht abgedruckt worden. Vgl. dazu die frühere Fassung des Aufsatzes in: Nietzsche, Werk und Wirkungen, S. 118–120.

und kristallisierte sich als wesentliches Ergebnis bei der Analyse der Lyrik Ernst Stadlers heraus. Stets konnte dabei ein enger Bezug hergestellt werden zu Nietzsches Auffassung einer »dionysischen Welt des Ewig-sich-selber-Schaffens, des Ewig-sich-selber-Zerstörens (...) ohne Ziel, wenn nicht im Glück des Kreises ein Ziel liegt«,[64] eine Übereinstimmung, die nur noch als Wirkung der Werke Friedrich Nietzsches gedeutet werden kann. Diese Vermutung bestätigt sich weiterhin bei einer genaueren Untersuchung der Aufbruch-Dramatik Georg Kaisers.

Die zentrale Bedeutung der Nietzscheschen Lebensphilosophie für die Entwicklung spezifischer Themenkreise Georg Kaisers ist in jüngerer Zeit vor allem von Herbert W. Reichert in einer gründlichen Studie mit überzeugendem Belegmaterial herausgearbeitet worden. In diesem Zusammenhang hat Reichert auch die wichtigsten direkten Wirkungszeugnisse mitgeteilt, die auf eine weitreichende Nietzschekenntnis dieses Dramatikers verweisen, so daß ich hier eine eigene Dokumentation übergehen kann.[65] Während sich nun Reichert in seiner Untersuchung weitgehend darauf beschränkt, die Geist-Leben-Problematik zu untersuchen, und in diesem Rahmen vor allem in den Dramen »Der gerettete Alkibiades« und »Rektor Kleist« mit großer Evidenz Nietzsche-Einflüsse nachweisen kann, soll dieser Befund in den folgenden Ausführungen durch Wirkungsaspekte erweitert werden, die an die Beobachtungen der vorhergehenden Abschnitte anschließen und zugleich eine Einflußrichtung markieren, die Kaiser mit anderen Expressionisten teilt.

Als »Kerndrama« der expressionistischen Dramatik Georg Kaisers ist von der Forschung das »Stück in drei Teilen« »Hölle – Weg – Erde« wiederholt hervorgehoben worden. In der Tat hat Kaiser in diesem »vitalistisch-eudämonistischen Erlöserstück«[66] sein zentrales Anliegen der »Erneuerung« in paradigmatischer Weise ge-

---

[64] Nietzsche, WzM, 697.
[65] Herbert W. Reichert, Nietzsche and Georg Kaiser, in: Studies in Philology 61 (1964), S. 85–108. – Vor Reichert ist in den Untersuchungen von Freyhan, Koenigsgarten und Fix nachdrücklich auf die zentrale Bedeutung des Nietzsche-Einflusses hingewiesen worden.
[66] E. Lämmert, Das expressionistische Verkündigungsdrama, in: Der deutsche Expressionismus. Formen und Gestalten, hrsg. von H. Steffen, Göttingen 1965, S. 148.

staltet, so daß es auch in unserer Untersuchung – stellvertretend für die große Zahl von Aufbruchdramen des Autors – zur Demonstration des Nietzsche-Einflusses in diesem Bereich dienen soll.

Schon die drei Stationen von »Hölle – Weg – Erde« signalisieren eine bemerkenswerte Nähe zum Denkansatz des Philosophen. Wie Nietzsche zu Beginn seines »Zarathustra« in den »drei Verwandlungen des Geistes« den Weg der Überwindung vom »tragsamen Geist« (Kamel) über den zerstörenden Geist (Löwe) bis hin zum »heiligen Ja-sagen« (Kind) entwirft, so kennzeichnen auch die drei Teile des Dramas den Bereich der alten Welt (Hölle), das Zerstören der erstarrten Ordnung (Weg) und die Utopie eines künftigen Seins (Erde). Diese Übereinstimmung wird gestützt durch die Ausgestaltung der einzelnen Stationen: Die »Hölle« ist charakterisiert durch Leblosigkeit und durch Dominanz der Sachwerte; das Leben verläuft in mechanischer Repetition; »ich bin Automat, der die vorhandenen Gesetze anwendet«, sagt von sich der Anwalt, für den alle Menschen zu »Sachen« erstarrt sind (II, 105 u. 107).[67] Dieses automatenhafte Dasein, in dem der Mensch seine vitale Ganzheit verloren und nur noch mechanisch eine engumgrenzte, monoton sich wiederholende Aufgabe zu erfüllen hat, stellt Kaiser in seinem Drama »Gas« als ein Krüppeldasein dar und verweist damit auf eine signifikante Zarathustra-Stelle:

> Ich sehe und sah Schlimmeres (...): Nämlich Menschen, denen es an allem fehlt, außer daß sie eins zuviel haben – Menschen, welche nichts weiter sind, als ein großes Auge oder ein großes Maul oder ein großer Bauch oder irgend etwas Großes – umgekehrte Krüppel heiße ich solche.[68]

---

[67] Alle Zitate aus den Schriften Georg Kaisers werden abgekürzt mit Band- und Seitenzahl nach der sechsbändigen Ausgabe der Werke (hrsg. von W. Huder, Berlin 1971f.) nachgewiesen.

[68] Nietzsche, Werke II, 392f. – In Kaisers Drama »Gas« heißt es in genauer Übereinstimmung mit diesem Zarathustra-Wort: »Eine Hand war groß – die andere klein. Die große Hand schlief nicht. Die stieß in einer Bewegung hin und her – Tag und Nacht. Die fraß an ihm und wuchs aus seiner ganzen Kraft. Diese Hand war der Mensch! (...) In Arbeit stürzte er. Die brauchte er nur die eine Hand von ihm – die den Hebel drückte und hob – Minute um Minute auf und nieder« (II, 39), und an späterer Stelle: »Erschlagen wart ihr vor dem Einsturz – verwundet vor dem Einschlag – –: mit *einem* Fuß – mit *einer* Hand – mit heißen Augen im Kopf wart ihr vorher Krüppel!« (II, 46).

Gegen diesen Bereich der Erstarrung und des kruden Materialismus setzt Georg Kaiser Spazierer, den Protagonisten des Aufbruchs, der sich im Laufe der dramatischen Entwicklung aus »Verwachsenheit in faltigem Kragenmantel« in eine Gestalt voll sprühender Lebenskraft und anspornender Energie verwandelt. Spazierer erfüllt seine Aufgabe der Erneuerung nicht aufgrund rationaler Überlegungen, sondern einer Nötigung, für die er keine überzeugende Rechtfertigung zu geben vermag: »Ich bin angerufen« kann er nur als Begründung vorbringen. Und ebenso stellt später der gewandelte Hafthausleutnant fest: »Es ist über mich gekommen – ich könnte mir keine Rechenschaft geben, wie es begann« (II, 123).

Auch Zarathustra predigt den Übermenschen aus »heiliger Nötigung«; »laßt den Zufall zu mir kommen: unschuldig ist er, wie ein Kindlein«, betont er mehrfach – jenen Zufall, den Nietzsche an anderen Stellen seines Werkes als »das Aufeinanderstoßen der schaffenden Impulse« bezeichnet und gegen eine »mechanische Notwendigkeit« stellt.[69]

Aber nicht nur diese Irrationalität des Aufbruchs – die in ähnlicher Weise auch bei anderen Expressionisten in der Form des »plötzlichen«, abrupten Einsetzens der Erneuerung immer wieder betont wird – kann auf Gedankengänge des Lebensphilosophen zurückgeführt werden, auch die Darstellung des »Wegs« im einzelnen verweist immer wieder auf Nietzsche: so etwa die Szenerie der Brücke, die am Beginn dieses Teiles erscheint und den »Übergang« symbolisiert, oder das Verbrechen Spazierers, das zum eigentlichen Anlaß wird, die Gesetze einer überlebten Ordnung zu durchbrechen; das Abwerfen aller Lasten (»Verwerft, was belädt«; »Wir reisen ohne Gepäck«; II, 122 u. 125) scheint sogar direkt auf das Gleichnis von den drei Verwandlungen aus »Also sprach Zarathustra« anzuspielen, in dem die Löwenstufe den Zustand des »tragsamen Geistes«, des »lastbaren Kamels« überwindet. Vor allem ist es jedoch die ungestüme Bewegung, die das Aufbruchgeschehen kennzeichnet und in Nietzsches Auffassung des dynamischen Lebensprozesses ihr wirksames Vorbild gefunden hat. So sagt eine der Gestalten (Lili), die aus dem »Höllendasein« aufgebrochen sind: »Plötzlich ist Blut wach. Der Mensch tritt aus seinen Ufern. Überflutend wird man selbst Überfluteter« (II, 128). Und die Nietzschesche Form des Paradoxons aufnehmend heißt es im Schlußdialog dieses Teiles:

---

[69] Nietzsche, Werke II, 424 und WzM, 450.

Hotelier: Straßen fluten aus in Marktmitte.
Spazierer: Hört das: unendliche Stille donnert. Das ist tobender Aufbruch geräuschlos. (II,130)

Die letzte Station des Dramas stellt bereits mit ihrem Titel »Erde« den Bezug zu Nietzsches »Zarathustra« und dessen Forderung »bleibt der Erde treu« her; wie bei Nietzsche ist die »Erde« als ein Bereich der Diesseitigkeit und der Lebensfülle, vor allem aber als Raum der Selbstverwirklichung charakterisiert: »Baut die Schöpfung, die ihr seid – im Aufbruch zu euch, wer ihr seid!« (II,142) Allein auf der Erde kann sich das Werden nach dem eigenen, innewohnenden Gesetz verwirklichen, das »Werde der du bist!«, zu dem Nietzsche an verschiedenen Stellen seiner Werke auffordert.[70]

Damit scheint zunächst unsere frühere Behauptung in Frage gestellt zu sein, die der expressionistischen Aufbruchthematik gerade das Charakteristikum der Ziellosigkeit zugeordnet hatte, ist doch – zumindest in diesem Drama Georg Kaisers – der Aufbruch auf ein erklärtes Ziel, auf das »fruchtbare« Schaffen auf der »Erde« ausgerichtet. Bei näherer Betrachtung verliert freilich dieser Bereich, zu dem der »Weg« hinführen soll, ebenso seine Konturen, wie auch Zarathustras Vorstellung des Übermenschen ohne konkrete Ausfüllung bleibt. Bezeichnenderweise schließt das Stück mit einer Vision allgemeiner Entgrenzung – eine Szenerie, die für viele Dramen der expressionistischen Phase Georg Kaisers spezifisch ist.

Bei dieser Ausweitung des Aufbruchs ins Unendliche, bei dieser Konturlosigkeit der »Erde« bleibt als wesentliche Aussage der Erneuerung die Bewegtheit, der Akt der Überwindung als Prozeß. In der Tat wird Kaiser nicht müde, in seinen Stücken – und zugleich in seinen theoretischen Schriften – auf das fortwährende Neuwerden als Kern allen Daseins zu verweisen. Für alle Bereiche des Seins gilt, was er in seiner Schrift »Formung von Drama« in unmittelbarer Nachbarschaft zu Nietzscheschen Gedankengängen formuliert:

> Zweck ist Energie – von Ursprung bis in die Vollendung. Energie um der Energie willen – da fällt Tun und Sein des Tuns ineins; die Ergebnisse sind nebensächlich. (...) Alles ist Durchgang zur mächtigeren Darstellung. Nicht um des Knalleffektes – um der Darstellung willen. Mit Ziel – mit Zweck des Endes sänke der Mensch zusammen zur affigen Un-

---

[70] Nietzsche, Werke II, 159, 197, 479 u.a.

geburt. Er lebt, pocht Atem um der Auferstehung willen. Die ist immer das Heute – das Nun – die pralle Sekunde.
Herrlich Mensch, der in Sackgassen irrt.
Großartig der unermüdliche Verbrauch von Mensch. Prunkend seine unerschöpfliche Wiederkehr – die Zwang ist aus der Vitalität, die sich in Energie ballt und entladet – entladet und ballt, gelöst von Ziel, da Sein schon Zweck ohne Rest ist. (IV, 573)

Das ist – kaum verhüllt – das Glaubensbekenntnis Zarathustras, Nietzsches Lehre vom »Willen zur Macht«; alle grundlegenden Gedanken dieses Weltentwurfs treten hier noch einmal in komprimierter Form in Erscheinung: die Welt als »Ungeheuer von Kraft, ohne Anfang, ohne Ende«, als unerschöpfliches Neuwerden ohne Zweck und Ziel, ein ständiger Wechsel von Stillstand und Bewegung, von Ebbe und Flut, als Prozeß ständiger Steigerung innerhalb des »Ringes der ewigen Wiederkunft des Gleichen«, als stete im Diesseits sich vollendende Schöpfung.

Mit der Formulierung »Der Mensch lebt um der Auferstehung willen« verweist Kaiser zugleich auf die eigene Aufbruch-Thematik: das Motiv des Aufbruchs wird hier als nichts anderes verstanden denn als Darstellung der allem Sein zugrunde liegenden »Energie«; Erneuerung strebt letztendlich keinen neuen Zustand an, sondern steht allein als Ausdruck, als Formung dieses kosmologischen Prinzips. Darum steht in »Hölle – Weg – Erde« wie auch in den anderen Erneuerungsdramen die Dynamik selbst, der Akt des Veränderns stets im Vordergrund der Gestaltung, darum muß Spazierer auf die Frage des Hafthausleutnants »Wo führen wir hin?« antworten: »Im Aufbruch das Ziel.« (II, 125)

»Im Aufbruch das Ziel«: hier erscheint als Formel noch einmal die Quintessenz der Erneuerungsthematik in den expressionistischen Dramen Georg Kaisers. Sie verbindet darüber hinaus den Autor von »Hölle – Weg – Erde« mit seinen expressionistischen Zeitgenossen, die das Motiv des Aufbruchs in ähnlicher Weise fassen. Und wenn Kaiser 1917 in der Zeitschrift »Die Dichtung« unter dem Titel »Die Erneuerung« einen Prototyp expressionistischer Aufbruch-Dramatik vorführt und diese als Paradigma intendierte Szene das Motto »Incipit tragoedia« trägt, so kann ihr Autor nicht deutlicher auf Friedrich Nietzsche als den Inaugurator dieser Art der Erneuerung hinweisen.

10. Nietzsche-Wirkung zwischen konservativer Affirmation und Erneuerung literarischer Ausdrucksmöglichkeiten

Im Vordergrund unserer bisherigen Erörterungen stand der Versuch, den lebensphilosophischen Ansatz, den die Expressionisten in den Schriften Friedrich Nietzsches zu erkennen glaubten, als eine wichtige Quelle für die Aufbruch- und Erneuerungsthematik, zugleich aber auch für den verbalen Dynamismus und für die Tendenz der »Sinnlichkeit der Gedanken«[71] herauszustellen. Dieser Kult der Bewegtheit, der vor allem im Fehlen einer konkreten Zielrichtung und in der Selbstzweckhaftigkeit des »Intensitätsrausches« eindeutig auf Nietzsche verweist, läßt sich nun nicht nur in den zitierten programmatischen und dichterischen Texten von Heym, Hiller, Kaiser, Loewenson, Sorge[71a] und Stadler als tragendes Gestaltungselement nachweisen, sondern kann allgemein als eine Einstellung, die Thematik und Aussage der expressionistischen Autoren in zentraler Weise bestimmt, angesehen werden. Ob es sich um die Konzeption eines »rasenden Lebens« handelt, die Kasimir Edschmid in seinen frühen Novellen zu gestalten versucht, oder um den Aufbruch der Jugend, zu dem W. Hasenclever, H. Johst, E. W. Lotz und F. v. Unruh mit ihren Dichtungen aufrufen, um die vitalistische Weltdeutung des fünften Matrosen in R. Goerings »Seeschlacht« oder um die ekstatische Darstellung eines »Trieb-Geschehens« in den Dramen eines August Stramm: in jedem Fall führen explizite Aussagen dieser Autoren und die spezifische Qualität der propagierten Lebensanschauung zurück zu Nietzsche als dem wichtigsten Anreger, der mit seinen Schriften eine solche Antwort auf die Fragen einer Generation suggerierte. Selbst die politisch orientierte Revolutionsthematik von E. Toller, L. Rubiner u. a. bleibt in wesentlichen Elementen dieser Quelle verpflichtet, und noch die berserkerhafte Zerstörungswut des jungen J. R. Becher bezieht ihren tragenden weltanschaulichen Unterbau aus dem Gedankengut des Dichterphilosophen, dessen Faszinationskraft sich Becher zeit seines Lebens nicht entziehen konnte.

Geht man insgesamt die große Reihe expressionistischer Autoren durch, so wird kaum einer von ihnen von dem dominierenden Ein-

---

[71] »Die Sinnlichkeit des Gedankens« lautet der bezeichnende Titel eines Aufsatzes G. Kaisers.
[71a] Sorge wurde zitiert in: Nietzsche. Werk und Wirkungen, S. 118ff. Anm. d. Hrsg.

fluß Nietzsches auszunehmen sein. Diese erstaunliche Einheitlichkeit einer sonst so weit auseinanderstrebenden Autorengeneration ist freilich nicht allein auf die Faszinationskraft, die von Nietzsches Schriften ausging, zurückzuführen, sondern findet ihre Begründung zugleich auch in der von den Expressionisten angesprochenen Leserschaft. Wenn E. Blass und G. Benn rückschauend davon sprechen, daß Nietzsche derzeit »in der Luft« lag, »unseren Hintergrund« bildete,[72] so verweisen sie damit auf einen durch die Nietzsche-Begeisterung der Vorjahre ausgebildeten Erwartungshorizont, an dem die jungen Autoren kaum vorbeigehen konnten. Und selbst dort, wo in Publikationen der Expressionisten der Nietzsche-Einfluß keine tragende Rolle spielt, wurde in der Deutung des Lesers eine Angleichung an die vorgegebene Rezeptionsfolie vollzogen. Schon Rezensionen und Kritiken aus der frühesten Phase des Expressionismus vermögen zu zeigen, wie sehr die neue Strömung als dezidierte Nietzsche-Nachfolge verstanden wurde. Im Frühjahr 1912 begrüßte F. K. Benndorf im »Pan« die ersten Veröffentlichungen einer jungen Generation als »neuen Naturalismus«, der seinen »stärksten Vorkämpfer in Friedrich Nietzsche gefunden« habe.[73]

Mit den vielfachen expliziten Verweisen auf Friedrich Nietzsche, mit Motti aus seinen Schriften, mit Zitaten und Anspielungen reagieren die jungen Autoren auf diese Herausforderung des sie interessierenden Leserkreises, rufen damit zugleich geistesgeschichtliche Zusammenhänge ab, die von den Rezipienten nur allzu bereitwillig in Deutung umgesetzt werden. Nietzsches »Pandynamismus« und »Religion des Lebens«, seine »neue Hymnik« und »Urbarmachung des Wortes« glaubt man in den Werken der Expressionisten wiederzuentdecken; vor allem aber werden die Begriffe des »Apollinischen« und des »Dionysischen« aufgegriffen, die neuen Bestrebungen zu kategorisieren, wobei über die endgültige Zuordnung freilich wenig Klarheit besteht: »Die Erde ist plötzlich aus ihrem Schlafe geschreckt. Mitten im apollinisch glutenden Lauf der regen und ruhigen Welten erwachte Dionysos« (F. Koffka) – »Es wird nicht um des dionysischen Rausches willen erlebt, sondern um der apollinischen Gestaltung willen, in die sich der Rausch ordnet« (M. Pi-

---

[72] E. Blass, in: Expressionismus. Aufzeichnungen und Erinnerungen, hrsg. v. P. Raabe, Olten 1965, S. 38. – Benn, Ges. Werke, Bd. 4, S. 383.
[73] Zit. nach P. Pörtner, Literaturrevolution 1910–1925, Bd. II, Neuwied 1961, S. 143.

card).⁷⁴ So kann denn B. Diebold im gleichen Jahre 1919 voller Sarkasmus feststellen: »Im Chaos wird der Kosmos erkannt und im Kosmos das Chaos – irgendwo wird der berühmte tanzende Stern Friedrich Nietzsche schon aufraketen.«⁷⁵

Gerade die in dieser Periode unübersehbare Rückkoppelung zwischen Leser und Autor mag dazu beigetragen haben, daß sich die Expressionisten in ihrem Nietzsche-Verständnis mehr an den vorliegenden Interpretationsmustern orientierten, als daß sie sich um ein eigenes Bild dieses Philosophen bemühten. Die Herausstellung des »Oberwertes Leben« in der vielgelesenen Nietzsche-Monographie R. Richters, die lebensphilosophischen Deutungen G. Simmels und nicht zuletzt die aus der Jahrhundertwende übernommene Verdächtigung der ratio haben entscheidend dazu beigetragen, daß der »Aufklärer« Nietzsche, seine dezidiert kritische Position, weitgehend verkannt wurde. So war es vornehmlich die um 1910 vorgegebene Wirkungsgeschichte, die Nietzsche in den Augen der Expressionisten zum Vitalisten stempelte. Der Lebensbegriff, von Nietzsche als »Gegenwert«, als »Tauwind« und »Hammer« konzipiert, wurde aus dem historisch-kritischen Kontext gelöst und verabsolutiert; man übersah, daß der »Ring der ewigen Wiederkunft des Gleichen« von seinem Inaugurator als ein »Schwergewicht des Handelns«⁷⁶ eingeführt wurde, daß die faszinative Vision eines »Willen zur Macht« letztendlich als »Licht für (die) Verborgensten, Stärksten, Unerschrockensten, Mitternächtlichsten« gedacht war.⁷⁷ Die Abtrennung der vitalistischen Position von diesem Hintergrund mußte notwendig zu einer neuen Metaphysik, zu einer Mystik des Lebens führen; nicht zufällig greifen Autoren wie Stadler, Heynicke, Stramm auf Vorstellungen der christlichen Mystik des Mittelalters und des Barock zurück, um das immer wieder gestaltete Eingehen in den allumfassenden Strom des Vitalen als Erlebnis einer unio mystica darzustellen.⁷⁸

Eine ähnlich verengende Nietzscherezeption zeigt sich im ausgeprägten Antirationalismus der Expressionisten. Nietzsches Ansätze zur Kritik an der Vormachtstellung des Geistes werden radikalisiert und ins Extrem gesteigert. Daß vor allem »Also sprach Zarathu-

---

⁷⁴ Zit. nach Pörtner, Bd. I, Neuwied 1960, S. 372 u. Bd. II, S. 296.
⁷⁵ Pörtner, Bd. II, S. 304f.
⁷⁶ Nietzsche, Werke II, 202f. ⁷⁷ Nietzsche, WzM, 697.
⁷⁸ Vgl. dazu z. B. die letzten Verse des Gedichtes »Fahrt über die Kölner Rheinbrücke bei Nacht« von E. Stadler (Dichtungen I, 161f.).

stra«, daneben die »Geburt der Tragödie«, »Ecce Homo« und die Nachlaßkompilation »Der Wille zur Macht« im Mittelpunkt des Interesses standen, demgegenüber jedoch die Schriften aus der »kritischen« mittleren Periode Nietzsches weitgehend in den Hintergrund traten, ist für diese Generation, die von einer Feindschaft gegenüber jeder Verstandestätigkeit, gegenüber Naturwissenschaft und analytischem Denken geprägt war, spezifisch.

In diesem Sinne entspricht die Wirkung Nietzsches auf die Autoren des expressionistischen Jahrzehnts weitgehend jenen Tendenzen des 19. Jahrhunderts, die Karl Mannheim in seinen wissenssoziologischen Studien als konservativ herausgearbeitet hat. Wenn auch Nietzsche selbst nicht ohne Einschränkung diesem Konservativismus zugeschlagen werden kann, zumindest seine ideologiekritischen Ansätze, seine scharfsinnige Entlarvung der bürgerlichen Moral die gesellschaftlichen Determinanten seiner Herkunft durchbrachen, so blieb dieser Aufruf zu rationaler Aufklärung bei Benn, Heym, Kaiser, Stadler und ihren Generationsgenossen ungehört. In einem eigentümlichen Gegensatz zu ihrem eigenen zeitkritischen Anspruch, zu intendiertem Traditionsbruch und antibürgerlicher Gesinnung blieben sie in ihrer kleinbürgerlichen Sozialisation verhaftet, verhalf sogar das Werk Nietzsches in der durch übernommene Deutungsmuster festgelegten Rezeptionsgestalt letztendlich zur Stabilisation dieser konservativen Position. Der kritische, oftmals sogar revolutionäre Impetus des expressionistischen Aufbruchs fand seine Erfüllung in der vitalistischen Dynamik, im bloßen Rausch der Bewegung, die kein über sich selbst hinausweisendes Ziel kannte und damit ins Leere griff.

Wenn auch der von Nietzsche inspirierte »Aufbruch ohne Ziel« von einem politisch-sozialen Zeitbezug der expressionistischen Schriften abführte und schließlich auf eine Affirmation der bestehenden Verhältnisse hinauslief, so hat eine solche Haltung in anderer Hinsicht zu Konsequenzen geführt, die ungleich positiver zu beurteilen sind. Denn die Entschlossenheit zur Veränderung, die im Umkreis der gesellschaftlichen Wirklichkeit nicht wirksam werden konnte, wendete sich nunmehr zurück zum sprachlichen Medium selbst, wurde zum Antrieb, die überkommenen literarischen Ausdrucksmittel zu kritisieren und zu erneuern. Und nicht zufällig ist gerade auch dieser Weg im Werk Nietzsches vorgezeichnet. Nicht nur theoretisch hat Nietzsche seine sprachkritischen Ansätze formuliert und das Bewußtsein für die historische Bedingtheit in Sprache formulierter Wertungen, Urteile und Erkenntnisse geschärft, sondern er hat selbst – besonders in den Dionysos-Dithyramben, aber auch in »Also sprach Zarathustra« und in den aphoristischen Schriften – Paradigmen einer Spracherneuerung vorgeführt. Konsequenter als ihr literarisches Vorbild haben die Expressionisten seine Forderung nach einer »Darstellung in sichtbaren und fühlbaren Vorgängen«[79] befolgt und das Prinzip der Bewegtheit in ihrem dichterischen Schaffen abzubilden versucht; der als erstarrt kritisierten Umwelt wird somit im Literarischen eine sprachliche Gestalt entgegengehalten, die mit dem Überkommenen weitgehend bricht und die Dynamik des Lebens, den intendierten, in der Realität jedoch unerreichbaren Umbruch im eigenen Medium nachvollzieht. Im Neuschaffen literarischer Ausdrucksmittel, im Herausbilden einer neuartigen ästhetischen Differenziertheit und Sensibilität wird – trotz aller begründeten Skepsis gegenüber den weltanschaulichen Prämissen – auch weiterhin die »Größe des Expressionismus« zu suchen sein. Gerade das Ungenüge des durch Nietzsche vermittelten Irrationalismus, das Ablenken von den Ursachen der kritisierten Zeitsituation innerhalb der gesellschaftlichen Umwelt, hat in eigentümlicher Dialektik zu einer Veränderung der literarischen Szenerie geführt, die kaum noch mit der Kategorie des Konservativismus erfaßt werden kann. So wird eine abschließende Beurteilung des Einflusses, den die Schriften Friedrich Nietzsches auf den Expressionismus ausübten, diesen zweiten Aspekt ihrer Wirksamkeit, selbst wenn er im Rahmen dieses Aufsatzes nicht mit gleicher Eindeutigkeit auf den Autor des »Zarathustra« zurückgeführt werden konnte, nicht vernachlässigen dürfen.

5 Renate Werner
»Cultur der Oberfläche«.
Zur Rezeption der Artisten-Metaphysik im frühen Werk Heinrich und Thomas Manns

I.

Hinweise auf den Nietzsche-Komplex im Werk der Brüder Mann scheinen zum Pflichtrepertoire der Interpreten zu gehören, und besonders für Thomas Mann besitzt die These von der frühen, folgen-

---

[79] Nietzsche, Werke I, 413.

reichen und andauernden Wirkung Nietzsches die Qualität eines beinahe unumstößlichen ›Lehrsatzes‹. Gleichwohl bedarf es noch immer der Nuancierungen. Denn als ein solcher ›Lehrsatz‹ gilt auch Thomas Manns Distanz zu den ästhetizistischen Varianten der Nietzsche-Rezeption der Jahrhundertwende,[1] wobei man sich durchweg von den zahlreichen Selbstzeugnissen und Selbstdarstellungen hat leiten lassen, in denen der Autor stets bereitwillig Auskunft über sein Verhältnis zu dem Philosophen gegeben, immer aber betont hat, mit der »Mode- und Gassenwirkung« Nietzsches, »allem [...] Übermenschenkult, Cesare Borgia-Ästhetizismus, aller Blut- und Schönheitsgroßmäuligkeit« niemals zu schaffen gehabt zu haben und ein Schüler des Ethikers und Moralisten Nietzsche gewesen zu sein, – ja mehr noch, Nietzsche ›verbürgerlicht‹ zu haben (XI, 109f.).[2]

Thomas Manns Polemik gegen den »unzweifelhaft auf Nietzsches Lebens-Romantik zurückgehenden Ästhetizismus«, welcher, wie er rückschauend meinte, »zur Zeit [seiner] Anfänge in Blüte stand« (XII, 539), hatte bekanntlich mit dem »Göttinnen«-Roman seines Bruders Heinrich eingesetzt, einem Werke, das er schon 1903 schlicht als »Blasebalgpoesie« qualifizierte, »die uns seit einigen Jahren aus dem schönen Land Italien eingeführt wird«, hinzufügend, es sei nichts mit dem, »was steife und kalte Heiden ›die Schönheit‹ nennen«.[3] Doch nicht nur die Tonlage, die in den »Betrachtungen eines Unpolitischen« selbst schrille Klänge nicht scheute – man denke an Wendungen wie die von den »nüchterne[n] Schönheitsfestivitäten, Romane[n] voll aphrodisischer Pennälerphantasie, Kataloge[n] des Lasters, in denen keine Nummer vergessen war«, die er den »von Nietzsche herkommenden« Ästheten à la Heinrich Mann zuschrieb (XII, 539) – fordert Mißtrauen heraus. Es muß gleichermaßen nachdenklich stimmen, wenn Thomas Mann stets für sich in Anspruch genommen hat (und dies gilt nicht nur für seine Nietzsche-Rezeption),

---

[1] Vgl. dazu: H. Lehnert, *Thomas Mann. Fiktion – Mythos – Religion*, Stuttgart 1965, S. 27, und: P. Pütz, *Thomas Mann und Nietzsche*, in: P.P. (Hrsg.), *Thomas Mann und die Tradition*, Frankfurt 1971, S. 227.

[2] Thomas-Mann-Zitate folgen der Ausgabe: Th. Mann, *Gesammelte Werke in 12 Bänden*, Frankfurt 1960 und werden in der Regel unmittelbar im Text durch röm. Ziffer (= Band) und Seitenzahl nachgewiesen.

[3] Th. Mann, *Das Ewig-Weibliche*, in: Freistatt 5 (1903), S. 1010f. (nicht in die Ges. Werke aufgenommen).

nie aktuellen modischen Trends innerhalb der zeitgenössischen literarischen Bewegung unterlegen zu sein, unter welchem Aushängeschild sie auch immer firmierten (vgl. XI, 311).

Welche Gründe Thomas Mann schon relativ früh bewogen, seine geistige Entwicklung und Biographie im Sinne einer in bürgerlich-klassisch-humanistischer Tradition stehenden Dichterlaufbahn zu stilisieren, kann hier nicht diskutiert werden. Doch besteht für den Literaturhistoriker kein Anlaß, solchen Stilisierungen zu folgen und auf die Frage nach den Verflechtungen eines Autors mit dem zeitgenössischen Kontext – dem synchronen literarisch-ästhetischen wie auch sozio-kulturell-geschichtlichen Bezugssystem – zu verzichten und also auch davon abzusehen, die aus dem aktuellen Kommunikationshorizont der Zeit erwachsenden Reaktionen, Übernahmen und Transformationen präzis zu beschreiben. Nicht traditioneller ›Einflußphilologie‹ sei damit das Wort geredet, vielmehr die Forderung aufgestellt, als wesentlich mitprägende Faktoren die jeweiligen produktions- und wirkungsästhetischen Ausgangsbedingungen eines Werkes (oder einer Werkreihe) zu analysieren und damit dessen (oder deren) kontextuell gebundene Tiefenschichten freizulegen, auch dort wo diese dem Text nicht explizit, sondern vermittelt gegenwärtig sind.[4] Solchen Fragen hat man – wie ich meine – gerade auch das Frühwerk Thomas Manns in noch viel zu geringem Maße ausgesetzt. Dabei wären sie im Hinblick auf die Anfangssituation des Schriftstellers Thomas Mann, auf jene Phase also, in der der junge Literat erst begann, eine autorspezifische Sprache zu entwickeln, von aufschließender Bedeutung: Wird man doch generell davon auszugehen haben, daß ein poetisches System sich nicht in isoliert-individualistischer Abgeschlossenheit herausbildet, sondern – zunächst – in der Auseinandersetzung mit dem aktuellen literarischen Sub-System (in diesem Falle dem vor und um 1900),[5] prä-

---

[4] Zum Text-Kontext-Problem im Rahmen einer wirkungsästhetischen bzw. semiotischstrukturalen Fragestellung vgl. insbesondere: R. Weimann, *Gegenwart und Vergangenheit in der Literaturgeschichte*, in: R. W., *Literaturgeschichte und Mythologie*, Berlin und Weimar 1972, bes.: S. 27–46; J. M. Lotman, *Die Struktur literarischer Texte*, München 1972, passim; T. A. van Dijk, *Text und Kontext*, in: T. A. v. D., *Beiträge zur generativen Poetik*, München 1972, S. 143ff.; J. Schulte-Sasse, Wolfgang Karrer, Georg Behse, *Theorie literarischer Texte*, in: Die Literatur, Basel und Wien 1973, S. 403f.; S. 407–411.

[5] Vgl. dazu: Vf., *Skeptizismus, Ästhetizismus, Aktivismus. Der frühe*

ziser formuliert: in der Aneignung und Transformation des textuell gebundenen ästhetischen Kode der Zeit,[6] der literarisch aktuellen Techniken und Schreibweisen, der möglichen Themen, schließlich der Reflexion der aus dem Sozialsystem erwachsenden aktuellen Zeitfragen, usw. Alle benannten Aspekte müssen als zwar nicht determinierende, wohl aber mitbedingende Anfangsvoraussetzungen einer ersten Orientierungs- und Schreibphase angesehen werden, auf deren Basis allererst ein spezifisches und beziehungsreiches poetisches System entstehen kann, das sich durch neu hinzukommende Lektürehorizonte, die Evolution des literarisch-ästhetischen Normenkanons, Veränderungen im sozial- und gesamtgeschichtlichen Kontext einerseits festigt und Kontur erlangt, wie andererseits auch fortwährend Modifikationen unterworfen ist. Würde die Thomas-Mann-Forschung sich – wenigstens partiell – weniger von der Vorstellung der Dichter-Individualität und dem chronologischen Faden der Werkreihe, vielmehr stärker von der These der obligatorischen Eingebundenheit von Autoren und ihren Texten in das synchrone Bezugssystem einer Zeit leiten lassen, so könnte die von Thomas Mann gepflegte Aura des individualistischen Nonkonformismus auf ihren realen Grund geführt werden.

Doch lassen sich für eine solche Orientierung des Fragehorizontes vorerst nur wenige Ansätze erkennen,[7] – was dazu geführt hat, daß zum Beispiel Bezüge Thomas Manns zu wichtigen literarischen Strömungen des Fin de siècle wie etwa zum Symbolismus oder den Theorien eines l'art-pour-l'art noch wenig geklärt sind.[8] Und selbst die

---

Heinrich Mann, Düsseldorf 1972, bes.: S. 22ff.; ferner: Vf., *Heinrich Mann: Eine Freundschaft. Gustave Flaubert und George Sand*, München 1976.

[6] Zum Begriff des ästhetischen bzw. kulturellen Kode vgl. J. M. Lotman, a.a.O., S. 404f., ferner: H. Weinrich, *Literatur für Leser. Essays und Aufsätze zur Literaturwissenschaft*, Stuttgart (u. a.) 1971, S. 8f.

[7] Vgl. dazu: H. R. Vaget, *Thomas Mann und die Neuklassik. ›Der Tod in Venedig‹ und Samuel Lublinskis Literaturauffassung*, in: Jahrbuch der deutschen Schillergesellschaft 17 (1973), S. 432–454, und: T. J. Reed, *Thomas Mann. The Uses of Tradition*, Oxford 1974.

[8] Methodisch wie sachlich unzureichend blieb leider die Studie von Christoph Geiser (*Naturalismus und Symbolismus im Frühwerk Thomas Manns*, Bern und München 1971), die gleichwohl das Verdienst besitzt, auf dieses Thema den Blick gerichtet zu haben.

schon so oft ausgeleuchtete Nietzsche-Rezeption kann noch nicht als in allen Punkten aufgehellt gelten.[9]

Wer – hypothetisch zunächst – in Frage zu stellen beginnt, was Thomas Mann über sein Verhältnis zu einer auf Nietzsches Lebensphilosophie sich berufenden Weltanschauung immer wieder vorgebracht hat, der entdeckt in der frühen Novellistik allenthalben Nietzsche-Reminiszenzen in Zusammenhängen, die in dieser Hinsicht durchaus nicht auf eine sonderlich kritische oder distanzierte Perspektive hindeuten. Die spätere unermüdlich wiederholte Polemik gegen die Formen eines »Renaissance-Nietzscheanismus« läßt erkennen, daß es offenbar bestimmte Transformationen der Nietzsche-Adaption waren, die seine Kritik hervorriefen, und überdies nur zu deutlich, um wen es sich handelte, der seinen so massiven Unwillen auf sich konzentrierte. Dies wiederum hätte schon lange sehr viel stärker die Schlüsselposition ins Bewußtsein heben müssen, die in der Frage der Stellung Thomas Manns im literarischen Sub-System um 1900 zweifellos dem Bruder Heinrich zukommt, der schon früh ganz bewußt den Anschluß an die wesentlichen Theorien der Avantgarde des Fin de siècle gesucht und für den Jüngeren in nicht wenigen Fällen die Vermittlerrolle übernommen hatte.[10] Sieht man die Brüder in ihrer Frühphase zusammen (d. h.: nicht in wechselseitiger ›Abhängigkeit‹ voneinander, sondern gemeinsam eingebunden in den ästhetischen Kommunikationshorizont der Zeit), so zeigt sich, daß sie beide nicht nur in wesentlichen gemeinsamen Voraussetzungen gründen, sondern auch Sprachgestus und Repertoire der literarischen Bohème der Jahrhundertwende beherrschen und in ihm Selbstverständigung suchen. Als sozialgeschichtliche Folie ihrer intellektuellen Biographie hat jene weitgehend ästhetisch-individualistische Revolte zu gelten, die sich als Grundhabitus der literarischen Intelligenz seit dem Ende der achtziger Jahre immer wieder ausmachen und auf dem Hintergrund des durch einen tiefgreifenden Strukturwandel

---

[9] So auch H. R. Vaget, a.a.O., S. 433. Neuen Spuren geht nach: Manfred Dierks, *Studien zu Mythos und Psychologie bei Thomas Mann*, Bern und München 1972 (= Thomas-Mann-Studien. 2.).

[10] Vgl. zum Bruder-Thema insbesondere: H. Lehnert, *Die Künstler-Bürger-Brüder. Doppelorientierung in den frühen Werken Heinrich und Thomas Manns*, in: *Thomas Mann und die Tradition*, a.a.O. (Anm. 1), S. 14–51; Hans Wysling, *Einleitung*, in: *Th. Mann – H. Mann. Briefwechsel 1900–1949*, Frankfurt 1968; André Banuls, *Thomas Mann und sein Bruder Heinrich*, Stuttgart 1968.

ausgelösten Krisenbewußtseins im bürgerlichen Selbstverständnis analysieren läßt, das den Prozeß der Umbildung der bürgerlich-liberalen in die industrielle Gesellschaft des späten 19. Jahrhunderts in Deutschland begleitete.[11] Daß die literarische Avantgarde der späten achtziger und beginnenden neunziger Jahre (selbst die Naturalisten vollziehen in dieser Zeit eine bezeichnende Wendung)[12] sich als die Vorkämpfer einer »wahrhaften Geistesaristokratie« verstand, »Sehnsucht nach Höhe«, »die Vergötterung des Individualismus bis zur Tollheit« und die Verachtung der »Herde, der Masse«[13] proklamierte, wird niemanden wunder nehmen, der sich vor Augen hält, eine wie zentrale Rolle insbesondere seit der Gründerzeit und der anschließenden Phase der sogenannten »Großen Depression«[14] eine elitäre Kulturkritik als oppositive Denkmöglichkeit angesichts der damals in Deutschland erstmals in aller Schärfe zutage tretenden Probleme einer sich etablierenden Industriegesellschaft im Schwange waren, wobei hinzuzufügen ist, daß es sich durchweg um Spielarten einer konservativen, gegen den ideell-ideologischen wie sozial-institutionellen Prozeß einer allmählichen Demokratisierung gerichteten

---

11 Zum sozialgeschichtlichen Kontext vgl. insbesondere: Hans-Ulrich Wehler, *Das deutsche Kaiserreich 1871–1918*, Göttingen 1973, S. 41ff. sowie die dort (S. 258/9) angegebene Literatur. – Zur liter. Intelligenz der Jahrhundertwende vgl. u. a. G. Mattenklott, *Bilderdienst. Ästhetische Opposition bei Beardsley und George*, München 1970, und: Herbert Scherer, *Bürgerlich-oppositionelle Literaten und sozialdemokratische Arbeiterbewegung nach 1890*, Stuttgart 1974.

12 Vgl. hierzu: H. Scheuer, *Zwischen Sozialismus und Individualismus – Zwischen Marx und Nietzsche*, in: *Naturalismus. Bürgerliche Dichtung und soziales Engagement*, hg. von H. Scheuer, Stuttgart (u. a.) 1974, S. 150–174; bes.: S. 160f.; ferner: H. Scherer, a.a.O., S. 71–78.

13 Vgl. das Programm der Zeitschrift »Die Gesellschaft« (Bd. 7, 1 [1891], S. 2): »Unsere ›Gesellschaft‹ wird sich zu einer Pflegestätte jener wahrhaften Geistesaristokratie entwickeln, welche berufen ist, in der Literatur, Kunst und öffentlichen Lebensgestaltung die oberste Führung zu übernehmen.« Die weiteren Zitate: M. G. Conrad, *Die Sozialdemokratie und die Moderne*, in: Die Gesellschaft 7, 1 (1891), S. 591; M. G. Conrad, *Die literarische Bewegung in Deutschland*, in: Die Gesellschaft 9, 2 (1893), S. 817; M. G. Conrad, *Aus dem Münchner Kunstleben*, in: Die Gesellschaft 7, 2 (1891), S. 969.

14 Vgl. hierzu die grundlegende Studie: Hans Rosenberg, *Große Depression und Bismarckzeit*, Berlin 1967. Informativ auch: H.-U. Wehler, a.a.O., S. 41ff.

Kultur-Kritik handelt.[15] Daß in diesem Zusammenhang Nietzsches Polemik gegen das »Zeitalter der Massen«,[16] seine Forderung nach einem »neuen Adel, der allem Pöbel [...] Widersacher ist«,[17] als Berufungsinstanz und Orientierungsmaßstab zu gelten hat, wird bei auch nur flüchtigem Durchmustern der literarisch-ästhetischen Programmschriften und Literaturzeitschriften der Epoche deutlich, und zwar nicht selten unabhängig von der jeweils proklamierten literaturtheoretischen Richtung. Bezeichnend dabei ist, daß Nietzsches – freilich in mythische Formen gekleidete – Kritik der bürgerlichen Gesellschaft in ihrer Radikalität und Tiefenschärfe durchweg nicht wahrgenommen und nur deren Oberfläche als Rechtfertigung des eigenen Geniekultes adaptiert wird. Für Einsichten in eine notwendige Funktionsveränderung von Kunst, sollte sie nicht sehenden Auges gleichwohl mit Blindheit geschlagen sein, blieb auf solchem Hintergrund nur selten Raum.

Die Brüder Mann unterscheiden sich in ihrer Anfangsphase hier kaum von der literarischen Intelligenz der Jahrhundertwende: ihre frühe Nietzsche-Rezeption[18] gewinnt ihre entscheidenden Antriebe aus dem Bewußtsein genialischer Ausnahmeexistenz, dem Anspruch geistiger Nobilität und einem elitären Pathos bewußter Anti-Gesell-

---

[15] Vgl. dazu: Fritz Stern, *Kulturpessimismus als politische Gefahr*, Bern, Stuttgart und Wien 1963; zum Syndrom der sogen. ›konservativen Revolution‹ ist heranzuziehen: A. Mohler, *Die konservative Revolution in Deutschland 1918–1932*, Darmstadt ²1972, sowie H. Rudolph, *Kulturkritik und konservative Revolution*, Tübingen 1970.

[16] Friedrich Nietzsche, *Werke in drei Bänden*, hrsg. von Karl Schlechta, München 1966, Bd. II, S. 708 (im folgenden zit. als: Nietzsche, Schlechta-Ausg.).

[17] Ebenda, S. 449.

[18] Zu *Th. Mann* vgl.: R. A. Nicholls, *Nietzsche in the Early Work of Thomas Mann*, Berkeley and Los Angeles 1955; H. Lehnert, *Th. Mann. Fiktion – Mythos – Religion*, a.a.O. (Anm. 1) S. 26ff.; P. Pütz, *Th. Mann und Nietzsche*, in: *Thomas Mann und die Tradition*, a.a.O. (Anm. 1) S. 225–249; M. Dierks, *Studien zu Mythos und Psychologie*, a.a.O. (Anm. 9) S. 13–59; zu *Heinrich Mann*: Klaus Schröter, *Anfänge Heinrich Manns*, Stuttgart 1965; Manfred Hahn, *Das Werk Heinrich Manns von den Anfängen bis zum »Untertan«*, Leipzig 1965 (Phil. Diss.); Vf., *Skeptizismus, Ästhetizismus, Aktivismus*, a.a.O. (Anm. 5) S. 58–73; Rudolf Walter, *Friedrich Nietzsche – Jugendstil – Heinrich Mann. Zur geistigen Situation der Jahrhundertwende*, München 1976 (= Nachtrag 1978).

schaftlichkeit. – Beide haben gleichermaßen an einem weiteren zentralen Denkmotiv des ästhetischen Normensystems der literarischen Moderne um 1900 teil: der bewußten »Hypostasis der Ästhetik zur alleinigen Metaphysik«,[19] einer Theorie der Kunst als einer neuen, den Zwangsmechanismen und der Häßlichkeit des banalen Lebens enthobenen, das Dasein überhöhenden bzw. deutenden Wirklichkeit. Heinrich Mann schloß sich dabei im übrigen strikter als Thomas Mann oder auch andere Autoren der Jahrhundertwende in Deutschland (mit Ausnahme Stefan Georges) der Doktrin eines l'art-pour-l'art an, wie sie sich seit 1830 in Frankreich ausgebildet und u. a. in der Kunstlehre der Parnassiens und den kunsttheoretischen Reflexionen Flauberts niedergeschlagen hatte. Wahrscheinlich gehörte Heinrich Mann zu den ersten deutschen Lesern der zwischen 1887 und 1893 erstmals erschienenen vierbändigen Ausgabe der »Correspondance« Flauberts. Was ihn an Flaubert faszinierte, war die kompromißlose Radikalität seiner ästhetischen Anschauungen und die Schärfe seines Hasses auf die Bourgeoisie: Heinrich Mann entdeckt in den Idiosynkrasien Flauberts gegen die universale bürgerliche Ideologie (mit den Worten Flauberts: die »bêtise bourgeoise«) die eigenen und steigert sie – wie dieser – zum Mythos,[20] aus ihm die Antriebskräfte zu schockierend-satirischer Gestaltung ebenso gewinnend wie die Imagination eines in der absoluten Kunst aufgerichteten Gegenbildes. Der Heinrich Mann dieser Epoche hatte sich Flauberts Glaubenssatz »[...] il faut se créer un autre monde, en dehors de la nature: l'Idéal console du Réel«[21] uneingeschränkt zu eigen gemacht und war darin denen gefolgt, die den Naturalismus als »Kunstideal des modernen Pöbels«[22] radikal ablehnten und – wie z. B. Hermann Bahr – auf Flaubert und dessen artistische Maximen ›schworen‹.[23] Die satirischen Verschärfungen der antibürgerlichen Affekte und der Gesellschaftskritik, die Steigerung der Satire zur Groteske, wie sie sich in den Jahrhundertwende-Romanen Heinrich Manns spiegeln, entspringen (so stellte der einsichtsvolle Kritiker

---

[19] Georg Lukács, *Theorie des Romans*, Neuwied ³1963, S. 32.
[20] Der Mythos-Begriff wird hier im Sinne Roland Barthes' verwandt (Roland Barthes, *Mythen des Alltags*, Frankfurt 1970).
[21] Gustave Flaubert an Prinzessin Mathilde [1867], in: G. F., *Nouvelle Correspondance. Nouvelle édition augmenteé*, Bd. V, Paris 1929, S. 280.
[22] Stanislaus Przybyszewski, *Auf den Wegen der Seele*, Berlin 1897, S. 15.
[23] Vgl. Hermann Bahr, *1917*, Innsbruck, München und Wien 1918, S. 132.

Samuel Lublinski schon früh fest[24]) nichts weniger als einem sozialethischen Engagement, sondern sind Resultate einer Desillusionierungsabsicht, die aus dem Bewußtsein einer unüberbrückbaren Kluft zwischen dem vorgestellten Ideal eines absoluten Schönen und der Wirklichkeit erwächst.

Was nun Thomas Mann betrifft, so hat er frühe, nicht zuletzt wohl aus dem Dialog mit Heinrich Mann erwachsene Affinitäten zu künstlerischen Prinzipien und ästhetischen Theorien der literarischen Avantgarde um 1900 später gleichfalls zu verschleiern oder für irrelevant zu erklären versucht. Doch wenn er – um einige Beispiele zu erwähnen – den »Buddenbrooks« ein Motto voranzusetzen beabsichtigte, das nicht nur als artistisch-ästhetizistischer Platen/Schopenhauer-Reflex zu lesen ist, sondern auch vollkommen den weltanschaulichen Hintergrund der ästhetischen Prinzipien von »impassibilité« und »impersonnalité« bei Flaubert reflektiert (XII, 191), wenn er sich noch zwischen 1904 und 1909 mehrfach zu dessen Schaffensethos bekannte und den geistesaristokratisch-exklusiven Rang der Kunst und die Notwendigkeit, »schön« zu schreiben, betonte,[25] dann sollten Zweifel an späteren Stilisierungen angebracht sein.

Zwar finden sich keine *programmatisch* ausgesprochenen Hinweise auf eine artistische Kunstauffassung in den ersten Werken Thomas Manns, doch sind gerade die frühen Novellen durch ein so forciertes künstlerisches Bewußtsein geprägt, stecken so voller »Karikatur und Excentrizität« (H. Mann), die ihre Zuspitzung obendrein aus Nietzsches biologischer Bestimmung des Häßlichen als »Symptom der Degenereszenz«[26] gewinnt, daß auch ein Schluß ex negativo erlaubt ist.

Wie Heinrich Mann variiert auch Thomas Mann in seinen ersten Erzählungen das Thema von der »bêtise de l'homme«, des »plumpen und niedrigen Daseins«: erinnert sei an die pointierte Darstellung

---

[24] Samuel Lublinski, *Der Ausgang der Moderne. Ein Buch der Opposition*, Dresden 1909, S. 184.
[25] Vgl. Th. Mann an Katja Pringsheim, Ende Aug. 1904, in: Th. Mann, *Briefe 1889–1936*, Frankfurt 1962, S. 53f.; an Kurt Martens am 28. 3. 1906, ebenda, S. 63. Ferner: die Nietzsche-Annotation von 1896, zitiert bei: T. J. Reed, *Th. Mann. The Uses of Tradition*, a.a.O. (Anm. 7), S. 29, sowie die Notizen Nr. 2 und 67 (u. a.) zum Essay »Geist und Kunst«, in: Paul Scherrer und Hans Wysling, *Quellenkritische Studien zum Werk Th. Manns*, Bern und München 1967, S. 152 und S. 187.
[26] Nietzsche, Schlechta-Ausg. Bd. II, S. 1002.

des Rechtsanwalts Jakoby in »Luischen«, die ihre unbarmherzige Präzision aus grotesken Tiervergleichen gewinnt (VIII, 169), an die Schilderung der alten Dame mit dem »Vogelgesicht« und dem Abscheu erregenden »moosartigen Gewächs« auf der Stirn in der Novelle »Der Kleiderschrank« (VIII, 156), – ein Detail, das dem »Schlaraffenland«-Leser recht gut vertraut ist (1, 196; 253 u. a.),[27] oder etwa an die Erzählung vom Ende des unglücklichen Lobgott Piepsam, der – am Schlagfluß verreckt – auf der Bahre in den Sanitätswagen geschoben wird »wie ein Brot in den Backofen« (VIII, 196). Von einer Beimischung des Elements objektiv-epischer Ironie oder gar ›humorvoller‹ Sympathie, die sich des Menschlich-Lächerlichen und Grotesken in nicht ›feindlich-radikalistischem‹ Sinne annimmt, wie Thomas Mann später vom Satiriker verlangte (X, 892), kann hier, wie auch sonst in den Erzählungen zwischen 1896 und 1900, keine Rede sein.[28] Im Gegenteil: während bei Heinrich Mann die Darstellung grotesker Vorgänge oder grotesker Figuren zwar einerseits recht oft einen artistischen Selbstwert gewinnt, andererseits aber eingelagert ist in einen konsequent durchgehaltenen Rahmen der Destruktion bürgerlicher Ideologie (vgl. den »Schlaraffenland«-Roman), erscheint bei Thomas Mann das Groteske durchweg nicht in einem gesellschaftskritischen, sondern in einem naturhaften Horizont, der zudem auf eine noch unkritische Rezeption der Nietzscheschen Idee des grausam-starken, das Schwache vernichtenden Lebens schließen läßt: denn fast stets wird im Kontext grotesker Personenbeschreibungen auf den Mangel an Lebensfülle, Schwäche und Häß-

---

27 Heinrich-Mann-Zitate folgen, sofern möglich, der Ausgabe: H. Mann, *Gesammelte Romane und Novellen*, Bd. 1-10, Leipzig 1917 und werden in der Regel unmittelbar im Text durch arab. Ziffer (= Band) und Seitenzahl nachgewiesen.
28 Vgl. dazu auch die (erst nach dem Abschluß des Vortragsmanuskriptes erschienene) Studie von T. J. Reed, a.a.O. (Anm. 7), S. 22; S. 31ff. – Freilich möchte ich den Folgerungen Reeds, der die Neigung zum Grotesken beim frühen Thomas Mann auf psychologische Momente – Frühreife des Stils bei gleichzeitig mangelnder Erfahrung – zurückführen möchte, widersprechen. Wenn Reed formuliert: »Lack of experience and its materials is thus, paradoxically, the root of the ›sophisticated‹ irony which is directed at all targets. This is not so much an expert use of the writer's armory, but rather the tendency of the raw recruit to fire at anything that moves« (S. 34), dann verstellt er den gerade hier besonders notwendigen Blick auf kontextuelle Zusammenhänge.

lichkeit des vom Leben Benachteiligten hingewiesen: »Sein Gesicht sieht aus, als hätte ihm das Leben verächtlich lachend mit voller Faust hineingeschlagen« (VIII, 142f.), heißt es von dem unseligen Tobias Mindernickel. Und auf die Beschreibung der erbärmlichen Figur des Rechtsanwalts in »Luischen« folgt – fast schon Nietzsche-Zitat – beispielsweise die Bemerkung des Erzählers: »Kein Anblick ist häßlicher als derjenige eines Menschen, der sich selbst verachtet«, und wenig später: »Ging nicht mehr als jemals von dieser jammervollen Figur ein kalter Hauch des Leidens aus, der jede unbefangene Fröhlichkeit tötete und sich wie ein unabwendbarer Druck peinvoller Mißstimmung über diese ganze Gesellschaft legte?« (VIII, 170; 184).[29]

Bezeichnend für die deterministische, in sozialgeschichtlicher Hinsicht in die Nähe sozialdarwinistischer Zeittendenzen[30] rückende Perspektive ist ferner, daß die jeweiligen Figuren nicht einfach Körperschönheit und anmutige Vitalität besitzen, sondern als entscheidendes Merkmal den Durchsetzungswillen und die grausame Mitleidslosigkeit derer, die sich selbst bejahen und daher »dem Dasein [...] gewachsen« (VIII, 143) sind. Die Attribute, die etwa die Anwaltsgattin oder Gerda von Rinnlingen auszeichnen, sprechen hier eine recht deutliche Sprache: da ist die Rede von »zitternder Grausamkeit« (VIII, 98), »grausamem Spott« (VIII, 96), Eiseskälte des Blicks (VIII, 85), Bosheit (VIII, 171), Verschlagenheit (VIII, 169) und »grausamer Lüsternheit« (VIII, 177), denen der Rechtsanwalt bzw. Friedemann aus »Einverständnis mit der Notwendigkeit« (VIII, 98) erliegen.

Diese Hinweise sind nun nicht in dem Sinne zu verstehen, als schlüge die Teilnahme des Erzählers zugunsten des Starken, Gesunden, Triebsicheren aus: denn die Gegenfiguren entbehren aller posi-

---

[29] Vgl. auch »Der Bajazzo« (VIII, 126; 138). – Zum Nietzsche-Hintergrund vgl. z. B.: »Physiologisch nachgerechnet, schwächt und betrübt alles Häßliche den Menschen. Es erinnert ihn an Verfall, Gefahr, Ohnmacht. Man kann die Wirkung des Häßlichen mit dem Dynamometer messen.« (Schlechta-Ausg. Bd. II, 1001), und: »[...] der Anblick des Häßlichen macht schlecht und düster.« (Nietzsche, *Werke in 23 Bänden*, München 1920–1929 [Musarion-Ausg.], Bd. XII, S. 212).

[30] Heranzuziehen wäre hier: Georg Lukács, *Die Zerstörung der Vernunft*, Neuwied und Berlin 1962, S. 577–662; Hannsjoachim W. Koch, *Der Sozialdarwinismus*, München 1973, bes.: S. 63ff., sowie H. G. Zmarzlik, *Der Sozialdarwinismus als geschichtliches Problem*, in: Vierteljahreshefte für Zeitgeschichte 11 (1963), S. 246–273.

tiven Züge. Vielmehr kommt in der Entgegensetzung von physiologischer Häßlichkeit und Schwäche einerseits und vitaler Stärke andererseits und der Vernichtung des einen durch das andere eher so etwas wie eine desillusionierende Totalperspektive zustande, die – wie insbesondere die Erzählschlüsse beweisen – in einen Gestus der Verachtung und des Hohns auf das ganze »Affentheater« (VIII, 196) umschlägt. Was hier erkennbar wird, ist eine Perspektive, die der Bedeutung des Grotesken bei Flaubert (wenngleich durch Nietzsche-Reflexe angereichert) recht nahe kommt; eine Desillusionierungsabsicht, die sich auf die allgemeine Beschaffenheit der menschlichen »bêtise« richtet, letztlich aber nicht das in ihr und durch sie wirkende Prinzip negiert.[31] Sie wendet sich, um die *subscriptio* einer allegorischen Karikatur Thomas Manns zu zitieren, gegen das »Läben«,[32] nicht aber gegen das »Leben« im Sinne eines nach fühllosen Gesetzen sich vollziehenden unendlichen Prozesses. Sein Einverständnis in dieses Prinzip bekundet der Erzähler vielmehr mehrfach in dunklen Andeutungen, und zwar gerade auch dort, wo er bürgerlich-moralische Vorbehalte aufzunehmen scheint.[33] Indem er das Handlungsgeschehen als naturhaft sich vollziehend ausgibt, bringt sich der Erzähler um die Möglichkeit eines kritisch-analytischen Eingriffs. Sein Standpunkt ist mitnichten der des wertenden Ethikers, den Thomas Mann sich später zuschrieb, sondern der des distanziert-kühlen Beobachters,[34] welcher an seinen Geschöpfen a priori als determiniert angenommene Entwicklungen sich vollziehen läßt.

---

31 Vgl. dazu auch: W. Rasch, *Thomas Manns Erzählung ›Tristan‹*, in: W. Rasch, *Zur deutschen Literatur seit der Jahrhundertwende*, Stuttgart 1967, S. 178.
32 Abgedruckt bei: Victor Mann, *Wir waren fünf. Bildnis der Familie Mann*, Konstanz 1949, S. 57.
33 Vgl. dazu den Erzählerkommentar: »Es scheint, möge es fremdartig klingen, ihm die natürliche [...] Überlegenheit zu fehlen, mit der das Einzelwesen auf die Welt der Erscheinungen blickt« (VIII, 142); ähnlich in »Der Weg zum Friedhof«: »Ihr müßt nämlich wissen, daß das Unglück des Menschen Würde ertötet – es ist immerhin gut, ein wenig Einsicht in diese Dinge zu besitzen. Es hat eine sonderbare und schauerliche Bewandnis hiermit.« (VIII, 190).
34 Vgl. dazu schon Ernst Bertram (*Das Problem des Verfalls* [1907]), in: E. Bertram, *Dichtung als Zeugnis*, Bonn 1967, S. 96. Dazu: T. J. Reed, a.a.O. (Anm. 7), S. 20; ferner R. Baumgart, *Das Ironische und die Ironie in den Werken Thomas Manns*, München ²1966, S. 98f.

Der hier skizzierte Rahmen kann zweierlei bestätigen: Erstens einen Grundgestus, der sich zwar nicht in der Proklamation eines Kultes der ›Schönheit‹ ergeht, wohl aber die Attitüde impassibler Verachtung der Wirklichkeit als jenes Bereiches, in dem Dummheit und Groteske des Daseins manifest werden, annimmt. Darin reflektiert Thomas Mann unzweifelhaft ein Motiv des literarischen Fin de siècle. Zweitens wird deutlich, wie verfehlt es wäre, Thomas Manns Selbstaussage, die irrationale Lebens-Romantik Nietzsches habe er zu keiner Zeit »wörtlich« (XI, 110) genommen, ohne weiteres zu trauen. Zu offensichtlich bildet eben sie einen wichtigen Orientierungsrahmen seiner ersten erzählerischen Versuche.

Das gilt im übrigen auch für jene Aspekte der Nietzsche-Rezeption, die Thomas Mann in den »Betrachtungen« als eine »nichts-als-ästhetizistische« (VIII, 540) bezeichnet hat, die kunstphilosophisch-metaphysische Theorie einer »rein ästhetischen Weltauslegung« im Mythos vom »Olymp des Scheins« über dionysischem Ur-Grund. Die im gedanklichen System der Tragödienschrift Nietzsches von 1872 vorgegebene Idee der Erlösung durch den ›Schein‹, jedoch nicht in der Weise ›interesseloser Anschauung‹, sondern durch die in, mit und hinter dem Schein hervorbrechende »dionysische Allgemeinheit«,[35] ist, wie man weiß, von Thomas Mann später (weil einseitig an den ›unteren Seelenkräften‹ im platonisch-idealistischen Sinne, am Irrationalen also, orientiert) als geistig-sittliche »Naivisierung«[36] problematisiert worden. – Eine der frühesten Novellen freilich, in die Nietzsche-Elemente eingegangen sind, »Der kleine Herr Friedemann«, übernimmt diese Konzeption (in der hier erstmals voll entwickelten gedanklich-motivischen Verschlüsselungstechnik) noch in durchaus unkritischer Weise: Denn der bucklige Friedemann, für den anfänglich im ästhetischen Sinne Schopenhauers die Kunst die Funktion eines Willens-Quietivs besitzt, erfährt nicht erst durch die späte Liebe zu der schönen Gerda von Rinnlingen die Übermächtigkeit elementarer Lebenskräfte, sondern, wie Gerhard Kluge am Leitmotiv des »Zitterns« nachgewiesen hat,[37] bereits durch die Kunst

---

[35] Nietzsche, Schlechta-Ausg. Bd. I, S. 14f., S. 92.
[36] Vgl. Th. Mann, Notiz 62 zum Essay »Geist und Kunst«, in: P. Scherrer und H. Wysling, *Quellenkritische Studien*, a.a.O. (Anm. 25), S. 184.
[37] Gerhard Kluge, *Das Leitmotiv als Sinnträger in »Der kleine Herr Friedemann«*, in: Jahrbuch der deutschen Schillergesellschaft 11 (1967), S. 484–526.

und in ihr selbst: was ihm am Ende geschieht, der Drang nämlich, sich selbst »in Stücke zu zerreißen« (VIII, 105) (man sollte beachten, daß es sich hier um einen zentralen Hinweis auf den Dionysos-Mythos handelt), stellt sich so nur als der zwangsläufige Vollzug dessen dar, was in seinem Rückzug in die Kunst bereits angelegt ist.

*

Wenn der hier entworfene Rahmen richtig ist, wenn gelten kann, daß Thomas Manns Selbstdeutungen sowohl hinsichtlich zentraler Vorstellungen seines frühen künstlerischen Selbstverständnisses wie auch gewisser Aspekte seiner Nietzsche-Rezeption offensichtlich das Ergebnis späterer Überzeugungen darstellen, und sich überdies erkennen läßt, daß es sich in beiden Fällen um Aspekte handelt, durch die sich dem Bruder gegenüber abzugrenzen suchte, dann ist die Frage nach Gründen und Motiven angebracht. Um sie einkreisen zu können, wird es nötig sein, zunächst den Blick auf Heinrich Mann selbst zu richten, insonderheit auf das Werk, das so sehr den brüderlichen Zorn herausgefordert hat.

II.

> »Die Herzogin von Assy ist eine Schönheit großen Stils, die zu verschiedenen Zeiten Gesellschaft und Presse in Spannung erhält [...] In dem *ersten* ihrer Romane [»Diana«] sieht man [sie] jung, nach Freiheit und nach Thaten dürstend, [...] wie eine Jägerin [...] ihr Land Dalmatien durchstreifen. [...] In ihren stürmischen Träumen enttäuscht, und geistig gereift, findet man die Herzogin [...] in ihrem *zweiten* Roman [»Minerva«] in Venedig als große Beschützerin der Kunst. [...] In dieser Umgebung von leidenschaftlicher Schönheit entwickeln sich mächtige Leidenschaften [...] So ist aus der keuschen Freiheitsschwärmerin und der prachtliebenden Kunstbegeisterten im *dritten* Roman [»Venus«] eine unersättliche Liebhaberin geworden. [...] Die Herzogin genießt bis zur Selbstzerstörung. Ihr Tod ist stürmisch wie ihr Leben; aber sie bereut nichts. Eine Freudigkeit um jeden Preis athmet aus all diesem Leben, so viel Tragik es auch hervorbringt [...] Kein Pessimismus kommt auf.«[38]

Diese Notiz Heinrich Manns aus dem Jahre 1902 könnte auf den ersten Blick den Verdacht nähren, als habe der Bruder mit seiner Polemik gegen die »Schönheits-Festivitäten« der »Göttinnen« im

---

[38] Notiz »Für den Waschzettel«, in: *Heinrich Mann. 1871–1950. Werk und Leben in Dokumenten und Bildern*, Berlin und Weimar 1971, S. 94f.

Kern so Unrecht nicht. Sie beschreibt in großen Zügen den Inhalt jenes Romans, von dem Gottfried Benn 1932 erklärte, er werde »für immer am Anfang stehen«,[39] am Anfang jener Moderne, die für Benn mit Nietzsche begann. Worin gründet das Urteil des einen wie des anderen? Welche Aspekte des Romans provozierten das, was in der Literaturgeschichte noch immer – allen Revisionen jüngerer Heinrich-Mann-Forschung zum Trotze –[40] als Bild des immoralistischen Ästhetizismus Heinrich Manns herumgeistert?[41] – Was besagen die mythologisch-allegorischen Figurationen, die der Autor selbst mit der *inscriptio* ›Freiheit und Tat‹, ›Kunstbegeisterung‹ und ›unersättliche Liebe‹ versehen hat?

Konstitutiv für die Anlage des Romans ist, daß ständig zwei Bedeutungsebenen ineinander verschränkt werden: eine Realschicht und eine mythische Schicht. Wird diese Doppelpoligkeit nicht erkannt, bleibt die wesentlichste, an der semantischen Textstrukturierung ablesbare Autorintention unvollständig rezipiert. Die zahlreichen Mißverständnisse über diesen Roman gehen nicht zuletzt auf solche Rezeptionsinadäquatheit zurück: Sah man in der Real-Ebene die zentrale ästhetische Intention des Romans, dann lag auch das

---

[39] Gottfried Benn, Akademie-Rede, in: G. B., *Ges. Werke*, hrsg. von D. Wellershoff, Bd. 1-8, Wiesbaden 1968: Bd. 4, S. 1000.

[40] Vgl. insbesondere: Klaus Schröter, *Anfänge Heinrich Manns*, Stuttgart 1965; L. Ritter-Santini, *L'italiano Heinrich Mann*, Bologna 1965; dies., *Die Verfremdung des optischen Zitats. Anmerkungen zu Heinrich Manns Roman »Die Göttinnen«*, in: Jahrbuch der deutschen Schillergesellschaft 15 (1971), S. 297-325; M. Hahn, *Das Werk Heinrich Manns*, a.a.O. (Anm. 18), sowie: Vf., *Skeptizismus, Ästhetizismus, Aktivismus*, a.a.O. (Anm. 5) und: Hanno König, *Heinrich Mann, Dichter und Moralist*, Tübingen 1972.

[41] Ein besonders krasses Beispiel: Klaus Matthias, *Heinrich Mann und die Musik*, in: *Heinrich Mann 1871/1971. Bestandsaufnahme und Untersuchung. Ergebnisse der Heinrich-Mann-Tagung in Lübeck*, München 1973, S. 259f., und: ds., *Heinrich Mann 1971*, ebenda S. 395f. Über die »Göttinnen« heißt es dort: »Das einst so gefeierte Romanwerk [...] mußte mit dem Verebben der ästhetisch-dekadenten Zeitströmung an Wirkung verlieren, weil der bloße Ästhetizismus des vom Rausch der Ich-Besessenheit getriebenen Geschehens ohne Ethos nur noch historisch oder kulturpsychologisch interessieren kann. [...] Ein Hang zu Perversitäten und gleichzeitiger Sentimentalität, inszeniert wie verspätete pubertäre Wunschträume des Autors, läßt manche Partien [...] als unfreiwillige Beiträge zum literarischen Kitsch erscheinen.«

Mißverständnis nahe, als gehe es Heinrich Mann hier um die kritisch-realistische Kritik einer dekadenten Gesellschaft,[42] akzentuierte man hingegen das ästhetisch-erotische Rollenspiel der Herzogin von Assy, so folgten daraus sehr oft Urteile über die ästhetizistische Haltung ihres Autors, bzw. über die Unglaubwürdigkeit der Inszenierung nurmehr »kulturhistorisch nachempfundener« Gesten.[43] Der Fluchtpunkt, auf den hin beide thematischen Linien innerhalb des Textes selbst orientiert sind, blieb dabei notwendig unentdeckt, zu schweigen davon, daß etwa die (die jeweilige Interpretationsperspektive begründenden) erkenntnisleitenden Interessen reflektiert worden wären. – Im Folgenden seien die zentralen ästhetischen Intentionen des Romans kurz skizziert.[44]

Die Realschichthandlung entwickelt die drei Lebensphasen der politischen Abenteurerin und kunstbegeisterten Aristokratin Violante von Assy in der dekadenten Adelsgesellschaft Dalmatiens, später in der römischen, florentinischen und venezischen »high society« und Bohème, die als geistige, moralische und physische Verfallskultur mit allen erzählerischen Mitteln der Satire vor Augen geführt wird. Als Medium der dekadenzkritischen Perspektive des Autors fungiert der Bewußtseinshorizont der Hauptfigur, die sich entschieden außerhalb der sozialen Normen und Wertkategorien ihrer Umwelt bewegt und ausschließlich ihre eigenen Wertvorstellungen im Sinne neuer ästhetischer Erfahrungen zu realisieren sucht. Auf dem Hintergrund ihrer eigenen Erkenntnishöhe und ästhetischen Sensibilität erfährt sie die gewöhnliche Wirklichkeit als eine Welt der »bêtise«, als (um den äquivalenten Terminus Flauberts hier einzusetzen) Welt des »Bürgers«, welcher Begriff denn auch – nach dem Selbstverständnis des Autors – nicht im Sinne des gesellschaftlichen Klassenbegriffs zu verstehen ist, sondern im Sinne einer Größe, in die alle gesellschaftlichen Anti-Affekte eingehen.[45] Und gegen das »bürgerliche« System von »Langerweile und Beschränktheit« (2,65) stellt Violante ihr eigenes Lebenskunstwerk: »Viel lieber begnüge ich mich mit Verkleidung, Oberfläche, Spiel und lasse allen Seelen ihre Schönheit gelten, die

---

[42] Vgl. dazu: Manfred Hahn, *Das Werk Heinrich Manns*, a.a.O. (Anm. 18), S. 257 (u. a.).
[43] S. Anm. 41.
[44] Vgl. dazu ausführlicher: Vf., a.a.O. (Anm. 5), S. 88–116; S. 125ff.
[45] Zu Flaubert in diesem Sinne auch: G. W. Frey, *Die ästhetische Begriffswelt Flauberts*, München 1972, S. 139; S. 146.

eine geschickte Hülle angelegt haben.« (3,22) – Mit den Leitwörtern »Verkleidung«, »Oberfläche«, »Hülle«, »Spiel« ist die zentrale zweite Bedeutungsschicht des Romans berührt: Um jene Identität von Geist, Schönheit und Lebensfülle wiederherzustellen, die ihr in der Gegenwart durch die Ubiquität der »Bürger« unmöglich gemacht ist, transformiert die Herzogin von Assy ihr Leben in ein bewußtes Rollenspiel, in dem sie sich selbst unter der mythischen Maske dreier Göttinnen erfährt: In ihrer »Diana«-Phase glaubt sie an die Möglichkeit eines Lebens anarchischer Freiheit, – freilich nur, um die Erfahrung machen zu müssen, daß es im Zeitalter der Moderne den Heros nicht mehr geben kann. Auf der Suche nach neuen geistigen Erfahrungen wendet sie sich sodann der Kunst zu, die ihr – ganz im Sinne der l'art-pour-l'art-Doktrin – als einzige und ideale Wirklichkeit erscheint: sie begreift sich in der Maske der »Minerva«, der strengen Göttin der Kunst. Allerdings erfährt sie die Kunst auf eine exaltiert-erregende Weise: durch mythische Intuition gerät sie in einen Zustand physiologischer Steigerung und Überhöhung,[46] der ihre erotischen Leidenschaften weckt und sie in ihrer letzten Lebensphase unter der Maske der »Venus« in einen selbstzerstörerischen Sinnentaumel treibt.

Es war dieser Teil des Romans mit seiner z. T. lasziven Bildlichkeit, der Thomas Mann zu seinem bösen Diktum von der »aphrodisischen Pennälerphantasie« (XII, 539), bzw. Walther Rehm zu dem vom »Rausch im Sinnlichen schlechthin«, dem Heinrich Mann verfallen sei,[47] veranlaßt hat, – ein peinliches Mißverständnis, das auf seine Urheber zurückfällt. Denn Heinrich Mann hatte mit seinem Roman nichts weniger im Sinne als die ihm hier unterstellte Beinahe-Pornographie. – Was er aufnahm, war zunächst nichts als ein Stichwort innerhalb des zeitgenössischen ästhetischen Normensystems. *Wie* er es aufnahm, blieb allerdings singulär in der Literatur der Jahrhundertwende: es war der Versuch, den ästhetischen Mythos in Nietzsches »Geburt der Tragödie« in einen epischen Vorgang zu übersetzen, und zwar so, daß er dessen am antiken Mythos orientierte Zentralbegriffe und -motive seinerseits in einen antikisierenden mythologischen Horizont transformierte. Eine unpublizierte, zwischen 1900 und 1902 zu datierende Notiz über den symbolisti-

---

[46] Vgl. 3, 117ff.; zum Kontext vgl. Vf., a.a.O. (Anm. 5), S. 95f.
[47] Walther Rehm, *Der Renaissancekult und seine Überwindung*, in: ZfdPh 54 (1929) S. 317.

schen Lyriker Henri de Régnier dokumentiert unmißverständlich, welche Bedeutung dieser Nietzsche-Schrift für die Konzeption der »Göttinnen« und damit für den frühen Heinrich Mann zukommt: hier gerät ihm nämlich die Charakteristik des parnassischen Kunstideals der »Plastizität«, dessen Signatur er an den Gedichten Régniers wahrnimmt, unversehens zur Nietzsche-Paraphrase: »Seine Kunst ist rein äußerlich und ist stolz darauf. Das sinnlose Leiden einmal erkannt haben und ihm den Rücken wenden: zu stolz, um tief zu sein. Cultur der Oberfläche. Das Leben nicht bloß gelten lassen, – es auch lieben: die beste Rache. In der elendesten Existenz ein schönes Bild aufstellen und ihm dadurch alles Entmuthigende nehmen.«[48] – Wenn Nietzsche in der »Geburt der Tragödie« in Anlehnung und Umdeutung der Metaphysik Schopenhauers den dionysischen »Ur-Grund« als »Leiden« denkt, die Welt der Phänomene als »Schein«, den der »Ur-Grund« »zu seiner steten Erlösung braucht«, und wenn er die Kunst als eine zweite Welt des Scheins deutet, die der Mensch aufzubauen gezwungen ist, um sich über die Absurdität des Daseins hinwegzutäuschen, so nimmt Heinrich Mann diesen universalen Weltmythos, gefaßt als Theorie der Kunst, mit dem Stichwort von der »Cultur der Oberfläche« aus »Tiefe der Erkenntnis«, der Einsicht in das »sinnlose Leiden« auf. Und eben diese »Cultur der Oberfläche« bildet auch den Hintergrund der illusionären Selbstmaskierungen der Violante von Assy, die das Nichts zunächst als »reales« Nichts in Gestalt von »Dummheit«, Häßlichkeit und Groteske der Wirklichkeit erfährt und darauf in mythischem Rollenspiel antwortet, bis sie schließlich – noch einen Schritt weitergehend – ihr Leben selbst als »Kunstwerk« (vgl. 3,330) begreift. – Zentraler Fluchtpunkt des Romans wird damit die Kunst-Thematik: nicht nur, daß sie – wie L. Ritter-Santini nachgewiesen hat – durch zahlreiche Anspielungen und Zitate zeitgenössischer Kunstpraxis[49] bereits die Realschicht dominant einfärbt, an ihr kristallisiert sich vor allem das aus, was sich auf der mythischen Ebene vollzieht. In ihrer zweiten Lebensphase verschreibt sich Violante von Assy der Vorstellung einer absoluten Kunst, die als reine Idealität alles banal Menschlich-Wirkliche transzendiert. Der Roman enthält hier eine Fülle von Hinweisen auf die Kunstdoktrin des Parnasse, bezeichnenderweise

---

[48] Notiz über »Henri de Régnier« (Heinrich-Mann-Archiv); vgl. Vf., a.a.O. (Anm. 5), S. 65.
[49] *Die Verfremdung des optischen Zitats*, a.a.O. (Anm. 40), passim.

also der Richtung innerhalb der l'art-pour-l'art-Tradition, die ihre ästhetische Theorie aus dem Zusammenhang von Literatur, bildender Kunst und Malerei abgeleitet hat und Dichtung in Analogie zu den »arts plastiques«, den skulpturalen Künsten begriff: eine Ästhetik des Eidetischen, des in der Anschauung erfahrenen geistigen Bildes also. Théophile Gautier, auf dessen Theorie einer statuarischplastischen Dichtung Heinrich Mann sich insonderheit berief, hatte 1856 proklamiert: »L'écriture parle quelque part de la concupiscence des yeux, *concupiscentia oculorum*: – ce péché est notre péché, et nous espérons que Dieu le pardonnera. – Jamais œil ne fut plus avide que le nôtre, et le bohémien de Béranger n'a pas mis en pratique plus consciencieusement que nous la desive: voir c'est avoir.«[50] Diese ›Sünde‹ der »concupiscentia oculorum« ist auch die Sünde der Violante von Assy, die ihr Auge zum »Spiegel« »verklärter Fülle« (2,280) der Kunst zu machen sucht. Bezeichnend ist nun aber, daß dieses artistische, auf den kontemplativen Akt visuell-geistiger Anschauung bezogene Kunstverständnis für die Protagonistin des Romans nur phasenhaft bleibt, das Ideal eines »art pure« mithin relativiert wird. Der Erzähler läßt die Kunsterlebnisse seiner Zentralfigur umschlagen in Zustände einer Raum und Zeit entgrenzenden Ausweitung des Ich, in denen die Schranken zwischen der Wirklichkeit und dem im artifiziellen Bild Angeschauten verfließen. Während sie sich noch dem Kult der Statuen und Bilder hingibt, erfährt die

---

[50] Th. Gautier (Dez. 1856), zit. bei: Pierre Martino, *Parnasse et Symbolisme*, Paris 1925, S. 18f.: »A proprement parler, nous ne sommes pas un homme de lettres [...] Épris, tout enfant, de statuaire, de peinture et de plastique, nous avons poussé jusqu'au délire l'amour de l'art; – arrivé à l'âge mûr, nous ne nous repentons nullement de cette belle folie; nous lui avons dû et lui devons encore nos moments les plus heureux: c'est par elle que nous valons quelque chose – si nous valons quelque chose. D'autres ont plus de science, plus de profondeur, plus de style, mais nul n'aime plus que nous la peinture; nous avons toujours laissé, on le voit bien, la littérature pour les tableaux et les bibliothèques pour les musées [...] L'Écriture parle quelque part de la concupiscence des yeux, *concupiscentia oculorum*: – ce péché est notre péché, et nous espérons que Dieu nous le pardonnera. » Jamais œil ne fut plus avide que le nôtre, et le bohémien de Béranger n'a pas mis en pratique plus consciencieusement que nous la devise: voir c'est avoir. – Après avoir vu, notre plus grand plaisir a été de transporter dans notre art à nous monuments, fresques, tableaux, statues, bas-reliefs, au risque souvent de forcer la langue et de changer le dictionnaire en palette.«

Herzogin durch die Welt der Formen und in ihr rauschhaft-physiologische Lebens- und Bewußtseinssteigerungen. – Eben darin erweist sich Heinrich Mann als genuiner Schüler Nietzsches, der einerseits an Theorie und Praxis des l'art-pour-l'art abliest, was eine »göttlich-künstliche Kunst«, »Hingebung an die Form«[51] zu sein vermag, andererseits die Artistik konsequent dem Verdikt unterstellt, insofern nämlich, als sie ihren ästhetischen Voraussetzungen gemäß die statisch-autonome Eigenwelt des schönen Kunstgebildes als Ziel des künstlerischen Schaffens ansetzt, was für Nietzsche aber heißen muß, daß der Zusammenhang von höchster Ausdrucksform und höchster Steigerungsform des unaufhörlich den »Schein« hervorbringenden Lebens aufgegeben ist. »Erlösung in der *Form* und ihrer Ewigkeit«[52] wird bei ihm gedacht als »Vergöttlichung des Daseins«,[53] nicht aber als kontemplativ-anschauendes Sich-Versenken.

In diesem Denkhorizont Nietzsches setzt Heinrich Mann die dionysische Symbolik der Kunst-Visionen seiner Protagonistin als bewußtes Verweisungssystem ein. Denn daß durch das Medium Kunst (und nur in ihm) Rauschekstasen ausgelöst werden, spiegelt eben den Reflexionszusammenhang wider, innerhalb dessen bei Nietzsche die metaphysischen Grundmächte des Apollinischen und Dionysischen, bzw. von »Schein« und »Rausch« erscheinen. Und dieser Zusammenhang steht folgerichtig als gedankliches Modell auch hinter der Transformation der »Minerva«- in die »Venus«-Maske: Indem die Protagonistin das »Kunstwerk« ihres Ich durch die Erfahrung von Kunst bis zu solcher Höhe steigert, daß hinter dem »Schein« der »Zauber des Dionysischen«[54] aufbricht, erreicht sie nach dem Willen des Autors jene metaphysische Dimension, in der bei Nietzsche der Begriff des »Lebens« erscheint.

Die »Göttinnen« Heinrich Manns sind – so betrachtet – ein allegorischer Roman: dem mythischen Rollen-Ich der Violante von Assy ist ein gedankliches System substituiert, das exakt aus dem ästhetisch-metaphysischen Mythos von Nietzsches »Geburt der Tragödie« ableitbar ist. Entsprechend lassen sich Bildlichkeit und Handlungsschema bzw. -verlauf des Romans beziehen.

*

---

51 Nietzsche, Schlechta-Ausg. Bd. II, S. 721.
52 Nietzsche, Musarion-Ausg. Bd. XIV, S. 323.
53 Nietzsche, Schlechta-Ausg. Bd. III, S. 784.
54 Nietzsche, Schlechta-Ausg. Bd. I, S. 24.

Schwerlich ist zu übersehen, daß dieser Roman in doch immerhin deutliche Nähe zu jenen Ideologemen rückt, die dem vitalistischen Irrationalismus-Syndrom des Fin de siècle zugehören, das von Heinrich Mann später als eine »Kombination, bestehend aus Ästhetizismus und Bezweiflung der Vernunft«[55] charakterisiert werden sollte. Man könnte angesichts eines solchen Entwurfs einer mythisch-transrealen Traumwelt als Antwort auf eine Wirklichkeit, die als chaotisch, widervernünftig, sinnlos, bürgerlich-mittelmäßig und plebejisch vorgestellt wird, sehr wohl geneigt sein, Georg Lukács zuzustimmen, wenn er die Bedeutung Nietzsches für die bürgerliche Intelligenz der Jahrhundertwende darin ausgedrückt sieht, daß er deren scheinrevolutionäre Attitüden verstärkt, indem er ihnen einen Weg weist, »auf dem das angenehme moralische Gefühl, ein Rebell zu sein, weiter bestehen bleiben kann, sogar vertieft wird, indem der ›oberflächlichen‹, ›äußerlichen‹ sozialen Revolution eine ›gründlichere‹, ›kosmisch-biologische‹ lockend gegenübergestellt wird«,[56] – ist doch bei Heinrich Mann ein eskapistischer Gestus nicht zu verkennen. Man mag sich in der Tat fragen, ob nicht die irrationalistisch konsumierbare ästhetische Mythisierung des »Lebens« in den »Göttinnen«, das Umbiegen des die Zwangsmechanismen und Antagonismen des bürgerlichen Daseins durchschauenden unglücklichen Bewußtseins, in die Bejahung von »Schein« und »Rausch«, den Verrat dessen bedeutet, was Theodor W. Adorno die tragende Erfahrung des Ästheten genannt hat: die soziale »Resistenzkraft« von Kunst,[57] die das »Wesen« der gesellschaftlichen Entfremdung enthülle, nicht aber es interiorisierend verschleiere.

Eine angemessene Antwort auf dieses Problem ist für Heinrich Mann, wie ich meine, nur dann möglich, wenn der ästhetische Mythos, den er in seinem Roman gestaltet, auch in seiner Kehrseite reflektiert wird: Indem in der Realschicht im Medium von Satire und Dekadenzkritik gesellschaftliche Deformationen bloßgelegt werden, indem das Rollenspiel der Protagonistin stets als das dargestellt wird, was es ist: Illusion, Maskerade; indem also die ästhetische Utopie stets auf ihrem realen Hintergrund gedacht ist, wird ihr

---

[55] Heinrich Mann, *Das Bekenntnis zum Übernationalen (1933)*, in: H. M., *Essays,* Hamburg 1960, S. 613.
[56] Georg Lukács, *Die Zerstörung der Vernunft,* a.a.O. (Anm. 30), S. 277.
[57] Th. W. Adorno, *Ästhetische Theorie,* in: Th. W. A., *Ges. Schriften,* Bd. 7, Frankfurt 1970, S. 335.

eskapistischer Charakter *bewußt* gehalten und so im Leser ein Denkprozeß in Gang gesetzt, der eben nicht auf eine bloße Affirmation der ästhetischen Illusion hinauslaufen kann und soll, sondern auf deren Grund zu reflektieren hat.

Wird dieser Bedingungszusammenhang von mythischer Schicht und Realschicht in die Überlegungen einbezogen, tritt die analytische Autorintention hervor: Nicht der ästhetische Mythos bildet deren Fluchtpunkt, sondern die Darstellung jener *Bewußtseinslage,* die der Kunst bedarf, um dem zu entkommen, was als Bedrohung durch eine der durchschauenden Erkenntnis nicht länger standhaltende, gleichwohl aber übermächtige Wirklichkeit empfunden wird. Nicht Realitätsverschleierung durch eine Ideologie des schönen Scheins wäre mithin für den Roman zu diagnostizieren, sondern: daß die ästhetische Utopie als die notwendige Antwort auf den Zustand der bürgerlich verfaßten gesellschaftlichen Wirklichkeit erscheint, macht deren Entstellung allererst sichtbar. Indem die Realität niemals einfach zugedeckt wird, gewinnt der Roman eine Dimension, die die *Reflexion des Lesers* herausfordert.

Eine ganz andere Frage ist die nach dem historischen Stellenwert: Denn indem Heinrich Mann den Zusammenhang von bürgerlicher Welt und utopisch-ästhetischem Gegenbild einsehbar macht, überschreitet er doch keineswegs den Horizont bürgerlichen Bewußtseins, in dessen Grenzen er vielmehr gerade dadurch verharrt, daß er die autonome Kunst als »Reich der Freiheit im Gegensatz zur materiellen Praxis hypostasiert[]«.[58] Was ihn über das Gros seiner literarischen Zeitgenossen hinaushebt (und nicht zuletzt dazu beigetragen hat, daß er nur wenig später den Versuch unternahm, Kunst als »art social«, als wirklichkeitsverändernde Praxis zu begreifen), ist die Konsequenz, mit der er darauf beharrt, die Widersprüchlichkeit von ästhetisch imaginiertem Ideal und Wirklichkeit auszuhalten und den ›schein‹-haften Charakter des Ästhetischen zu reflektieren.

III.

Am Kunst-Mythos der »Göttinnen«-Trilogie hat Thomas Mann zur Zeit der »Betrachtungen« die Möglichkeit einer Nietzsche-Rezeption abgelesen, die auf einer gefährlichen Verkennung des Verhältnisses

---

[58] Max Horkheimer und Th. W. Adorno, *Dialektik der Aufklärung,* Frankfurt 1969, S. 143.

zwischen Instinkt und Intellekt (vgl. IX, 706f.) basiere, und er hat der – wie er unterstellte – »berauschten Unterwerfung« unter das ›schöne Leben‹ die Superiorität des »Geistes« entgegengehalten. – Doch irrt, wer darin frühe Einsichten in das Irrationalismus-Syndrom der Jahrhundertwende zu erblicken geneigt wäre. Nicht allein, daß die Kategorien der Kritik dessen Voraussetzungen selbst zugehören, Thomas Mann hat sich auch den Mythos der Tragödienschrift Nietzsches durchaus nicht nur ins ›Geistige‹ transponiert, wie schon der Hinweis auf die frühe Novelle »Der kleine Herr Friedemann« gezeigt hat.

Zur gleichen Zeit, als Heinrich Mann an den »Göttinnen« arbeitete, begann Thomas Mann mit ersten Entwürfen zu einem Drama, das in mancher Hinsicht offenkundig als Parallelentwurf zum Roman des Bruders geplant war. Als er es (nach langen Mühen) endlich fertiggestellt hatte, fühlte er sich zumindest subjektiv der brüderlichen Gemeinsamkeit geistiger Ursprünge entwachsen, und schließlich in den »Betrachtungen« darauf zu sprechen kommend, tat er so, als habe er in seinem Drama eine Auseinandersetzung mit den politischen Lehren des modernen »Aktivismus« vorwegnehmen wollen.

Kaum ein Text ist von Thomas Mann stets so widersprüchlich interpretiert worden wie gerade »Fiorenza«:[59] Da ist einerseits davon die Rede, seine »geheime Sympathie« und »geistige Teilnahme« habe auf der Seite des kritizistischen Intellektuellen gelegen (XII, 93), dann wieder heißt es, der »Asket« und »Heilige« sei nichts anderes als eine Anspielung auf den radikalen »Geistes«-Politiker (XII, 94) (was nicht weniger bedeuten würde als ein Ausschlagen der Parteilichkeit zugunsten Lorenzos, des Verherrlichers der sinnlichen Schönheit),[60] und schließlich wird dem Leser der »Betrachtungen« auch noch eingeredet, es sei um eine Satire gegangen: eine Satire auf die »Demokratisierung des Künstlerischen«, des Schönen, die nach dem Schema von actio und reactio das Gegenteil habe hervorrufen müssen: den »Geist als Moral« (XII, 382).

Solche Widersprüchlichkeit indessen ist kein Zufall: denn man ge-

---

[59] Vgl. u. a.: André Banuls, *Thomas Mann und sein Bruder Heinrich*, a.a.O. (Anm. 10), S. 127ff.; Lothar Pikulik, *Thomas Mann und die Renaissance*, in: *Thomas Mann und die Tradition*, a.a.O. (Anm. 1), S. 101–129.

[60] Vgl. dazu auch den Brief Th. Manns an Kurt Martens vom 28. III. 1906, in: *Briefe 1889–1936*, a.a.O. (Anm. 25), S. 63f.

rät mit »Fiorenza« in das Zentrum eines Versuches Thomas Manns, der Nietzsche-Adaption des Bruders eine eigene Übersetzung entgegenzustellen, die offenbar das Ziel verfolgte, komplexer zu entfalten und damit zu korrigieren, was ihm bei Heinrich Mann zu einseitig geraten zu sein schien. Daß dem Roman des Bruders für »Fiorenza« die Rolle eines Katalysators zukommt, hat die Thomas-Mann-Forschung natürlich immer schon gesehen, sich freilich durchweg mit oberflächlichen Hinweisen auf dessen sogenannten »Renaissancismus« und Thomas Manns Absage an ihn zufrieden gegeben.[61] Und da man die »Göttinnen« meist ohnehin nur als das abschreckende Beispiel eines ästhetizistischen Schönheitsrausches[62] ansah, blieb die komplexere Dialogstruktur des Dramas unerhellt, und es blieb verdeckt, wie genau Thomas Mann im Werk des Bruders vorgegebene Stichworte und Denkmodelle reflektiert.

Für den hier diskutierten Zusammenhang erweist sich insbesondere die Schlußszene des Dramas als von zentraler Bedeutung: hier greift der Diskurs zwischen Savonarola und Lorenzo einen Faden auf, der unmittelbar an das Leitthema der »Göttinnen« anschließbar ist: »Buhlfeste zu Ehren der gleißenden Weltoberfläche habt ihr entfacht und nanntet's Kunst« (VIII, 1060), so wirft der Prior seinem Gegenspieler vor und unterstellt damit des Mediceers Schönheitspathos und die Verherrlichung allen sinnlichen Lebens dem Verdikt des bloßen »Scheins«:

»Ich habe nichts gemein mit Eurer Augen- und Schaukunst [...] mir träumte] von einer Fackel, die barmherzig hineinleuchte in alle fürchterlichen Tiefen, in alle scham- und gramvollen Abgründe des Daseins [...] Ich sah durch Schein und Lieblichkeit! Ich litt zu sehr, um stolz nicht auf meiner Einsicht zu bestehen« (VIII, 1060), und wenig später insistiert Savonarola noch einmal: »Ich darf wissen und dennoch wollen. [...] Ihr [Lorenzo] schaut das Wunder der wiedergeborenen Unbefangenheit.« (VIII, 1064)

---

61 Vgl. z. B.: Hans Wysling, *Vorwort zu: Thomas Mann – Heinrich Mann. Briefwechsel 1900–1949*, a.a.O. (Anm. 10), S. XXX: »›Die Göttinnen‹ waren eine wahre dionysische Orgie, auch wenn sich Heinrich Mann der Faszination durch das ruchlose Leben immer wieder entzog [...] Tonio Kröger wendet sich als erster gegen das Leben ›als eine Vision von blutiger Größe und Bilderschönheit‹, und mit Savonarola bezieht Thomas Mann gegenüber allem lebensgläubigem Ästhetizismus den Standpunkt des asketischen Moralisten.«
62 Vgl. W. Rehm, *Der Renaissancekult*, a.a.O. (Anm. 47), S. 317ff.

Auf den ersten Blick erscheinen die hier aufgebauten Entgegensetzungen eindeutig: Sinnliche Schönheit vs. Erkenntnis, Oberflächlichkeit vs. Tiefe, Leben vs. Geist usw., und man könnte leicht geneigt sein, in solchen Oppositionen auch die Kontroversformeln des brüderlichen Dialoges zu erblicken. Bei genauerer Analyse aber wird man feststellen müssen, daß Lorenzo auf des Priors Verdikt antwortet: »Ich sehe eine seltsame Verkehrung ... Ihr eifert wider die Kunst, und dennoch, Bruder, Ihr selbst – auch ihr seid ja ein Künstler!« (VIII, 1060).

Was hat es zu bedeuten, wenn Lorenzo den Prior einen »Künstler« heißt, und vor allem: wie ist es zu verstehen, daß Savonarola dies ohne Widerspruch, obschon mit nuancierender Geste,[63] hinnimmt? – Schließlich: was hat es mit den sich nicht recht in das umrissene Oppositionsschema einfügenden Formeln: »wissen und dennoch wollen«, sowie »Wunder der wiedergeborenen Unbefangenheit« auf sich? – Soweit die Thomas-Mann-Forschung auf »Fiorenza« eingegangen ist, hat sie für solche Fragen kaum Antworten bereit und bleibt an der Oberfläche einer mehr oder weniger schematischen »Geist«-»Leben«-Antithetik. Und wenn Lothar Pikulik, dem der bislang einläßlichste Versuch zu verdanken ist, die Hintergründe und Motive des Dramas aufzuhellen,[64] schreibt: »[Der Prior und Lorenzo] verkörpern [...] nicht die Antithese Leben-Geist, sondern entgegengesetzte Einstellungen des Geistes zum Leben. Beide sind Kinder des Geistes und daher Brüder, aber da der eine das Leben bejaht, der andere es verneint, sind sie ›feindliche Brüder‹«,[65] so modifiziert er das Schema nur, indem er – trotz seiner weiterführenden Erkenntnis der »Geistes«-Bruderschaft der beiden Antipoden – die Grundproblematik wieder in die üblichen Bahnen einbiegen läßt. – Die Frage muß vielmehr lauten: warum gilt für beide, daß sie sich »Künstler« und *daher* »Brüder« (mag Savonarola in diesem

---

[63] Savonarola bezeichnet sich als »Künstler, der zugleich ein Heiliger ist« (VIII, 1060).

[64] L. Pikulik, *Thomas Mann und die Renaissance*, a.a.O. (Anm. 59). – Die bei Pikulik (S. 129) erwähnte und als Bd. III der »Thomas-Mann-Studien« angekündigte Studie von Egon Eilers, *Perspektiven und Montage. Studien zu Thomas Manns Schauspiel ›Fiorenza‹*, Marburg 1967 (Phil. Diss.) ist noch immer nicht erschienen bzw. erhältlich. (Nachtrag 1978: Inzwischen als Dissertationsdruck zugänglich. Auf Parallelen zu der hier vorgelegten »Fiorenza«-Interpretation sei hingewiesen.)

[65] Pikulik, a.a.O., S. 109.

Fall auch heftig abwehren; vgl. VIII, S. 1059) nennen? – Daß es sich bei dem Verdikt des Mönchs über Lorenzos »Augen- und Schaukunst« um eine Anspielung auf die artistische »concupiscentia oculorum«, auf jene »Cultur der Oberfläche« handelt, die den Hintergrund des Lebens-Kunstwerks der Violante von Assy bildet, mithin um eine konzentrierte Allusion auf die Kontamination der l'art-pour-l'art-Ästhetik mit dem ästhetischen Mythos in Nietzsches »Geburt der Tragödie« bei Heinrich Mann, ist offenkundig.[66] Aber man konstatiert doch mit einiger Verblüffung, daß der Prior seine Verwerfung solcher »Augenlust« (VIII, S. 1060) in eben die Formeln faßt, die auf der Gegenseite der *Begründung* in die Notwendigkeit von Illusion und Schein dienen: Heißt es dort: »Das sinnlose Leiden einmal erkannt haben und ihm den Rücken wenden, zu stolz um tief zu sein«, so hier: »Ich sah durch Schein und Lieblichkeit! Ich litt zu sehr, um stolz nicht auf meiner Einsicht zu bestehen« (VIII, S. 1060), einer Einsicht, die dann gleichfalls als »Kunst« ausgegeben wird. Man müßte diese Sätze auf dem bislang umrissenen Hintergrund für einigermaßen unverständlich halten, wäre nicht in Nietzsches Tragödienschrift außer vom »ästhetischen Pessimismus«,[67] der in dem Willen zu Schein und Täuschung gipfelt, von einer zweiten Weise der Illusion die Rede, die vor dem »praktischen Pessimismus«[68] bewahrt und zum Weiterleben verführt: dem »Zwillingsbruder der Kunst«,[69] dem sokratischen Prinzip, der Erkenntnis. Es ist »jener [...] Glaube, daß das Denken, an dem Leitfaden der Kausalität, bis in die tiefsten Abgründe des Seins reiche, und daß das Denken das Sein nicht nur zu erkennen, sondern sogar zu *korrigieren* imstande sei. Dieser erhabene metaphysische Wahn ist als Instinkt der Wissenschaft beigegeben und führt sie immer wieder zu ihren Grenzen, an denen sie in *Kunst* umschlagen muß: auf welche es

---

66 Vgl. besonders die auffälligen Nietzsche-Hinweise in VIII, 985 (s. dazu: *Die Geburt der Tragödie*, Schlechta-Ausg. Bd. I, S. 24) und in VIII, 1065 (s. dazu: *Der Wille zur Macht*, Leipzig 1901 [*Nietzsches Werke. Zweite Abtheilung*, Bd. XV], S. 381 (=Schlechta-Ausg. Bd. III, S. 755f.)). Zu Lorenzos Formel: »O meine Träume! Meine Macht und Kunst!« vgl. »Die Göttinnen« (3, S. 234): »Ich bin zu Gaste bei den schönen Werken, denn sie geben mir Rausch und Macht.« – Zu diesem Komplex vgl. Vf., a.a.O. (Anm. 5), S. 94–102.
67 Nietzsche, Schlechta-Ausg. Bd. III, S. 530.
68 Ebenda I, S. 85f.
69 Nietzsche, Musarion-Ausg. Bd. III, S. 309.

eigentlich, bei diesem Mechanismus, abgesehen ist.«[70] Zwar gilt Nietzsche der »logische Sokratismus«[71] als »auflösende Macht«,[72] Tod der Tragödie, und d. h. des dionysischen Lebensprinzips, und doch rücken für ihn Erkenntnis und Erkennen in die Nähe der Kunst, dadurch nämlich, daß ihnen auf Grund des vorausgesetzten Perspektivismus allen Daseins eine ästhetische Bedeutung zugeschrieben wird, die eben darin besteht, daß sie ihre Logizität ›in die Dinge hineinlegen‹. Dies ist – wie der frühe Nietzsche meint – die »tiefsinnige Wahnvorstellung« von Philosophie und Wissenschaft, die somit zum »höchste[n] Glück«[73] werden kann und wie die Kunst das »Leben« und die »Erhaltung des Lebens« zu ihrer Voraussetzung hat.[74]

Man muß sich diese Zusammenhänge vergegenwärtigen, um richtig einzuschätzen, worauf die Personenkonstellation Savonarola / Lorenzo zielt. Lorenzo ist der einzige, der hinter ihrer beider Weltverständnis die nihilistische Metaphysik und hinter ihrem Habitus die Lebensmaske durchschaut: nur daher kann er den Mönch einen »Künstler« nennen und ihn einen »Bruder« heißen; und nur, weil zum sokratischen »Wahn« unabdingbar das Insistieren auf Erkenntnis, Wissen, Bewußtsein gehört, *muß* der Prior darauf bestehen: »Ich bin nicht euer Bruder« und kann das Leiden an der Erkenntnis für »Heiligkeit« ausgeben. Savonarola »verneint« also nicht einfach das »Leben«, während Lorenzo es »bejaht«, sondern beide suchen – auf unterschiedliche Weise – in voller Erkenntnis der »Abgründe des Daseins« (VIII, S. 1060) zu *überleben*: der eine durch die Vorstellung des Lebens als eines dionysischen Kunstwerks, der andere durch den »Wahn« des »Erkennens«, der sich in Kunst verwandelt. Und wenn Lorenzo erklärt, Florenz werde dem Prior nur darum anhangen, weil es so »kunstverwöhnt« sei (das aber heißt im Nietzsche-Kontext: so ›gesund‹ und lebensmächtig, daß ihm Erkennen und

---

[70] Nietzsche, Schlechta-Ausg. Bd. I, S. 84.
[71] Ebenda S. 77.
[72] Ebenda S. 82.
[73] Nietzsche, Musarion-Ausg. Bd. X, S. 342.
[74] Vgl. Musarion-Ausg. Bd. III, S. 311: »Für den Intellect gibt es kein Nichts als Ziel, somit auch keine absolute Erkenntnis, weil diese dem Sein gegenüber ein Nichtsein wäre. Das Leben unterstützen, zum Leben verführen, ist demnach die jeder Erkenntnis zu Grunde liegende Absicht, das unlogische Element, welches als der Vater jeder Erkenntnis auch die Grenzen derselben bestimmt.«

Erkenntnis nicht zum Unheil ausschlagen, sondern zum »Leben«) und der Prior darauf antwortet: »Ich will das nicht wissen«, so vollzieht sich an ihm – nach dem Willen des Autors – »gemäß einer Art Allöopathie der Natur«[75] das Umschlagen von Erkenntnistrieb in Illusion, Kunst. Eben dies ist auch der Hintersinn der Formel von »Wunder der wiedergeborenen Unbefangenheit«, die Thomas Mann übrigens im gleichen Sinne sechs Jahre später im »Tod in Venedig« jenem Dichter zuschreibt, der auf die Einsicht, Durchschauen führe zum »Abgrund«, zum Nihilismus, mit artistischem Formkult antwortet.[76] Und *weil* Lorenzo solchen Illusionsmechanismus durchschaut, kann er einwerfen: »Ihr scheltet die Unbefangenen [!], die nicht erkennen und schamlos sind. Schämt ihr Euch nicht, die Macht noch zu gewinnen, da Ihr erkannt, wodurch Ihr sie gewinnt?« (XII, S. 1064).

Die Begriffe ›Kunst als Leben‹ und ›Kunst als Erkenntnis‹, »Buhlfeste zu Ehren der gleißenden Weltoberfläche« und erkennende ›zweite Unbefangenheit‹ liegen also bei genauerer Analyse der semantischen Tiefenschicht des Dramas auf *einer* Ebene: Ihre Primärbedeutung liegt nicht in den Oppositionen »Bildende Kunst«, sinnliche Schönheit, »Leben« einerseits und Kritik, Moral, Geist andererseits, wie Lothar Pikulik teilweise in Anlehnung an eine Selbstdeutung Thomas Manns in den »Betrachtungen« feststellt[77] (diese Entgegensetzungen werden erst in sekundärer Hinsicht, insbesondere für die aus der thematischen Konzeption erwachsende Personenkonstellation, bedeutungsvoll). Vielmehr geht es um die Ausfaltung der beiden Möglichkeiten einer »Kunstoptik« auf das Leben angesichts des behaupteten allgemeinen Weltchaos. Diese Kunstoptik ist es auch, die die beiden Kontrahenten ihrem Selbstbewußtsein nach aus der Masse der »niedrig [...] Hausenden« und »Schwatzenden« heraushebt und zur Herrschaft zwingt, weil in ihr jener »Wille zur Macht« wirksam wird, der sie ursprünglich hervorgerufen hat.

Es ist weder ein Sakrileg noch ein unstatthaftes interpretatorisches Verfahren, »Fiorenza« so stark im Nietzsche-Kontext zu erhellen.

---

[75] Nietzsche, Musarion-Ausg. Bd. III, S. 309.
[76] Vgl. VIII, S. 455 und S. 522; zum Funktionszusammenhang von »wiedergeborener Unbefangenheit« und Formkult im »Tod in Venedig« vgl. auch: Vf., a.a.O. (Anm. 5), S. 130–134.
[77] Pikulik, *Thomas Mann und die Renaissance*, a.a.O. (Anm. 59), S. 107.

Thomas Mann hat selbst zugestanden, »jene Repliken« seien von seinem Geiste »durchtränkt« (XII, S. 146). Davon ist – und nur darauf kommt es mir hier an – nicht nur die psychologische Charakteristik der beiden Antipoden berührt,[78] sondern vor allem die Ebene, die den thematischen *Kern* des Stückes ausmacht und seine kontextuell zu realisierende Dialogizität begründet. Denn in der Entgegensetzung Lorenzo/Savonarola, also des Künstler-Menschen, dessen Ziel die ekstatisch-mythische Identität mit dem Lebensganzen ist, und des geistigen Künstlers, der die Welt dem Prinzip des reinen Geistes zu unterwerfen sucht, wird das argumentative Durchspielen von zwei Denkmöglichkeiten einer Weltauslegung erkennbar, deren prinzipiell ästhetisch-lebensmetaphysischer Charakter nicht geleugnet wird: in beiden wird der gleiche Wille zu Täuschung/Selbsttäuschung, d. h. Kunst, wirksam.

Das aber bedeutet, daß von einem *moralischen* Verdikt über den Ästhetizismus nicht die Rede sein kann. – Der Dialog mit Heinrich Mann wurde im Rahmen gemeinsamer Voraussetzungen geführt: war in den »Göttinnen« mit der gedanklichen Klimax ›Freiheit‹, ›Kunst‹, ›großes Leben‹ nach der Meinung Thomas Manns der Aspekt des Dionysischen überakzentuiert, so sollte hier im gedanklichen Erproben einer weiteren Auslegungsmöglichkeit Nietzsches und in der wechselseitigen Relativierung der Positionen Vereinseitigung vermieden werden. Ein grundsätzlicher *Widerruf* des geistigen Bezugssystems jedoch, auf das hin die Antipoden konstruiert sind, wurde *nicht* vollzogen, – was im übrigen auch des Autors spätere Irritation angesichts dieses Werkes erklärt. Sowohl für den ›Künstler des Geistes‹ wie für den ›Künstler des Lebens‹ gilt Nietzsches ästhetizistisch-bodenloser Welt- und Kunst-Mythos als expliziter Orientierungshintergrund, und es wird recht deutlich erkennbar, wie sehr Thomas Mann auch dort, wo er zu kritisieren scheint, innerhalb der Vorstellungen und Argumentationsmuster bleibt, die als wesentliche Bestimmungselemente des literarischen Sub-Systems um 1900 gelten können.

*

---

[78] Auf diesen Sachverhalt ist die bisherige Forschung zu »Fiorenza« in breiterem Rahmen eingegangen. Vgl. dazu besonders: R. A. Nicholls, *Nietzsche in the Early Work of Thomas Mann*, a.a.O. (Anm. 18), S. 57f.; H. Lehnert, *Thomas Mann*, a.a.O. (Anm. 1), S. 151; L. Pikulik, *Thomas Mann und die Renaissance*, a.a.O. (Anm. 59), S. 111.

Wie hoch solche Kontextabhängigkeiten Thomas Manns eingeschätzt werden müssen, zeigt sich im übrigen auch in seinem nächsten Versuch einer Antwort auf das mit vitalistischen Deutungsmöglichkeiten der Artisten-Metaphysik Nietzsches aufgeworfene Problem der Relation von »Leben« und »Geist«: der wie »Fiorenza« im Jahre 1905 vollendeten Novelle »Schwere Stunde«. Hier erweist sich nämlich, daß er das gedankliche System der »Geburt der Tragödie« noch in einer anderen, überaus zeitsymptomatischen Weise mit der Ästhetik des l'art-pour-l'art in Verbindung setzt, jedoch nicht – wie bei Heinrich Mann – als Transformation des Nietzscheschen Denkmodells in einen mythischen Lebensentwurf, sondern als Absolutsetzung des artistischen Kunstwerks, in dem apollinischer ›Schein‹ und dionysische ›Tiefe‹ zusammengedacht sind. – In eben diesem Sinne hatten 1896 die »Blätter für die Kunst« »[...] eine kunst frei von jedem dienst: über dem leben nachdem sie das leben durchdrungen hat: die nach dem Zarathustraweisen zur höchsten aufgabe des lebens werden kann«[79] proklamiert, fordert Rilke 1900 »Schönheit und Strenge der Form« als Korrelat der »gestaltenfeindlichen dionysischen Elemente«.[80]

Die kleine ›Schiller‹-Skizze gilt in der Thomas-Mann-Forschung allgemein als Dokument früher »Erfahrungsverwandtschaft« Thomas Manns zu Schiller und als Porträtstudie »von unglaublicher Wahrheit«,[81] so sorgfältig nach den Quellen gearbeitet, daß sich »nahezu jeder Satz [...] auf eine [Schiller-]Vorlage zurückführen läßt«.[82] Andererseits hat man offensichtliche Zeitbezüge durchaus hergestellt: Orientierung an Nietzsches Künstlerpsychologie und geheimes Selbstporträt lauten die entsprechenden Stichwörter. – Die Ebene freilich, auf der solche Einzelzüge sich zusammenschließen, geriet durch die Bemühung um die ›Vorlagen‹ außer Betracht. Seine Ursache hat das allerdings nicht zuletzt darin, daß Thomas Mann hier ein eigentümliches Vexierspiel treibt.

[79] Blätter für die Kunst, 3. Folge, 1. Band (Jan. 1896), S. 2.
[80] R. M. Rilke, *Marginalien zu Friedrich Nietzsche*, in: R. M. R., *Sämtliche Werke*, hrsg. von Ernst Zinn, Bd. 6, Frankfurt 1966, S. 1174.
[81] R. Täufel, *Thomas Manns Verhältnis zu Schiller. Zur Thematik und zu den Quellen der Novelle »Schwere Stunde«*, in: *Betrachtungen und Überblicke. Zum Werk Thomas Manns*, hrsg. von Georg Wenzel, Berlin und Weimar 1966, S. 217; S. 210.
[82] H.-J. Sandberg, *Thomas Manns Schiller-Studien. Eine quellenkritische Untersuchung*, Oslo 1965, S. 53.

Hans Joachim Sandberg und Richard Täufel haben aufgewiesen, daß – wie es nahe lag – Thomas Mann für die Personenkonstellation der Novelle auf Schillers Begriffspaar »naiv« und »sentimentalisch« zurückgegriffen hat und seinen ›Schiller‹ im Horizont des ›Sentimentalikers‹ typisierte.[83] – Differenziert man jedoch noch etwas genauer, so mischen sich in die bekannten Begriffe Nebentöne ein, die recht weit abführen von Schillers Oppositionen: So ermuntert sich der ›Schiller‹ der Novelle beispielsweise: »Gesund genug [...], um pathetisch sein [...] zu können! Nur hierin naiv sein, wenn auch sonst wissend in allem!« (VIII, S. 375). Im gedanklichen Zusammenhang der Erzählung beziehen sich die Begriffe »pathetisch« und »naiv« auf mögliche Dispositionen des Dichtertypus, dem nach Schiller »die Natur die Gunst erzeigt, immer als eine ungeteilte Einheit zu wirken«.[84] Doch wenn es heißt: »Gesund« genug sein, um »pathetisch« bzw. »naiv« sein zu können, dann fällt mit dem Adverb »gesund« ein Stichwort, das sich von Schiller nicht mehr herleiten läßt, sondern seinen Bezugspunkt in Nietzsches Bestimmung jenes Zustandes besitzt, der vor den negativen Folgen durchschauender Erkenntnis bewahrt. Vexatorisch wird aus scheinbar Schillerschen Begriffen Nietzsches ›Oberflächlichkeit aus Tiefe‹, ein Leitmotiv, das überdies in zwei weiteren Varianten begegnet: »Man war nicht elend, ganz elend noch nicht, solange es möglich war, seinem Elend eine stolze und edle Benennung zu schenken« (VIII, S. 375), und: »Er war zu tief, um grübeln zu dürfen! Nicht ins Chaos hinabsteigen, [...] sondern aus dem Chaos, welches die Fülle ist, ans Licht emporheben, was fähig und reif ist, Form zu gewinnen« (VIII, S. 379).

Wenn Thomas Mann hier den Begriff der »Form« als Korrelat zu dem des »Chaos« sieht und das »Chaos« wiederum mit »Fülle« gleichsetzt, und wenn er ferner »Form« als Heilmittel gegen die grüblerische »Tiefe« betrachtet, dann sind dahinter unschwer die im Werk Nietzsches immer wieder auftauchenden Stichworte seiner Artisten-Metaphysik zu erkennen. »Wer tief in die Welt gesehen

---

[83] Vgl. Sandberg, a.a.O., S. 32: »Die Problematik des Helden in der Skizze ›Schwere Stunde‹ entspringt dem Leiden des sentimentalischen Künstlers an seiner Konstitution, die es ihm unmöglich macht, ›naiv‹ zu schaffen.« Vgl. auch Täufel, a.a.O., S. 214f.; S. 217.

[84] Friedrich Schiller, *Über naive und sentimentalische Dichtung*, in: *Sämtliche Werke* (Säkular-Ausgabe) Bd. XII, Stuttgart und Berlin o.J., S. 229.

hat«, heißt es beispielsweise in »Jenseits von Gut und Böse«, »errät wohl, welche Weisheit darin liegt, daß die Menschen oberflächlich sind. [...] Man findet hier und da eine leidenschaftliche Anbetung der ›reinen Formen‹ bei Philosophen wie bei Künstlern: möge niemand daran zweifeln, daß wer dergestalt den Kultus der Oberfläche *nötig* hat, irgendwann einmal einen unglücklichen Griff *unter* sie getan hat.«[85] Allerdings reicht der offensichtliche Nietzsche-Bezug allein noch nicht aus, um die Bedeutungsnuancen der zitierten Passage schon ganz zu umgreifen. Denn indem Thomas Mann hier mit dem Begriff der »Form« operiert, zitiert er zugleich einen Schlüsselbegriff der l'art-pour-l'art-Ästhetik und damit ein Kode-Wort des literarischen Sub-Systems der Jahrhundertwende: »Form« meint in diesem Kontext primär den Gebildecharakter von Kunst; auf die Sprache bezogen: äußerste Stilisierung, Plastizität und formale Präzision, derart, daß das durch Sprache Geformte vollkommene Gestaltqualität gewinnen soll. In diesem Sinne wird im Georgekreis bekanntlich die »handwerkliche seite« der Kunst betont,[86] analog zur Ästhetik des Parnasse von der plastischen »Modellierbarkeit der Sprache« gesprochen[87] und behauptet, der »wert der dichtung« werde entschieden durch die »form«.[88] — In dieser Perspektive ist »Form« Inbegriff alles dessen, was das ästhetische Gebilde ausmachen und auszeichnen soll: Ordnungsgesetzlichkeit, rhythmisch-harmonische Strukturiertheit und Schönheit.

Angesichts der Bedeutung nun, die dem »Form«-Begriff in Schillers Ästhetik zukommt, hat man in Thomas Manns Novelle natürlich auch in diesem Fall Schiller-Bezüge herausgestellt. — Geht man freilich solchen Fäden nach, erweist sich wiederum der vexatorische Charakter der hier eingesetzten Begriffe. Wenn der ›Schiller‹ der Novelle räsonniert: »Wer schuf, wie er, aus dem Nichts, aus der

---

[85] Nietzsche, Schlechta-Ausg. Bd. II, S. 620. — Zur Vorstellung »Welt« = »Chaos« vgl. Nietzsche, Schlechta-Ausg. Bd. II, S. 115: »Der Gesamtcharakter der Welt ist [...] in alle Ewigkeit Chaos, nicht im Sinne der fehlenden Ordnung, Gliederung, Form, Schönheit, Weisheit, und wie alle unsere ästhetischen Menschlichkeiten heißen.« Vgl. auch: Schlechta-Ausg. Bd. III, S. 683.
[86] Blätter für die Kunst, 4. Folge, 1. und 2. Band (1897), S. 37.
[87] Stefan George nach dem Bericht Albert Mockels, in: Revue d'Allemagne 2 (1928); zitiert nach: Claude David, *Stefan George. Sein dichterisches Werk*, München 1967, S. 46.
[88] Blätter für die Kunst, 2. Folge, 4. Band (Oktober 1894), S. 122.

eigenen Brust? War nicht als Musik, als reines Urbild des Seins ein Gedicht in seiner Seele geboren, lange, bevor es sich Gleichnis und Kleid aus der Welt der Erscheinungen lieh? Geschichte, Weltweisheit, Leidenschaft: Mittel und Vorwürfe, nicht mehr, für etwas, was wenig mit ihnen zu schaffen, was seine Heimat in orphischen Tiefen hatte« (VIII, S. 378), dann könnte der Interpret auf den ersten Blick vielleicht noch versucht sein, angesichts von Wendungen wie »Urbild des Seins« / »Gleichnis und Kleid aus der Welt der Erscheinungen« die Passage als Reminiszenz an die idealistischen Grundlagen der klassischen Ästhetik auszulegen. Im zweiten Schritt freilich stößt er auf Wendungen (›Schaffen aus dem Nichts‹, Identität von »Urbild« und »Musik«, schließlich: Fixierung der Welt der Ideen in »orphischen Tiefen«), die sich solcher Deutung entziehen und expliziter Auflösung bedürfen. – Im Zusammenhang mit dem »Form«-Begriff begegnet die Formel »Musik und Idee« ein weiteresmal: »[...] aus seiner Seele, aus Musik und Idee, rangen sich neue Werke hervor, klingende und schimmernde Gebilde, die in heiliger Form die unendliche Heimat wunderbar ahnen ließen, wie in der Muschel das Meer saust, dem sie entfischt ist.« (VIII, S. 379) – Sandberg und Täufel vermuten hier als ›Vorlage‹ zwei Briefe Schillers, in denen es heißt: »Das Musikalische eines Gedichtes schwebt mir weit öfter von der *Seele*, wenn ich mich hinsetze es zu machen als der klare Begriff« (an Körner, 25. 5. 1792), bzw.: »Bei mir ist die Empfindung anfangs ohne bestimmten und klaren Gegenstand; dieser bildet sich erst später. Eine gewisse musikalische Gemütsstimmung geht vorher« (an Goethe, 18. 3. 1796).[89] Schiller bezeichnet hier Stufen des Schaffensprozesses, den Weg vom Keim des anfänglich nur vage Empfundenen bis zur klaren Konzeption der Werk-Idee, wobei das nur ›Musikalische‹ der bloßen Empfindung eine eindeutige Abwertung erfährt. Dieser negative Aspekt fehlt bei Thomas Mann völlig: wird doch bei ihm das *Produkt* jenes Prozesses, die »Form« als Resultat und Einheit von »Musik und Idee« bezeichnet, die ihren Ursprung in jener »unendlichen Heimat« besitze, auf die dann im Muschel-Meer-

---

[89] Friedrich Schiller, *Briefe. Kritische Gesamtausgabe*, hrsg. von F. Jonas, Bd. 1–6, Stuttgart (u. a.) 1892–96, Bd. II, S. 202, und: *Der Briefwechsel zwischen Schiller und Goethe*, hrsg. von Hans Gerhard Gräf und Albert Leitzmann, Leipzig 1955, Bd. I, S. 156; vgl. H.-J. Sandberg, *Thomas Manns Schillerstudien*, a.a.O. (Anm. 82), S. 52, und R. Täufel, *Thomas Manns Verhältnis zu Schiller*, a.a.O. (Anm. 81), S. 229.

Gleichnis hingewiesen wird. Damit aber ist der Schiller-Kontext verlassen und ein Anspielungshorizont anvisiert, der sich nur innerhalb zentraler ästhetischer Theoreme der l'art-pourt-l'art-Ästhetik der Jahrhundertwende auflösen läßt. Zu ihnen gehört zunächst das Festhalten an einer platonisch-idealistischen Tradition, – wie etwa schon bei Flaubert, einem der ›Erzväter‹ der Doktrin erkennbar, wenn er »Form« und »Idee«, ›Äußeres‹ und ›Inneres‹ zusammendenkt: »Wo die Form fehlt [...], gibt es die Idee nicht mehr. Die eine suchen heißt auch die andere suchen. Sie sind ebenso untrennbar voneinander wie es die Substanz von der Farbe ist, und aus diesem Grund ist die Kunst die Wahrheit selbst.«[90] »Form« meint hier freilich nicht mehr die ästhetische Manifestation eines sich zur Erscheinung bringenden Seins (im Sinne einer Urbild-Abbild-Relation), sondern die autonome Setzung einer allein durch die Kunst generierten Idealität. Auf sie zielt ein Stil-Ideal, das ein Höchstmaß an Plastizität wie zugleich Abstraktion erstrebt und das Flaubert (wie z. B. auch Baudelaire[91]) vorschwebt im Bild einer Prosa, die »rhythmisch [wäre] wie der Vers, präcis wie die Sprache der Wissenschaft und mit Wellungen, mit Schwellungen wie ein Cello, mit sprühenden Feuern. [Eines] Styls, der einem wie ein Dolchstoß in die Idee einginge«.[92] In dieser Konzeption einer poetisch-musikalischen Prosa vereinigen sich »Musik« und »Idee« zum absoluten Kunstgebilde, – und dieses Kunstideal ist impliziert, wenn um die Jahrhundertwende Stefan George etwa auf der Identität von »sinn und wolklang«[93] beharrt, Rudolf Kassner die Einheit von »Platonismus« und »Musik«[94] behauptet, ja selbst noch beim jungen Georg Lukács die Formel von »Musik und

---

[90] G. Flaubert an Louise Colet am 15./16. Mai 1852, in: G. F., *Correspondance. Nouvelle édition augmentée*, Bd. II, Paris 1926, S. 416.

[91] Vgl. W. Benjamin, *Charles Baudelaire. Ein Lyriker im Zeitalter des Hochkapitalismus*, Frankfurt 1969, S. 74.

[92] Dieses Flaubert-Zitat notierte sich Thomas Mann im Jahre 1906 in einem Notizbuch, das u. a. Einträge zum frühen »Krull«-Projekt und zum Essay »Geist und Kunst« enthält. Es erweist explizit Affinitäten zum »Form«-Begriff bei Flaubert, die sich aus der ›Schiller‹-Novelle indirekt erschließen lassen. Vgl. Thomas Mann, *Notizen*, hrsg. von Hans Wysling, Heidelberg 1973 (Beihefte zum Euphorion. 5.), S. 21.

[93] Stefan George, *Lobreden, Mallarmé*, in: St. G., *Werke in zwei Bänden*, Düsseldorf und München 1968, Bd. I, S. 508.

[94] Rudolf Kassner, *Die Mystik, die Künstler und das Leben*, Leipzig 1900, S. 4f.; S. 267.

Notwendigkeit« in der »Form«[95] auftaucht. Heinrich Mann schließlich, der unmittelbar vor der Konzeption der ›Schiller‹-Novelle mit der Niederschrift seines Essays »Eine Freundschaft. Gustave Flaubert und George Sand« beschäftigt war, hatte dieses Theorem im Blick, als er aus einem Brief Flauberts an George Sand zitierte: »Liegt nicht in der Genauigkeit der Wortgefüge, der Seltenheit der Bestandteile, der Glätte der Oberfläche, der Übereinstimmung des Ganzen, liegt darin nicht eine innere Tugend [...], etwas Ewiges wie ein Prinzip? [...] Warum besteht [...] eine notwendige Beziehung zwischen dem richtigen und dem musikalischen Wort?«[96] – Solchen artistischen »rapport nécessaire entre le mot juste et le mot musical« dürfte Thomas Mann zunächst gemeint haben, als er die Formel »Musik und Idee« einsetzte.

Allerdings ist damit erst ein Aspekt des Problems kommentiert: denn wenn »Musik« als »reines Urbild des Seins« definiert wird, dann treten dahinter unzweifelhaft auch Schopenhauer bzw. Nietzsche-Reflexe hervor. Schopenhauer sprach bekanntlich der Musik deswegen einen einzigartigen Rang unter allen Künsten zu, weil sie als unmittelbares »Abbild des Willens selbst« »zu allem Physischen der Welt das Metaphysische, zu aller Erscheinung das Ding an sich« darstelle,[97] und Nietzsche wiederum polte die Willens-Metaphysik Schopenhauers nur wenig um, indem er die Musik als »unmittelbare Idee« des »ewige[n] Leben[s]« ansah, die das »gleichnisartige[] Anschauen der dionysischen Allgemeinheit« ermögliche.[98]

Mit dieser Deutung der Musik als Gleichnis des dionysisch erfahrenen »Willens« scheint Thomas Manns Formel »Musik und Idee« auf den ersten Blick wenig zu tun zu haben, und doch wird auf sublime Weise auf diesen Bedeutungshorizont hingezielt, und zwar mit dem Hinweis auf die »orphischen Tiefen« als Anspielung auf den dionysischen Bereich und im Muschel-Meer-Bild. Als repräsentatives Symbol für die Totalität des Lebens begegnet das Bild des

---

[95] Georg Lukács, *Die Seele und die Formen*, Neuwied und Berlin 1971, S. 37.
[96] Heinrich Mann, *Gustave Flaubert und George Sand*, in: H. M., *Essays*, Hamburg 1960, S. 93.
[97] Arthur Schopenhauer, *Die Welt als Wille und Vorstellung*, III, § 52, in: A. S., *Sämtliche Werke in sechs Bänden*, hrsg. von Eduard Grisebach, Bd. 1, Leipzig o. J. (1920).
[98] Nietzsche, Schlechta-Ausg. Bd. I, S. 92.

Meeres allenthalben in der Literatur der Jahrhundertwende,[99] nicht zuletzt bei Thomas Mann selbst, der es nur zwei Jahre zuvor im »Tonio Kröger« in eben diesem Sinne eingesetzt hatte. Wenn er es in der ›Schiller‹-Novelle wieder aufgriff, so gewiß nicht zufällig, um so weniger, als sich der gesamte Bildkontext der Passage als ein Zitat lesen läßt: In Hofmannsthals »Der Tor und der Tod« betrachtet Claudio, sein Ästheten-Leben reflektierend, das Schnitzwerk einer Truhe:

> »Ihr wart doch all einmal gefühlt,
> Gezeugt von zuckenden, lebendgen Launen,
> Vom großen Meer emporgespült,
> Und wie den Fisch das Netz, hat euch die Form gefangen!«[100]

In Claudios Perspektive erscheint die »Form« als für immer von allem Lebendigen abgeschnittenes Petrefakt, jedoch so, daß eine ursprüngliche Relation von ›Leben‹ und Artefakt als notwendige Bedingung der Form mitgedacht ist. Diese Beziehung formuliert das Fischfang-Gleichnis, das auch bei Thomas Mann in der zunächst geringfügig erscheinenden Variante ›Muschel‹ statt ›Fisch‹ aufgenommen ist. Sie erweist sich jedoch insofern als bedeutungsvoll, als der Vergleichspunkt hier nicht das Moment des Gefangenseins ist, sondern das des Weitertönens, so daß sich über den Muschel-Meer-Vergleich die Vorstellung eines unauflöslichen Beziehungszusammenhanges von »Form« und durch die »Form« erkennbar werdendem Ur-Grund, den »orphischen Tiefen« ergibt.

Mit anderen Worten: der »Form«-Begriff erhält auf diese Weise nicht nur (über die autonome Setzung eines durchs Geformte der Kunst vermittelten idealen Seins) eine metaphysische Dimension im Sinne der Kunstmetaphysik der l'art-pour-l'art-Tradition, sondern zugleich eine solche, die – im Horizont des Kunst-Mythos Nietzsches – auf einen unendlichen Lebenszusammenhang bezogen ist, – so jedoch, daß dieser nicht dominant, sondern *subdominant* erscheint.

In den kunsttheoretisch zentralen Passagen der Novelle vollzieht sich mithin eine ständige Überlagerung von Bedeutungsfeldern: es werden einerseits Begriffe aufgenommen, die einer Porträtverifika-

---

[99] Vgl. dazu: Wolfdietrich Rasch, *Zur deutschen Literatur seit der Jahrhundertwende*, a.a.O. (Anm. 31), S. 25f.
[100] Hugo von Hofmannsthal, *Gedichte und lyrische Dramen*, Frankfurt 1963, S. 203.

tion nicht von vornherein im Wege stehen, andererseits wird durch die zitathafte Integration von Kennwörtern und -bildern ein Verweisungssystem aufgebaut, das auf zentrale ästhetische Theoreme innerhalb des literarischen Sub-Systems der Jahrhundertwende zielt. Auf diesem Hintergrund zeigt sich denn auch allererst, daß Thomas Mann in seinem »Schiller«-Porträt zugleich auch das Kryptogramm des Künstlers des l'art-pour-l'art wie des Ästheten auf dem Boden der Artisten-Metaphysik Nietzsches (mit zwar verhaltenen, doch deutlichen Hinweisen auf dessen These einer lebensmetaphysischen Funktion der Kunst) zu zeichnen unternahm.

Stellt man in Rechnung, daß dieses Porträt zumindest insofern autobiographisch unterlegt ist, als der Autor hier seine Parteinahme für (wie die um 1905 vielfältig wiederholten Formeln lauten) »Geist«, »Kritik« und »Erkenntnis« hat einfließen lassen, ferner, daß dieser ›Schiller‹ jenes künstlerische Schaffens- und Werkethos vertritt, das Thomas Mann sich um 1905 selbst zuschrieb,[101] und weiter, daß hier eine Lösung des mit der vitalistisch-mythischen Nietzsche-Interpretation Heinrich Manns aufgeworfenen Grundproblems angeboten wird, die auf die dialektisch vermittelte Einheit von »Leben« und »Geist« im autonomen Kunstgebilde zielt, so läßt sich in aller Behutsamkeit auf die Quellen schließen, aus denen sich wichtige kunsttheoretische Grundvoraussetzungen des Thomas Mann der Jahrhundertwende speisen.

Was immer ihn später dazu veranlaßt hat, frühe Sympathien zu der artistischen Kunstauffassung der europäischen Moderne und der literarischen Avantgarde der Jahrhundertwende als Neigung zu »ethisch erfülltem« bürgerlich-handwerklichem »Meistertum« (XII, 103) auszugeben und zu erklären, mit literarischen Modetendenzen des Fin de siècle habe er nichts zu tun gehabt, in der Periode zwischen etwa 1895 und 1905/6 ist von solcher ›ethisch-bürgerlichen‹ Kunstgesinnung nicht eben viel zu bemerken. Ganz im Gegenteil hat Thomas Mann ein entschieden artistisches Selbstverständnis mehr-

---

[101] Vgl. das in die Novelle (VIII, 375f.) eingegangene Zitat aus einem Brautbrief an Katja Pringsheim (Ende August 1904; in: Th. Mann, *Briefe 1889–1936*, a.a.O. [Anm. 25], S. 53f.): »Denn das Talent ist nichts Leichtes, nichts Tändelndes, es ist nicht ohne weiteres ein Können. In der Wurzel ist es *Bedürfnis,* ein kritisches Wissen um das Ideal, eine Ungenügsamkeit, die sich ihr Können nicht ohne Qual erst schafft und steigert.«

fach zum Ausdruck gebracht: Er, der 1918 betonte, nie sei es ihm um ›Schönheit‹ zu tun gewesen (XII, 541), rügte noch 1910 an einem Drama Samuel Lublinskis das Fehlen von »Glanz« und »Schönheitsschimmer« als den Kardinaleigenschaften des Kunstwerks,[102] deklarierte 1906 Kunst zu etwas »Absolutem, bürgerlich Indiscutablem«[103] und nahm mit seinem Bogengleichnis ein ebenso berühmtes Diktum Flauberts auf.[104] Schließlich erweist sich auch die spezifisch artistische Nietzsche-Adaption der ›Schiller‹-Novelle durchaus nicht als ein bloß zufälliges Gedankenexperiment. So hält – beispielsweise – eine Notiz aus dem unvollendeten Essay *Geist und Kunst* überaus prononciert fest:

»Ich liebe *Schiller* sehr, seines Schönheitsglanzes [...] wegen [...] Eine leichtere, skeptischere, ungläubigere, verschlagenere, schalkhaftere und genußfrohere Kunstauffassung, die die Kunst nicht mehr als einen ›Lastwagen nach dem Himmelreich‹ sondern als ein Spiel, ein Stimulans, einen schönen Rausch, ein erquickliches Blendwerk, hervorgebracht

---

102 Brief an Samuel Lublinski vom 13. Juni 1910 (in: Th. Mann, *Briefe 1948–1955 und Nachlese*, Frankfurt 1965, S. 459).
103 Brief an Kurt Martens vom 28. März 1906 (in: Th. Mann, *Briefe 1889–1936*, a.a.O. [Anm. 25], S. 63).
104 Vgl. Th. Mann, *Bilse und ich* (X, 20f.): »Die einzige Waffe aber, die der Reizbarkeit des Künstlers gegeben ist, um damit auf die Erscheinungen und die Erlebnisse zu reagieren, sich ihrer damit auf schöne Art zu erwehren, ist der Ausdruck [...] Dies ist der Ursprung jener kalten und unerbittlichen Genauigkeit der Bezeichnung, dies der zitternd gespannte Bogen, von welchem das *Wort* schnellt, das scharfe, gefiederte Wort, das schwirrt und trifft und bebend im Schwarzen sitzt.« Vgl. Flaubert, zit. bei: Guy de Maupassant, *Gustave Flaubert*, Vorrede zu: Lettres de Gustave Flaubert à George Sand, Paris 1884, S. LXVII: »Dans la prose, il faut un sentiment profond du rhythme, rhythme fuyant, sans règles, sans certitude, il faut des qualités innées, et aussi une puissance de raisonnement, un sens artiste infiniment plus subtils, plus aigus, pour changer, à tout instant, le mouvement, la couleur, le son du style, suivant les choses qu'on veut dire. Quand on sait manier cette chose fluide, la prose française, quand on sait la valeur exacte des mots, et quand on sait modifier cette valeur selon la place qu'on leur donne, quand on sait attirer tout l'intérêt d'une page sur une ligne, mettre une idée en relief entre cent autres, uniquement par le choix et la position des termes qui l'expriment; *quand on sait frapper avec un mot, un seul mot, posé d'une certaine façon, comme on frapperait avec une arme.*« (Kursiv v. d. Vf.)

mit den feinsten sinnlichen und intellektuellen Zaubermitteln, – als eine
Sache des Lebens und der Verführung zum Leben nimmt, wird vielleicht
eine der Befreiungen, Erlösungen, Beglückungen, Erleichterungen sein,
die eine nahe Zukunft der Menschheit bringen wird. (Mit diesem Glauben
kann man natürlich ein Flaubert an künstlerischer Strenge und Gewissenhaftigkeit
sein.)«[105]

Solche Berufung auf Schiller, der wie in »Schwere Stunde« implizit
zugleich die auf Nietzsche (Schiller wird auf der Folie der Kunsttheorie
Nietzsches interpretiert)[106] und explizit die auf Flaubert
unterlegt ist, ermöglicht Einsichten, die über die primär erkennbare
Autorintention hinausgehen: denn ist diese darauf gerichtet, sich des
eigenen Kunstverständnisses im Horizont einer ästhetischen Tradition
zu versichern, so wird in eben diesem Versuch einer Traditionsanknüpfung
eine Perspektive eröffnet, die zugleich den geschichtlichen
Standort des Autors erhellt: zutage tritt die verborgene Einsicht,
daß im l'art-pour-l'art und im Ästhetizismus der Jahrhundertwende
ein Prozeß auf einen seiner Höhepunkte gelangte, der seinen
Ursprung in jenem Reflexivwerden und jener Autonomisierung der
Kunst besitzt, die Schiller durch den Begriff des Sentimentalischen
beschrieb. Doch sei zugestanden, daß dies eine Deutung ›ex post‹ ist:
Die Einsicht einer Bindung des Ästhetizismus an das »bürgerliche
Zeitalter« (IX, 170f.), die Thomas Mann zu einem der Leitmotive
seines Nietzsche-Essays von 1947 machte, konnte für ihn wohl nicht
auch schon die der Jahre unmittelbar nach 1900 sein. – Gewiß ist
nicht zu übersehen, daß Thomas Mann bestimmte Erscheinungsformen
der Kunstideologie des Fin de siècle mit großem Unbehagen
beobachtete: Er wird nicht müde, gegen die »Renaissance-Männer«[107]
zu polemisieren, ihnen unkritisches Harmoniedenken und ungeistige
Sinnenhaftigkeit[108] zu unterstellen und sie der »schöne[n] Oberflächlichkeit«
ohne »Tiefe«[109] zu beschuldigen. Doch bedeutet diese

---

[105] Thomas Mann, *Geist und Kunst*, Notiz 114, in: *Geist und Kunst*, a.a.O.
(Anm. 25), S. 212.

[106] Von der Kunst als einem Stimulans des Lebens und Rausch spricht
Nietzsche z. B. in der *Götzen-Dämmerung* (Schlechta-Ausg. Bd. II,
S. 1004) und im Nachlaß der achtziger Jahre (Schlechta-Ausg. Bd. III,
S. 692; S. 828).

[107] Vgl. Th. Mann, *Geist und Kunst*, Notiz 84, a.a.O., S. 195.

[108] Vgl. ebenda sowie auch Notiz 150, a.a.O., S. 222.

[109] Thomas Mann, *Das Ewig-Weibliche*, in: *Freistatt* 5 (1903), S. 1011; vgl.
auch: *Der französische Einfluß* (X, 837).

Formel – wie der hier umrissene Hintergrund zu erweisen vermag – nicht eben mehr als den Vorwurf eines unkritischen Nietzsche-Verständnisses, das nach der Meinung des Autors durch ein besseres (weil nicht um die Dimension durchschauender Erkenntnis verkürztes) aufzuheben wäre.

In diesem Spannungsfeld einer deutlichen Distanzierung von gewissen ästhetizistischen Tendenzen der Literatur um 1900, andererseits aber der Teilhabe an zumindestens einigen deren wesentlicher Prämissen bewegen sich die kunsttheoretischen Reflexionen Thomas Manns im ersten Jahrzehnt nach der Jahrhundertwende, ohne schon bis zu jener Grenzüberschreitung zu gelangen, die Thomas Mann sich später mit Recht zuschreiben mochte, als er erklärte: »[Das bürgerliche Zeitalter] überschreiten, heißt heraustreten aus einer ästhetischen Epoche in eine moralische und soziale.« (IX, 710f.).

6   Peter Pütz
Thomas Mann und Nietzsche

Als Thomas Mann am 29. Mai 1934 Amerikas Boden betritt, liegt eine zehntägige »Meerfahrt mit ›Don Quijote‹« hinter ihm. Es handelt sich um eine Überfahrt in mehrfachem Sinne: Sie führt den Reisenden über den Bereich des Naturhaft-Elementaren an das Gestade fortgeschrittenster Zivilisation, aus der Alten in die Neue Welt, aus dem Bannkreis des Faschismus in das Land der Demokratie, aus der Heimat in die ahnungsvoll antizipierte Emigration, die wenige Jahre später folgen sollte. Die Lektüre des spanischen Schelmenromans begleitet diese Überfahrt und gibt Anlaß zu Reflexionen über den geistig-kulturellen Hintergrund Europas (Judentum, Christentum), über die politische Lage Deutschlands (antisemitische Hetze, Hitler als Don Quijote der Brutalität) und nicht zuletzt über die eigene künstlerische Tätigkeit, über das »Wesenselement des Epischen« (IX, 435): das Humoristische. Von nichts anderem ist häufiger die Rede als von Witz, Komik und vor allem vom Humor des Cervantes – nicht jedoch von Ironie. Sancho Pansa, heißt es, werde durch seine Menschlichkeit »aus der Sphäre bloßer Komik ins Innig-Humoristische« (IX, 438) gehoben, ein andermal attestiert der Lesende dem Ritter von la Mancha etwas »Humoristisch-Wildes« (IX, 451), und schließlich wagt er gar eine Definition des Humors und nennt ihn das »bittere Sich-ins-Einvernehmen-Setzen mit der gemeinen Wirklichkeit« (ebd.). Die Meerfahrt fällt in die Zeit der Arbeit an den Josephs-Romanen, und in jenen Jahren vollzieht sich ein merklicher Wandel Thomas Manns vom ironischen zum bewußt humoristischen Erzähler. Während die Ironie einzelne Gestalten und Standpunkte jeweils von anderen her relativiert und gegenseitig ausspielt, bedarf der Humor nicht einer solchen Technik der wechselnden Optik. Er entstammt vielmehr einer umfassenderen und überlegeneren Weltsicht. Die Ironie steht noch im absichtsvollen, mitunter streitbaren Vollzug der Vermittlung, der Humor ist das ruhige Ergebnis einer – oft resignierenden – Versöhntheit. Der Übergang von Ironie in Humor spiegelt sich nicht zuletzt in der veränderten Konfiguration der großen Romane wider. Beobachten wir in den früheren Werken von den »Buddenbrooks« bis zum »Zauberberg« mehrere fast gleichgewichtige Personen als gegenseitige Korrektiv- und Komplementärerscheinungen (Thomas und Christian Buddenbrook, Hanno und Kai, Toni und Gerda, Klaus Heinrich und Imma, Naphta und Settembrini), so treten seit dem »Joseph« dominierende Einzelfiguren in den Mittelpunkt, die keiner gleichrangigen Kontrastgestalt bedürfen, um von außen relativiert zu werden, sondern die die Widersprüche in sich selber tragen und auszutragen verdammt und imstande sind: Joseph, Goethe, Adrian Leverkühn, Gregorius und Felix Krull.

Die Überfahrt zu einem Kontinent, auf der Reisende bald seine zweite Heimat finden und einen neuen Lebensabschnitt beginnen wird, markiert also eine Phase des Hinüber und Wandels im biographischen, politischen und werkgeschichtlichen Sinne. Und gerade in dem Augenblick, in dem der Ankömmling die Freiheitsstatue erblickt und sich aus dem Morgennebel langsam die Hochbauten von Manhattan lösen, erinnert er sich seines Traumes der vergangenen Nacht, den er gleichsam mit herüberbrachte aus der Alten Welt und der aus seiner langen Lektüre emportauchte. Er träumte von Don Quijote und sprach mit ihm; doch welche Züge trug dieser? Er hatte »einen dicken, buschigen Schnurrbart, eine hohe, fliehende Stirn und unter ebenfalls buschigen Brauen graue, fast blinde Augen. Er nannte sich nicht den Ritter von den Löwen, sondern »Zarathustra« (IX,477). An der Schwelle eines für Thomas Mann entscheidenden Übergangs, kurz vor dem Eintritt in eine neue Welt und eine neue Zeit, erscheint ihm Don Quijote als Verkörperung des Alten, Uralten sogar, des Stolzen und Aussichtslosen, des leidenden Kämpfers, und er trägt unverkennbar das Antlitz Nietzsches. Keine noch so artistische Konstruktion könnte bedeutungsträchtiger als dieses Traumbild sein. Nietzsche (Zarathustra) zeigt sich in geheimnisvoller Identität mit dem spanischen Edelmann als ein Don Quijote des Denkens mit selbstzerstörerischen Ausfällen und Angriffen gegen feindliche Wahrheiten, die sich als kampfesunlustige Löwen oder als Windmühlen oder als uneinnehmbare Festungen erweisen. Wie der Ritter von la Mancha trotz hundertfach erlittener Niederlagen aus tief empfundenem Standesstolz immer wieder ausreitet, so kann auch Nietzsche nichts von seinen halsbrecherischen Abenteuern des Denkens zurückschrecken, obwohl er nicht umhinkommt, ebendieses Denken als abgewirtschaftet zu diskreditieren und ihm als Knecht des Willens zu mißtrauen. Der selbstlose Wahn der Standesehre und das selbstquälerische Pathos der intellektuellen Radikalität bewirken, daß die zur Sieglosigkeit verdammten Streiter ihre Waffen nicht strecken. Ihre Taten sind fragwürdig, sogar lächerlich, doch ihre Tätigkeit entbehrt nicht der Erhabenheit; ihre Resultate sind niederschmetternd, doch ihr des Menschen würdiger Wille erhält sie aufrecht und macht überdies, daß sie bei aller Angriffslust gegen ihre Feinde sanft und gütig sind zu ihrem Mitmenschen. Dies glaubt Thomas Mann aus Nietzsches Briefen und Äußerungen seiner Zeitgenossen zu erkennen. Der Ritter, der Tod und Teufel nicht scheut, der nicht für sich und seine Habe, sondern für den Stand eines besseren Menschen, auch für die von falschen Werten Bedrängten und Schutzbedürftigen, ausreitet und für sich selbst nur Leid erfährt, erweckt daher »Schmerz, Liebe, Erbarmen und grenzenlose Verehrung« (IX,477). Ausgehend von dieser Stelle des Übergangs in Thomas Manns Leben und Werk, wollen wir untersuchen, welche Bedeutung das Nietzsche-Bild in seinen Schriften hat.

*

Zusammenhängend über Nietzsche äußert er sich in den »Betrachtungen eines Unpolitischen« (1918),[1] im »Vorspruch zu einer musikalischen Nietzsche-Feier« (1925), im »Lebensabriß« (1930)[2] und im Vortrag »Nietzsche's Philosophie im Lichte unserer Erfahrung« (1947). Vereinzelt erwähnt er ihn mehrfach in der »Entstehung des Doktor Faustus« (1949), in den Briefen und in fast allen

---

[1] Vor allem XII,79–101. Th. Mann-Zitate nach: Gesammelte Werke in dreizehn Bänden. Frankfurt 1974.
[2] Vor allem XI,109–111.

Essays, Reden und Notizen, sei es, daß sie Lessing, Goethe, Tolstoi oder Liebermann gelten.

Prüfen wir, welche Schriften Nietzsches er gelesen und welche er sogar wiederholt in die Hand genommen hat, so ergeben sich erste Hinweise auf das, was ihn anzog und möglicherweise beeinflußte. In den »Betrachtungen eines Unpolitischen«, die sich nicht nur im Titel an Nietzsches »Unzeitgemässe Betrachtungen« anlehnen, schreibt Thomas Mann: Am tiefsten habe auf ihn *der* Nietzsche gewirkt, der Wagner und Schopenhauer noch nahe stand und Dürers »Ritter, Tod und Teufel« rühmte (XII,541). Das bezieht sich auf die »Geburt der Tragödie«,[3] und Wagner und Schopenhauer galten auch noch in den »Unzeitgemässen Betrachtungen« als die großen Vorkämpfer einer besseren Kultur.

Vornehmlich den frühen Nietzsche also scheint Thomas Mann gekannt und geschätzt zu haben. Kennengelernt aber hat er ihn nachweislich zunächst als Autor der späten Schriften, und zwar als den Kritiker Wagners. So steht es in den »Betrachtungen eines Unpolitischen«, und aus einer Äußerung des 9. Notizbuches geht hervor, daß Thomas Mann bereits mit neunzehn Jahren Nietzsches Wagner-Polemik zum erstenmal gelesen hat.[4] Noch der alte Thomas Mann lobt den leidenschaftlichen Kritiker, von dem man mehr über Wagner lernen könne als aus »allen dämlichen Panegyriken«.[5] Die über Jahrzehnte verstreuten Äußerungen passen zu dem Bild, das Thomas Mann selbst im »Lebensabriß« zeichnet: Seine Nietz-

---

[3] III,138. Nietzsche-Zitate nach der Musarion-Ausgabe. München 1920 bis 1929.

[4] Entnommen einer Anmerkung von Hans Wysling zum Briefwechsel zwischen Thomas Mann und Heinrich Mann, S. 268f. Herbert Lehnert teilt mit, daß Thomas Mann den VIII. Band seiner Nietzsche-Ausgabe mit einem Besitzvermerk und der Jahreszahl 1895 versehen hat und daß ein Notizbuch desselben Jahres Zitate aus »Jenseits von Gut und Böse« und »Der Fall Wagner« (Bd. VIII) enthält (S. 25). Damit korrigiert Lehnert die Datierung von Klaus Schröter [Thomas Mann. – Für die abgekürzt zitierten Titel vgl. die ›Weiterführende Bibliographie‹. Anm. d. Hrsg.], der den ersten Nietzsche-Einfluß für das Jahr 1896 ansetzte (S. 225f.). Unbestritten dagegen bleiben die Entdeckungen Schröters, die den Einfluß Paul Bourgets auf Thomas Mann betreffen.

[5] Brief an Richard Menzel vom 14. 7. 1947. Zitiert nach: Thomas Mann: Briefe 1889–1955. Hrsg. von Erika Mann. 3 Bde. Frankfurt/M. 1961 bis 1965.

sche-Rezeption sei keine einmalige Entdeckung gewesen, sondern habe sich in »mehreren Schüben« (XI,110) ereignet und auf Jahre verteilt. Lehnert berichtet, daß Thomas Mann die »Morgenröte« und »Die fröhliche Wissenschaft« 1896 mit einem Besitzvermerk versehen hat und daß beide Bände der Großoktavausgabe deutliche Benutzungsspuren aufweisen.[6] Anstreichungen und Randbemerkungen zeugen von intensiver Beschäftigung.[7] In der Nietzsche-Rede (1947) sind die wertenden Akzente wieder anders gesetzt, und Thomas Mann nennt diesmal andere Höhepunkte: die Stelle im »Ecce homo«, an der Nietzsche den »Zarathustra« und sein Zustandekommen preist, die Analyse des »Meistersinger«-Vorspiels in »Jenseits von Gut und Böse« sowie die Darstellung des Dionysischen am Ende des »Willens zur Macht«. Weiterhin hebt Thomas Mann die Essays »Jenseits von Gut und Böse« und »Zur Genealogie der Moral« hervor; den »Zarathustra« dagegen vermag er nicht zu schätzen (IX,682).

Die »Entstehung des Doktor Faustus« verrät uns seine Nietzsche-Lektüre, als er am Leverkühn-Nietzsche-Roman zu arbeiten begann. Es sind »Ecce homo« (XI,209), Nietzsches Briefe (XI,212), »Vom Nutzen und Nachteil der Historie« und andere Schriften »aus den frühen siebziger Jahren« (XI,254). Sogar im Chicagoer Billings Hospital, nach einer schweren Lungenoperation, griff der Patient wieder zu seiner »Naumann'schen Nietzsche-Ausgabe« (XI,265) und las zur Vorbereitung auf das Schlußkapitel des »Doktor Faustus« abermals »Ecce homo« (XI,295).

Fassen wir zusammen: Unter den Literaten des 20. Jahrhunderts war Thomas Mann wahrscheinlich der beste Nietzsche-Kenner. Er las die wichtigsten – wenn nicht alle – Schriften und viele sogar mehrfach.[8] Seine besondere Vorliebe galt den frühen kulturkritischen Abhandlungen, den großen Essays, den späten Wagner-Polemiken und Nietzsches selbstquälerisch hybriden Bekenntnissen des »Ecce homo«. Der Künstler Thomas Mann schätzte Nietzsche vor allem als Prosaisten und Essayisten;[9] seiner Bewunderung gab er in den »Betrachtungen« entschiedenen Ausdruck: Nietzsche »verlieh der deutschen Prosa eine Sensitivität, Kunstleichtigkeit, Schönheit,

---

[6] Lehnert, S. 26.
[7] Ebd., S. 28ff.
[8] Vgl. Lehnert, S. 26ff.
[9] XII,541; IX,682.

Schärfe, Musikalität, Akzentuiertheit und Leidenschaft – ganz unerhört bis dahin und von unentrinnbarem Einfluß auf jeden, der nach ihm deutsch zu schreiben sich erkühnte« (XII,88). Dem Psychologen der décadence gab Thomas Mann eindeutig den Vorzug vor dem Propheten des Übermenschen (XII,79), und schon früh distanzierte er sich von dem »ästhetizistischen Renaissance-Nietzscheanismus« (XII,539) und verachtete – wie er im »Lebensabriß« schrieb – den »Übermenschenkult«, den »Cesare-Borgia-Ästhetizismus« und jedwede »Blut- und Schönheitsgroßmäuligkeit« (XI,109).

Wir erfahren nicht nur, was Thomas Mann von Nietzsche las und was er bewunderte, sondern auch, was ihn beeinflußte und sich in seinen eigenen Schriften niederschlug. Bekannt ist sein Wort vom »Dreigestirn ewig verbundener Geister« (XII,72;79), dem er sich verpflichtet fühlte, mit dem er Schopenhauer, Nietzsche und Wagner meinte und deren Wirkungen im einzelnen er kaum noch unterscheiden zu können glaubte. Als Nietzsches Erbe, zu dem er sich noch in seinem letzten Lebensjahr [10] bekannte, hob er in verstreuten Äußerungen vier Hauptzüge hervor: 1. die stilistische Schulung (XI,109), 2. die psychologische »Hellsichtigkeit« in der Analyse der Dekadenz (XI,110; XII, 79), 3. die leidenschaftliche Kulturkritik,[11] 4. die Auffassung von Kunst und Künstler. Hierzu schreibt er in den »Betrachtungen eines Unpolitischen«, er habe Nietzsche als Kritiker des Künstlers, d. h. auch immer als Kritiker Wagners, kennengelernt, und er fährt fort: »so daß all meine Begriffe von Kunst und Künstlertum auf immer davon bestimmt, oder wenn nicht bestimmt, so doch gefärbt und beeinflußt wurden – und zwar in einem nichts weniger als herzlich-gläubigen, vielmehr einem nur allzu skeptisch-verschlagenen Sinn« (XII,74). Die an Lessing (XIII,171), Schiller (XIII,246), Mereschkowski (XIII,259f.) und anderen beobachtete Verbindung oder gar Identität von Poesie und Kritik, von Künstler und Erkennendem lenkt seinen Blick immer wieder auf Nietzsche. In ihm findet er die auch für seine eigene Arbeit maßgebende Präfiguration des »Erkenntnislyrikers« (XIII,274).

Wenn Thomas Mann von Nietzsches Wirkungen sprach, so hatte er nicht allein die Einflüsse auf seine Dichtungen, sondern auch die Anregungen für sein persönliches geistiges Leben vor Augen. Das zeigen vor allem die Briefe. Nietzsche war gleichsam sein ständiger

---

[10] Brief an Martin Flinker vom 14. 6. 1955.
[11] Brief an Josef Angell vom 11. 5. 1937.

Begleiter; er erinnerte sich seiner und zitierte ihn in fast allen entscheidenden Situationen. Er berief sich auf ihn schon in den frühen Briefen, aber auch noch im hohen Alter, wenn er über seine Operation berichtete oder wenn er dem Bonner Dekan die Wiederannahme der Doktorwürde bestätigte. Er zitierte ihn wörtlich, indem er Nietzsches Urteil, der »Tristan« sei »Wollust der Hölle«,[12] wiederholte, und er zitierte ihn nicht wörtlich, wenn er schrieb, Nietzsche habe den »Parsifal«-Text eine »höchste Herausforderung der Musik«[13] genannt; Nietzsche hatte in einem Brief vom 4. Januar 1878 an Reinhard von Seydlitz Wagners Libretto als »eine letzte Herausforderung der Musik« bezeichnet. Nicht etwa, um Thomas Mann philologische Ungenauigkeit anzukreiden, sei auf die Abweichung vom Original hingewiesen, sondern weil sich gerade in der freieren Handhabung des Zitats der souveräne Umgang verrät: Thomas Mann spickte seinen Brief nicht mit einer soeben am Text verifizierten Wendung, sondern er zitierte aus dem Kopf, in dem sehr viel Nietzsche war.

Thomas Manns tiefe Vertrautheit mit den Schriften Nietzsches, sein ständiger Umgang mit ihm und seine Zitierfreudigkeit verraten den Wunsch nach Beglaubigung eigener Gedanken und Meinungen. Zwischen Mann und Nietzsche besteht ein ähnliches Verhältnis wie zwischen einem Frommen und seinen heiligen Büchern und Personen. Auch der Gottergebene überprüft seine Lage und seine Entscheidung an der verbürgten Autorität; für jede Gelegenheit findet er den geeigneten Spruch als Leitbild oder Rechtfertigung. Fast ebenso wie der Christ die Bibel zitiert, beruft sich Thomas Mann auf Nietzsche.

Diese zugespitzte Formulierung enthält mehr Wahrheit, als sie auf den ersten Blick vermuten läßt. Es sind nicht allein Nietzsches Schriften, auf die Thomas Mann fortwährend Bezug nimmt, sondern auch Person und Schicksal des Autors beschäftigen ihn in einem Maße wie keine andere Gestalt der Geistesgeschichte. Im Frühjahr 1950 besucht Thomas Mann die Schweiz. Einem Brief an Adorno vom 11. Juli desselben Jahres fügt er hinzu: »Wir fahren Samstag nach Sils-Maria, Waldhaus«. Im August 1954 hält Thomas Mann sich abermals in Sils-Maria auf. Dieser Ort ist offenbar mehr als ein

---

[12] Brief an Paul Steegemann vom 18. 8. 1920. Zitiert Nietzsches »Ecce homo«, XXXI,204.
[13] Brief an Hans Pfitzner vom 19. 5. 1917.

zufälliges Urlaubsziel; es scheint vielmehr, als habe Thomas Mann sich durch die lebendige Erinnerung an Nietzsche dorthin ziehen lassen, vergleichbar dem Gläubigen, der zum Wallfahrtsorte pilgert.

Die Beschäftigung mit Nietzsches Schriften und die Besuche an seiner ehemaligen Aufenthaltsstätte genügen alleine noch nicht zur Verlebendigung des ebenso bewunderten wie bemitleideten Philosophen. Hinzu kommen Versuche, Nietzsche als Person zu vergegenwärtigen und ihn gleichsam teilnehmen zu lassen am augenblicklichen Geschehen. Mit einem relativ belanglosen und zum konventionellen Redeschluß passenden Satz endet noch der »Vorspruch zu einer musikalischen Nietzsche-Feier« (1925): »Ich bin froh, verstummen zu können, um mit Ihnen zu lauschen – und dabei zu denken, er lausche mit uns« (X,184). Mehr Gewicht dagegen haben spätere Äußerungen in den Briefen, wenn Nietzsche als Zeuge oder als Richter aufgerufen wird, damit er sein Urteil abgebe und die Taten der Lebenden segne oder verdamme. An Ludwig Marcuse schreibt Mann über dessen »Füchse im Weinberg«: »Was würde Nietzsche dazu gesagt haben? [...] Wahrscheinlich doch hätte er Sie umarmt nach der Lektüre.«[14] Erich von Kahler gegenüber vertritt Thomas Mann die Auffassung, daß Nietzsche »wenn er lebte, heute in Amerika wäre«.[15] Bereits in den 20er Jahren verteidigt er ihn gegen die Verunglimpfung als Naturalist und reklamiert ihn für Weltbürgertum und Demokratie im Sinne einer »neuen Heiligung der Erde und des Menschen« (XIII,580), und noch während des Zweiten Weltkrieges zitiert er ihn als Befürworter politischer Liberalität und »amerikanischer Toleranz« (XIII,704). Die ständige Vergegenwärtigung Nietzsches als einer exemplarischen Natur, die »Maß und Wert« für alle Zeit bestimmt, kommt einer übermenschlichen Erhöhung nahe.

Das Zitieren, die Besuche der Erinnerungsstätte, die versuchte Vergegenwärtigung des großen Toten – das alles sind Stufen auf dem Wege zu einer Mythisierung. Thomas Mann geht sogar noch weiter: In der »Entstehung des Doktor Faustus« berichtet er von einem »Gespräch über Nietzsche und das Mitleid, das er erregt – mit ihm und allgemeinerer Heillosigkeit« (XI,163). Nietzsche ist also kein singulärer, kein absonderlicher Fall, sondern hängt mit

---

[14] Brief an Ludwig Marcuse vom 9. 10. 1947.
[15] Brief an Erich von Kahler vom 30. 3. 1941.

etwas »Allgemeinerem« zusammen. Oder anders gesagt: An seiner Person tritt dieses »Allgemeinere« in Erscheinung; er trägt und erträgt es stellvertretend für alle Menschen – und nun fällt das bezeichnende Wort: Nietzsche mußte den »Martertod am Kreuz des Gedankens sterben« (IX,678), und an anderer Stelle: »Schwer hat er es sich gemacht, schwer bis zur Heiligkeit« (IX,693). Nietzsche habe »ergreifend viel vom Heiligen«[16] schreibt Thomas Mann, und in dem Nietzsche-Vortrag heißt es, er sei ein »Heiliger des Immoralismus« (IX,692) gewesen; Mann fährt fort: »Und die Person des Jesus von Nazareth ließ er unberührt von seinem Haß auf das historische Christentum, abermals um des Endes, des Kreuzes willen, das er in tiefster Seele liebte und auf das er selber willentlich zuschritt« (ebd.). »Märtyrer«, »Heiliger«, »Jesus von Nazareth« – mit ihnen wird Nietzsche wiederholt verglichen,[17] und der Vergleich verleiht zumindest eine partielle Identität, d. h. er sakralisiert. Man kann darüber streiten – und Thomas Mann selbst hat es offen gelassen –, wer aus dem »Dreigestirn ewig verbundener Geister« (XII, 72;79) letztlich am stärksten auf ihn gewirkt hat. Eines dagegen steht fest: Mit keinem anderen teilt Nietzsche die ins Mythische stilisierte Rolle des Leidensmannes, kein anderer wird so sehr Repräsentant eines »Allgemeineren«, und niemand transzendiert für Thomas Mann so deutlich die Normalität eines menschlichen Einzelschicksals wie Nietzsche. Im Grunde hat Thomas Mann bis zu seinem Lebensende am Nietzsche-Bild von Bertram festgehalten, der seinem Buch den Untertitel »Versuch einer Mythologie« gab.[18]

Auch nach den Erfahrungen des Dritten Reiches wandte Thomas

---

[16] Brief an Maximilian Brantl vom 26. 12. 1947.
[17] Von Nietzsches »Opfertode am Kreuz des Gedankens« ist die Rede in »Lübeck als geistige Lebensform« (XI,398) und »Goethe als Repräsentant des bürgerlichen Zeitalters« (IX,329). In dem Essay »Dürer« wird von Nietzsches »Selbstzüchtigung, Selbst-Kreuzigung mit dem geistigen Opfertode als herz- und hirnzerreißendem Abschluß« gesprochen (X,321).
[18] Auf die Bedeutung von Bertrams Buch für Thomas Manns Nietzsche-Bild haben in jüngster Zeit vor allem hingewiesen: Inge und Walter Jens, Betrachtungen eines Unpolitischen: Thomas Mann und Friedrich Nietzsche, in: Das Altertum und jedes neue Gute. Festschrift Wolfgang Schadewaldt, Stuttgart 1970, S. 240ff.; Ulrich Karthaus: »Der Zauberberg« – ein Zeitroman (Zeit, Geschichte, Mythos), in: DVjs 44, 1970, S. 269–305.

Mann sich keineswegs von Nietzsche ab. Es ist ein Irrtum zu glauben, der Autor des »Doktor Faustus« und des Nietzsche-Vortrags habe endgültig mit seinem einstigen Lehrer abgerechnet; die Briefe sprechen eine ganz andere Sprache: Hier erhob Mann gegen Otto Flake, der Nietzsche den »Philosophen des National-Sozialismus«[19] genannt hatte, die bittersten Vorwürfe, und schon vorher hatte er in einem Brief geschrieben: »Ich kann Nietzschen nicht böse sein, weil er ›mir meine Deutschen verdorben hat‹. Wenn sie so dumm waren, auf seinen Diabolism hineinzufallen, so ist das ihre Sache, und wenn sie ihre großen Männer nicht vertragen können, so sollen sie keine mehr hervorbringen.«[20]

Wie aber verträgt sich diese scheinbar ungeteilte Hochschätzung, diese fast übermenschliche Erhöhung mit Thomas Manns Behauptung, er sei Nietzsche in allem anderen als »herzlich-gläubigen« (XII,74) Sinne gefolgt? Im »Lebensabriß« schrieb er: »ich sah in Nietzsche vor allem den Selbstüberwinder; ich nahm nichts wörtlich bei ihm, ich *glaubte* ihm fast nichts, und gerade dies gab meiner Liebe zu ihm das Doppelschichtig-Passionierte, gab ihr die Tiefe« (XI,109f.). Wenn aber Thomas Mann dem ins Mythische Erhobenen nichts »glaubte«, so hat der Mythos keine Geltung, und alles, was über die Beglaubigung, Vergegenwärtigung und Heiligung gesagt worden ist, wäre demnach hinfällig.

Doch in dem oben genannten Zitat Thomas Manns steht neben der Negation des Glaubens eine positive Bestimmung: »meine Liebe zu ihm«. Fehlender Glaube, d. h. Skepsis, und Liebe schließen einander also nicht aus. *Liebe* ist die Hinnahme und Bejahung des *ganzen,* des weisen und irrenden, des leidenden und triumphierenden, des erleuchteten und verblendeten Nietzsche in all seiner Widersprüchlichkeit. *Skepsis* ist der Vorbehalt gegen *Teile* seiner Philosophie, gegen Thesen, die ins intellektuell und moralisch Unverantwortliche hinausgetrieben und – isoliert betrachtet – von nicht auszudenkender Gefährlichkeit sind. Daher sehen wir Thomas Mann auf der Seite der Kritiker, wenn es um Nietzsches anstößigen Ästhetizismus, um den Übermenschen, um Krieg, Animalität und Brutalität geht, aber wir sehen ihn auch immer als Verehrenden, wenn es um die Gesamterscheinung »Nietzsche« geht. Nicht *was*

---

[19] Brief an Oscar Schmitt-Halin vom 3. 5. 1948. Vgl. auch Karthaus, a.a.O.
[20] Brief an Maximilian Brantl vom 26. 12. 1947.

Nietzsche im einzelnen dachte, wird zum Gegenstand der Mythisierung, sondern *daß* er dies alles dachte, denken mußte und daran zugrunde ging.[21] Hieraus erklärt sich Thomas Manns Urteil über Otto Flakes Nietzsche-Kritik: »Das Buch ist ohne Liebe, Bewunderung und Erbarmen, auch ohne jeden Sinn für den mythischen Zauber dieses Lebensschauspiels.«[22]

Das Nebeneinander von Bejahung der Totalität und Verneinung einzelner Erscheinungen[23] ist noch auf einer anderen Ebene zu beobachten. Thomas Mann verdankt nach eigenen Worten Nietzsche die »Idee des Lebens [...], eine anti-radikale, anti-nihilistische, anti-literarische, eine höchst konservative, eine deutsche Idee« (XII, 84f.). Thomas Mann spricht hier zwar die national-konservative Sprache der »Betrachtungen eines Unpolitischen«, der er später abschwor, aber an der Idee eines Ganzen, vor dessen Tribunal er ebenso wie Nietzsche alle Ideale der Moral, Schönheit und Erkenntnis zog, hat er immer festgehalten. Diese von Thomas Mann nicht näher bezeichnete Totalität nannte Nietzsche »Leben«.

Sobald aber dieses Ganze bestimmt, in Teile zerlegt und in seinen rivalisierenden Einzelfunktionen betrachtet wird, setzt die Kritik ein, und hier distanziert sich Thomas Mann von Nietzsche. Er bejaht dessen Vorstellung eines Ganzen, doch über die Relation der Teile denkt er anders. Zwei Irrtümer möchte er korrigieren: »Der erste ist eine völlige, man muß annehmen: geflissentliche Verkennung des Machtverhältnisses zwischen Instinkt und Intellekt auf Erden, so, als sei dieser das gefährlich Dominierende, und höchste Notzeit sei es, den Instinkt vor ihm zu retten« (IX,695). Die Wahrheit sei jedoch das Gegenteil, und man habe alle Ursache, dem Geiste beizuspringen, um ihn vor der erdrückenden Macht des Animalischen zu schützen. Nietzsches Meinung in dieser Sache sei wohl auch nur als Reaktion auf eine historische Gegebenheit, nämlich als »Korrektur rationalistischer Saturiertheit« (IX,696) zu verstehen. Den zweiten Irrtum sieht Mann in dem falsch eingeschätzten Verhältnis von Leben und Moral, die Nietzsche in einen Gegensatz bringe. Tatsächlich aber gehörten beide zusammen, denn: »Ethik ist

---

21 Daher hegte Thomas Mann eine besondere Vorliebe für Nietzsches Briefe und seine autobiographische Schrift »Ecce homo«. Über den Unterschied von Identifikation und Bewunderung vgl. Lehnert, S. 15.
22 Brief an Oscar Schmitt-Halin vom 3. 5. 1948.
23 Vgl. hierzu auch Inge und Walter Jens, S. 239.

Lebensstütze und der moralische Mensch ein rechter Lebensbürger, – vielleicht etwas langweilig, aber höchst nützlich. Der wahre Gegensatz ist der von Ethik und Ästhetik« (ebd.). Diese Kritik an den Einzelrelationen erwuchs hauptsächlich aus den historischen Erfahrungen des Nationalsozialismus und des Zweiten Weltkriegs. Sie hat jedoch die Gesamteinschätzung des Phänomens Nietzsche wenig beeinträchtigt, wie vor allem die späten Briefe zeigen.

*

Ungleich schwieriger als der Beleg der Nietzsche-Rezeption an theoretischen Äußerungen ist der Nachweis einer Wirkung auf Thomas Manns erzählerisches Werk. Er selbst schrieb im »Lebensabriß« mit einem Seitenhieb auf die naive Emsigkeit der Philologen: »Zu untersuchen, welche Art von organischer Einbeziehung und Umwandlung Nietzsche's Ethos und Künstlertum in meinem Falle gefunden hat, bleibt einer Kritik überlassen, die sich dazu bemüßigt findet« (XI,109). Er räumte zwar ein, daß der Einfluß Nietzsches sich bereits in seinen frühesten Erzählungen bemerkbar mache, gab aber gleichzeitig zu bedenken, daß Einfluß nicht möglich sei, ohne daß der Lernende auf das, was er lerne, schon innerlich vorbereitet sei. Jeder vermutete Nietzsche-Einfluß muß daher an zwei Fragen überprüft werden: Erstens: Ist die angenommene Abhängigkeit nicht vielmehr eine Analogie ähnlicher Themen und Gedanken, die in Thomas Mann durch die Berührung mit Nietzsche allenfalls entfaltet, nicht aber erst eingepflanzt wurden? Zweitens: Ist nicht das, was scheinbar auf eine monokausale Beziehung Nietzsche–Mann hindeutet, in Wirklichkeit eine allgemeine Erscheinung des ausgehenden 19. Jahrhunderts, an der Thomas Mann gemeinsam mit Nietzsche partizipierte? Wer beide Fragen außer acht läßt, der läuft Gefahr, alles was Thomas Mann je geschrieben hat, auf Nietzsche als Quelle zurückzuführen; denn in Manns Romanen und Erzählungen gibt es kaum einen Gedanken, zu dem sich bei Nietzsche nicht irgendeine, wenn auch verborgene, Entsprechung finden ließe.[24] Thomas Mann erschiene dann nur noch als ein epigonaler Kompo-

---

[24] Wysling hat eine ganze Reihe solcher Quellen genannt (Scherrer/Wysling, S. 311ff.). Er hat darüber hinaus noch weit mehr gezeigt: Selbst, wenn Thomas Mann alle Motive anderen Autoren verdankte, so läge das unverwechselbare Eigene immer noch in der Art und Weise der Zusammenstellung, der Integration, der »Montage« (S. 309ff.).

nist, der die Themen seines Meisters für ein – allerdings großes – Orchester instrumentiert hätte.

Die sichtbarsten und sichersten Spuren des Nietzsche-Einflusses im Erzählwerk Thomas Manns sind die wörtlichen Zitate. Sie finden sich in den frühesten Prosaversuchen ebenso wie im »Doktor Faustus«. Herman Meyer hat eine wichtige Veränderung in der Art des Zitierens entdeckt: Im Frühwerk Thomas Manns und auch noch im »Zauberberg« werde das literarische Zitat vom Leser stets erkannt, ja auf der Erkennbarkeit basiere die literarische Wirkung. Im Spätwerk dagegen werde das Zitierverfahren »immer kryptischer«.[25]

Das früheste Nietzsche-Zitat steht in Thomas Manns Erzählung »Der Wille zum Glück« (1896).[26] Bereits der Titel verrät die neuesten Lesefrüchte des Autors. Wendungen wie »Wille zum Dasein«, »Wille zum Leben«, »Wille zum Nichts«, »Wille zur Macht«, »Wille zur Dummheit« usw. begegneten ihm bei Nietzsche auf Schritt und Tritt.[27] Es blieb kein vereinzelter Fall, daß Thomas Mann den Titel seines Werkes an eine Formulierung Nietzsches anlehnte; die »Betrachtungen eines Unpolitischen« spielen auf die »Unzeitgemäßen Betrachtungen« an, und vielleicht geht auch der Titel »Zauberberg« nicht nur auf Goethes »Faust«, sondern auch auf eine Reminiszenz aus dem dritten Stück der »Geburt der Tragödie« zurück. Dort heißt es, die Griechen hätten den olympischen »Zauberberg« geschaffen, um die Schrecken und Entsetzlichkeiten des Daseins ertra-

---

[25] Herman Meyer: Das Zitat in der Erzählkunst – Zur Geschichte und Poetik des europäischen Romans, Stuttgart 1961, ²1967 [danach zitiert], S. 228.

[26] Auf die Frage, in welcher der frühen Erzählungen von Thomas Mann der Nietzsche-Einfluß zum erstenmal bemerkbar wird, gibt es beim gegenwärtigen Stand der Forschung keine einhellige Antwort. Jon Tuska meint: »It is first in ›Enttäuschung‹ (1896) that Nietzschean influences become apparent« (Thomas Mann, S. 286). Eberhard Lämmert neigt dazu, bereits in »Gefallen« (1894) Nietzsches Prinzip der »wechselnden Optik« wirken zu sehen (Ders.: Doppelte Optik – Über die Erzählkunst des frühen Thomas Mann, in: Literatur, Sprache, Gesellschaft 3, 1970, S. 52). Unbestreitbar ist der Nietzsche-Einfluß im »Willen zum Glück« (1896), einer Erzählung, die für Thomas Mann – so Nicholls [Thomas Mann] – »a new start « (S. 7) gewesen ist.

[27] Auf die Anlehnung an Nietzsches »Wille zur Macht« hat Nicholls hingewiesen (S. 7).

gen zu können und um ein Gegengewicht gegen »jene ganze Philosophie des Waldgottes, sammt ihren mythischen Exempeln« (III,33) zu haben.[28]

Doch kehren wir zurück zu der frühen Erzählung »Der Wille zum Glück«! Der Titel ist nicht die einzige Anspielung auf Nietzsche. Der Ich-Erzähler berichtet von seiner ersten Begegnung mit Paolo Hofmann, einem kränklichen Knaben, mit fremdem Blut in den Adern und gleichsam verwandt mit Tonio Kröger und Hanno Buddenbrook. Vom ersten Schultag an verband den Erzählenden eine Freundschaft mit Paolo, und wir erfahren auch die Grundlage, auf die sie gebaut war: »Es war das ›Pathos der Distanz‹ dem größten Teile unserer Mitschüler gegenüber, das jeder kennt, der mit fünfzehn Jahren heimlich Heine liest und in Tertia das Urteil über Welt und Menschen entschlossen fällt« (VIII,44). Thomas Mann markiert das Zitat durch Anführungszeichen. Der Ausdruck »Pathos der Distanz« kommt bei Nietzsche mehrfach vor, an exponierter Stelle im 9. Stück der Schrift »Jenseits von Gut und Böse«, das mit der Frage beginnt »Was ist vornehm?«[29] Die Antwort lautet sinngemäß wie folgt: Vornehmheit ist vom Ausmaß der Leidensfähigkeit abhängig; diese schafft eine Distanz zur dumpfen Menge und zur andrängenden Banalität. Vornehmheit setzt daher Sensibilität als auszeichnende Krankheit voraus. Durch sie wird auch Paolo Hofmann aus der Mittelmäßigkeit hervorgehoben.[30]

---

[28] Vgl. Scherrer/Wysling, S. 312. Wysling will auch den Titel der »Betrogenen« auf eine Stelle in der »Geburt der Tragödie« zurückführen (ebd.).

[29] Diese Stelle nennt Nicholls, S. 9. »Pathos der Distanz« steht bei Nietzsche außerdem XIV,206; XV,223, 283, 405; XVI,224; XVII,136, 223.

[30] Bemerkenswert ist der Zusammenhang, in dem Thomas Mann das Zitat »Pathos der Distanz« verwendet. Er zitiert Nietzsche und nennt Heine, so daß der Leser, der die wahre Herkunft des Zitats nicht kennt, Heine für den Autor halten muß. Beruht diese Verbindung beider Gestalten auf Unbedachtsamkeit oder halbbewußter Identifikation, oder dient sie einem raffinierten Vexierspiel mit dem Leser? Lehnert meint: »Thomas Manns frühe Heine-Bindung nahm genau die Stelle in seiner Bildung ein, die später an Nietzsche fallen sollte« (S. 16). Dieser Übergang konnte um so leichter erfolgen, als Heine auch von Nietzsche sehr geschätzt wurde. Bereits als Vierzehnjähriger bewunderte der Schüler in Pforta Heines Gedichte. Wenige Monate vor dem Erlöschen seines Geistes brach er seine Beziehungen zum »Kunstwart« ab und schrieb dem Herausgeber Ferdinand Avenarius

Diese Verbindung von Stärke und Krankheit wiederholt sich bei Beschreibungen Paolo Hofmanns: Seine Augen, so heißt es, hatten einen »krankhaften Glanz«, und doch machte er den »Eindruck eines sprungbereiten Panthers« (VIII,49). Wenig später wird von Paolos angespannter Ruhe gesprochen, »die das Raubtier vor dem Sprunge zeigt« (VIII,55). Das Raubtier als Sinnbild gesteigerter und bedenkenloser Kraft konnte Thomas Mann bei Nietzsche häufig bewundert sehen. In der »Genealogie der Moral« ist vom Menschen als »Raubthier« und vom »Raubthier-Gewissen« (XV,300f.) die Rede. Den Satz aus Nietzsches Nachlaß »Die Raubthiere sind viel *individueller*« (XIX,188) konnte Mann zu dieser Zeit noch nicht zur Kenntnis genommen haben, wohl aber Zarathustras neues Gebot: »Bessere Raubthiere sollen sie also werden, feinere, klügere, ›menschen-ähnlichere‹: der Mensch nämlich ist das beste Raubthier« (XIII,268). Das raubtierhaft Lauernde in Paolos Wesen verrät den unbedingten Willen zum Glück, das er schließlich in der lang ersehnten Hochzeitsnacht erfährt und das er mit dem Tode bezahlt. Dieser Wille ist nicht denkbar ohne die Krankheit, die Paolo die Spannkraft des lauernden Wartens und Aushaltens verleiht. Hierin liegt ein Grundgedanke Nietzsches, der im »Fall Wagner« schrieb: »Die Krankheit selbst kann ein Stimulans des Lebens sein« (XVII, 16f.) und in »Ecce homo«: »für einen typisch Gesunden kann umgekehrt Kranksein sogar ein energisches *Stimulans* zum Leben, zum Mehrleben sein« (XXI,178).

---

einen »groben Brief« wegen der »schnödesten Weise«, mit der die Zeitschrift Heinrich Heine preisgegeben habe (Briefe an Franz Overbeck vom 20. 7. 1888 und an Peter Gast vom 30. 10. 1888). In »Ecce homo« steht folgender Passus, den Thomas Mann mit Sicherheit kannte: »Den höchsten Begriff vom Lyriker hat mir Heinrich Heine gegeben. Ich suche umsonst in allen Reichen der Jahrtausende nach einer gleich süssen und leidenschaftlichen Musik. Er besass jene göttliche Bosheit, ohne die ich mir das Vollkommene nicht zu denken vermag [...]. Und wie er das Deutsche handhabt! Man wird einmal sagen, daß Heine und ich bei weitem die ersten Artisten der deutschen Sprache gewesen sind [...]« (XXI,199f.). Es ist also kein Zufall, daß der junge Thomas Mann Heine und Nietzsche zusammenbringt und daß er in absichtsvoller Verbindung den einen nennt und den anderen zitiert. Die entscheidende Rolle der Krankheit im Leben beider mag eine weitere Ursache dafür gewesen sein, Nietzsche und Heine gleichzeitig zu assoziieren.

Der Nietzsche-Einfluß bleibt auch in den Erzählungen der nächsten Jahre spürbar, wenn er auch nicht immer so mit Händen zu greifen ist wie im »Willen zum Glück«. In dem Prosaversuch »Enttäuschung« (1896) wirkt Nietzsches Skepsis gegen die lügnerischen Dichterworte nach,[31] und der kleine Herr Friedemann verdankt seinem kränklichen Wuchse eine Bildung und gesteigerte Sensibilität, die das Erlebnisvermögen des gesunden Mittelmaßes weit übersteigt. Wieder also steht der Zusammenhang von körperlicher Defektheit und geistiger Steigerung im Mittelpunkt einer Erzählung Thomas Manns. Schon Zarathustra witzelte: »Wenn man dem Bucklichten seinen Buckel nimmt, so nimmt man ihm seinen Geist« (XIII,180). Der verwachsene Herr Friedemann kennt sich in den neuesten Erscheinungen des literarischen Lebens aus, und er versteht die Qualitäten der Gedichte und Novellen zu genießen; »man konnte beinahe sagen, daß er ein Epikureer war« (VIII,81). Im 306. Stück der »Fröhlichen Wissenschaft« stellt Nietzsche dem Stoiker den Epikureer gegenüber, dem er eine »äusserst reizbare intellectuelle Beschaffenheit« bescheinigt. Im Unterschied zum Stoiker kultiviere der Epikureer seine Sensibilität, denn: »Der hat ja seinen ›Garten‹!« (XII,226). Den »Garten Epikurs« erwähnt Nietzsche auch in Briefen an Paul Rée vom 26. März und 31. Oktober 1879. Dieser ›Garten‹ als Sinnbild der Abgeschlossenheit und geborgenen Selbstgenügsamkeit hat auch im »Kleinen Herrn Friedemann« eine dem Leitmotiv vergleichbare Funktion. Bereits als Kind verbrachte Johannes Friedemann manche Stunde im Garten des elterlichen Hauses, als Schüler beschäftigte er sich dort, und wenn er sich an seinem dreißigsten Geburtstag Rechenschaft über seinen Seelenfrieden gibt, sitzt er abermals in dem Gartenzelt und läßt es sich wohlsein bei einer guten Zigarre und einem guten Buch. Die Erzählung endet schließlich in einem Garten, aber nicht in dem eigenen, vertrauten und von einem Walnußbaum beschatteten, sondern in dem fremden der schönen Frau von Rinnlingen, in dem Obelisken stehen und der zum Wasser führt. Der »Epikureer« hat sich aus seiner umhegten Welt herausbegeben und findet den Tod.

---

[31] Zarathustra sagt »Aber die Dichter lügen zuviel –« (XIII,166). In einem Brief an Reinhard von Seydlitz vom 13. 5. 1888 nennt Nietzsche die Dichter »Lügenvolk«. Thomas Mann verwendet in »Enttäuschung« das Wort »Lüge« zweimal im Zusammenhang mit dem, was Dichter mitteilen (VIII,65 u. 67).

Noch ein weiterer Gedanke im »Kleinen Herrn Friedemann« deutet auf die Herkunft von Nietzsche. Es ist die Idee von der Bejahung des Notwendigen. Der in die schöne Frau des Offiziers verliebte Krüppel erträgt seine Gefühle mit ebensolcher Ergebenheit wie Hoffnungslosigkeit: »es überkam ihn auf einmal die Empfindung von Freundschaft und Einverständnis mit der Notwendigkeit, die eine Art von Überlegenheit über alles Schicksal zu geben vermag« (VIII,98). Dieser Gedanke steht bereits im Zentrum der »Geburt der Tragödie«, und im Epilog zu »Nietzsche contra Wagner« heißt es: »So wie meine innerste Natur es mich lehrt, ist alles Nothwendige, aus der Höhe gesehn und im Sinne einer *grossen* Oekonomie, auch das Nützliche an sich, – man soll es nicht nur tragen, man soll es *lieben*... Amor fati: das ist meine innerste Natur« (XVII, 297).

Im »Tonio Kröger« (1903) ist nach Thomas Manns eigenen Worten das »Nietzsche'sche Bildungselement zum Durchbruch« (XII,91) gekommen. Es ist bekannt, daß das Wort vom »Erkenntnisekel« (VIII,300) auf Nietzsche zurückgeht. Der »Ekel«, an dem auch der Bajazzo in Thomas Manns gleichnamiger Erzählung (1897) leidet,[32] war für Nietzsche ein Antrieb zur Überwindung und Erneuerung. Der zum Nihilismus führende »*Ekel* am Menschen« (XXI,188) veranlaßte den Philosophen zur Suche nach dem neuen Menschen. Neben dem »Erkenntnisekel« verraten auch die »Blonden und Blauäugigen« (VIII,338) im »Tonio Kröger« ihre Herkunft. In der »Genealogie der Moral« findet sich die oft zitierte und viel mißbrauchte Wendung: »Auf dem Grunde aller dieser vornehmen Rassen ist das Raubthier, die prachtvolle nach Beute und Sieg lüstern schweifende *blonde Bestie* nicht zu verkennen« (XV,300). Wenn Tonio Kröger in Gästen des dänischen Seebads Hans und Ingeborg, Freund und heimlich Geliebte aus früher Jugendzeit, wiederzuerkennen glaubt, so »nicht so sehr vermöge einzelner Merkmale und der Ähnlichkeit der Kleidung, als kraft der Gleichheit der Rasse und des Typus, dieser lichten, stahlblauäugigen und blondhaarigen Art« (VII,331). Der Erzähler läßt dem Leser die Möglichkeit, in den beiden Vertretern des gesunden und gewöhnlichen Lebens tatsächlich Hans und Inge zu erblicken; es ist aber ebenso denkbar und sogar wahrscheinlicher, daß es sich um irgendwelche blonden Menschen handelt, auf die Tonio seine heimliche Liebe

---

[32] VIII,106. Vgl. auch Nicholls, S. 26.

überträgt; denn zur Komplettierung der alten Konfiguration erscheint auch das kränkliche Mädchen, das ehemals Magdalena Vermehren hieß und das auch jetzt beim Tanzen wieder hinfällt. Der Erzähler treibt im »Tonio Kröger« bereits dasselbe Spiel mit Fiktion und Wirklichkeit wie später im »Doktor Faustus« beim Erscheinen des Teufels. Es ist letzten Endes unentscheidbar, ob die Gestalten aus der Jugendzeit tatsächlich auftreten oder nicht, denn nicht Individualität kennzeichnet sie, sondern ihre Zugehörigkeit zur »Rasse« der »Blonden und Blauäugigen«, und dieser »Rasse« gilt Tonios Liebe. Beide Begriffe, »Rasse« und »Blondheit«, sind von Nietzsche übriggeblieben, doch die »Bestien« haben sich verwandelt in geistlose, aber liebenswerte Vertreter der Normalität.

Mehr noch als »Erkenntnisekel« und »Blondheit« verweist eine andere Äußerung Tonio Krögers auf Nietzsche. Im Gespräch mit Lisaweta erwähnt er Hamlet und fährt fort: »Er wußte, was das ist: zum Wissen berufen werden, ohne dazu geboren zu sein« (VIII,300). Fast dieselben Worte übertrug Thomas Mann später auf Nietzsche, wenn er von der »über-beauftragten Seele« sprach, »welche zum Wissen nur berufen, nicht eigentlich dazu geboren war und, wie Hamlet, daran zerbrach« (IX,676). Tonio Kröger steht vor derselben Problematik wie Hamlet und Nietzsche.

In den »Buddenbrooks« sind die greifbaren Nietzsche-Einflüsse geringer und stehen hinter der Bedeutung Schopenhauers zurück. Wenn aber der Senator im 5. Kapitel des 10. Teiles sich dem Rausch einer Metaphysik hingibt, die alles Individuelle verleugnen lehrt und das Eingehen in die Allgemeinheit der Gattung und des Weltwillens empfiehlt, so reicht diese Philosophie nur dazu aus, die *Frage* zu stellen: »Wo ich sein werde, wenn ich tot bin?« (I,657) Die *Antwort* aber stammt nicht mehr aus dem Geiste Schopenhauers: »In allen denen werde ich sein, die je und je Ich gesagt haben, sagen und sagen werden: *besonders aber in denen, die es voller, kräftiger, fröhlicher sagen.*«[33] In diesen Worten liegt nicht nur eine Bejahung des Lebens, sondern der Preis auf ein *gesteigertes* Leben – das ist ganz im Sinne Nietzsches gedacht. Der Aufschwung gipfelt nicht in einer Hymne auf den allgemeinen Weltwillen, sondern in einer Vision des neuen Menschen. Thomas Buddenbrook

---

[33] I,657. Die Ausdrücke »voll«, »kräftig«, »fröhlich« sind zentrale Begriffe in Nietzsches Katalog der Umwertung; vgl. »Die fröhliche Wissenschaft«.

hält ihn sich vor Augen: »gut ausgerüstet und wohlgelungen, begabt, seine Fähigkeiten zu entwickeln, gerade gewachsen und ungetrübt, rein, grausam und munter, einer von diesen Menschen, deren Anblick das Glück der Glücklichen erhöht und die Unglücklichen zur Verzweiflung treibt« (I,658).

Daß im »Zauberberg« das auffallend große Interesse an der Krankheit zum Erbe Nietzsches gehört, hebt Weigand hervor. Er zitiert aus dem »Ecce homo«: »das Genie ist bedingt durch trockne Luft, durch reinen Himmel – das heisst durch rapiden Stoffwechsel, durch die Möglichkeit, grosse, selbst ungeheure Mengen Kraft sich immer wieder zuzuführen« (XXI,195), und der Interpret des »Zauberbergs« fährt fort: »in this passage, I am sure, we have the nucleus of Thomas Mann's idea of exposing his hero to dry mountain air and an enormous diet, and seeing what these will do to him.«[34]

Außer der geistigen Nähe des »Zauberbergs« zu Nietzsche im allgemeinen sind besondere Berührungspunkte zu erkennen. Weigand selbst weist darauf hin, daß Settembrinis Warnungen vor der Ironie, Paradoxie und Musik Nachklänge der frühen Schriften Nietzsches seien,[35] während Naphtas Reden sich mehr am späten Nietzsche und an Marx orientierten.[36] Bekannt ist weiterhin, daß Settembrinis Formulierung, der Tag der Aufklärung und Menschlichkeit werde »wenn nicht auf Taubenfüßen, so auf Adlerschwingen kommen und anbrechen als die Morgenröte der allgemeinen Völkerverbrüderung« (III,221), sich teils an Worte Zarathustras,[37] teils an Nietzsches »Morgenröthe« anlehnt.[38]

Daß Castorps Ausflug im Kapitel »Schnee« dem Abstieg Fausts zu den Müttern entspricht, liegt bei den mannigfachen Parallelen zu

---

34 Hermann J. Weigand, The Magic Mountain. A Study of Thomas Mann's Novel Der Zauberberg, Chapel Hill 1933, ²1965 (danach zitiert), S. 37. Zur décadence bei Nietzsche und Thomas Mann vgl. auch G. Jacob und L. Leibrich.
35 Ebd., S. 163.
36 Ebd., S. 12.
37 Im »Zarathustra« heißt es: »Gedanken, die mit Taubenfüssen kommen, lenken die Welt« (XIII,192).
38 Vgl. Erika A. Wirtz: Zitat und Leitmotiv bei Thomas Mann, in: German Life and Letters 7, 1953/54, S. 134. Auch Settembrinis feines Lächeln »unter seinem Schnurrbart« deutet sie als Reminiszenz an Nietzsche-Portraits.

Goethes Drama auf der Hand. Erika A. Wirtz gibt außerdem zu bedenken, daß die Bilder des alten Hellas »von Nietzsches Begriffen des Apollinischen und Dionysischen gewandelt« sind.[39] Verschieden von Goethes klassischer Schönheitsauffassung sei vor allem die tragisch-dionysische Seite, die Nietzsche entdeckt habe und die sich in Hans Castorps Vision des blutigen Bildes niederschlage.[40] Das Schnee-Kapitel hat wahrscheinlich mehrere Wurzeln und ist von Goethes »Faust« ebenso wie von Erwin Rohdes »Psyche« inspiriert. Bei diesem konnte Thomas Mann erfahren, wie Gorgo, Lamia, Empusa oder wie die weiblichen Höllengeister und Mittagsgespenster sonst heißen mögen, Kinder aus dem Leben reißen,[41] wie sie Opfertiere packen, mit den Zähnen zerreißen und das blutige Fleisch roh verschlingen.[42]

Überdies sind noch andere Quellen in Erwägung gezogen worden, so Gustav Mahlers Gesang »Von der Schönheit« im »Lied von der Erde«,[43] die »Pädagogische Provinz« der »Wanderjahre«[44] und das Kapitel »Eleusis« in Bertrams Nietzsche-Buch.[45] Mindestens ebenso aufschlußreich ist der Vergleich mit einem zentralen Bild und Leitgedanken Nietzsches, der vielleicht nicht als direkte Vorlage für Hans Castorps Abenteuer diente, der jedoch überraschende Parallelen zum Schnee-Kapitel aufweist: Nietzsches Vorstellung vom »großen Mittag«. Karl Schlechta hat ihre Herkunft verfolgt und u. a. gezeigt, welche Rolle sie im Glauben und Aberglauben der Völker gespielt hat.[46] Ähnlich wie die Geisterstunde der Mitternacht dachte man sich auch den Mittag als Erscheinungszeit wohlmeinender und schädlicher Geister. Im Neuen Testament ist der Mittag die Sterbestunde des Herrn. Nach Markus 15,25 war es »die dritte Stunde, da sie ihn kreuzigten«, und nach anderen Evangelisten begann um 12 Uhr die Verfinsterung und dauerte bis 3 Uhr.

---

[39] Ebd., S. 129.

[40] Ebd., S. 133.

[41] Erwin Rohde: Psyche. Seelencult und Unsterblichkeitsglaube der Griechen, Freiburg i. Br. und Leipzig 1894, S. 371.

[42] Ebd., S. 303.

[43] Michael Mann: Eine unbekannte »Quelle« zu Thomas Manns »Zauberberg«, in: GRM 46, 1965, S. 409–413.

[44] Gunter Reiss: »Allegorisierung« und moderne Erzählkunst – Eine Studie zum Werk Thomas Manns, München 1970, S. 86.

[45] Karthaus, a.a.O., S. 284.

[46] Karl Schlechta: Nietzsches großer Mittag, Frankfurt/M. 1954.

Für die Griechen war der Mittag die Stunde, in der Pan schlief und unheimliche Mächte den Menschen bedrohten. Schlechta zieht das Fazit: »Vergangenes wird gegenwärtig, Verborgenes offenbar – während die sterblichen Tagwesen in der sengenden Glut in tiefen todähnlichen Schlaf versinken. In der Traumstille der μεσημβρία schwindet alles Hier und Jetzt, und die beiden sonst so streng getrennten Bereiche gehen lautlos ineinander über. Es ist, als tauschten sie Wesenszüge und Charakter.«[47]

Nietzsche läßt vor allem Zarathustra viel vom »grossen Mittag« sprechen; seine letzten Worte lauten: »*herauf nun, herauf, du grosser Mittag!*« Im vierten Teil des »Zarathustra« trägt ein Kapitel die Überschrift »Mittags«, und es behandelt die »heimliche feierliche Stunde, wo kein Hirt seine Flöte bläst« (XIII,349) und glühende Hitze auf den Fluren liegt. Neben dieser traditionellen panisch-mythischen Vorstellung erhält der »grosse Mittag« bei Nietzsche eine weitere und tiefere, eine eschatologische und zugleich utopische Bedeutung: »Und das ist der grosse Mittag, da der Mensch auf der Mitte seiner Bahn steht zwischen Thier und Uebermensch und seinen Weg zum Abende als seine höchste Hoffnung feiert: denn es ist der Weg zu einem neuen Morgen« (XIII,99). Der Mittag ist die Zeit der Krisis und des Übergangs, in der eine Wende sichtbar wird, und daher begrüßt Zarathustra in seinen letzten Worten den »grossen Mittag«; denn der Prophet betrachtet sich als einen, der selbst noch nicht der neue Mensch ist, der aber auf ihn hinweist wie Johannes der Täufer auf Christus.

Zugegeben, es ist nicht eigentlich Mittag, wenn Hans Castorp sich ins Abenteuer stürzt; es ist, genaugenommen, »nachmittags um drei« (III,662). Es ist auch nicht die Hitze, die ihm zu schaffen macht, sondern vielmehr die Kälte und der Schneesturm. Dennoch ist die Zeit der Tagesmitte nicht weit entfernt; denn die übrigen Patienten halten zu dieser Stunde noch Mittagsruhe, und Hans Castorp wagt, einen Teil der Liegekur »zu schwänzen« (ebd.). Auch das kalte Hochgebirge ist der heißen mediterranen Landschaft nicht so ferne, denn beide haben vergleichbare Erscheinungsformen und Auswirkungen. Beide lähmen den Menschen, und in beiden herrscht die panische Stille des Mittags. Nietzsche nennt sie die »furchtbare Stille« (XIV,174), und die »wattierte Lautlosigkeit« (III,657) begleitet den Skifahrer im Gebirge. Eine weitere Analogie liegt in der

---

[47] Ebd., S. 36.

gleichartigen Situation und in der Art und Weise der Fortbewegung. Hans Castorp läuft im Kreis, sein Vorwärtskommen ist ein »Umkommen«, wie der Erzähler mehrfach betont. Von Zarathustra heißt es im Kapitel »Mittags«: »Und Zarathustra lief und lief und fand Niemanden mehr und war allein und fand immer wieder sich« (XIII,348). Der Auflösung räumlicher Orientierungen entspricht die Aufhebung der Zeit. Wenn Zarathustra wie aus einer »fremden Trunkenheit« erwacht – auch Hans Castorp ist wie trunken vom Portwein –, dann steht die »Sonne immer noch gerade über seinem Haupte« (XIII,351), und auch Castorp verliert das normale Zeitbewußtsein und wundert sich über den Stand der Uhr, nachdem alles vorüber ist. Es »schwindet alles Hier und Jetzt« – so beschrieb Karl Schlechta den »grossen Mittag« (s. o.). Bei Nietzsche heißt es: »Der grosse Mittag vollgestopft mit vereinigten Gegensätzen« (XIV,175), und auch dies muß der Schneewanderer erleben bei der Vision der beiden gegensätzlichen Bilder, des apollinischen und des dionysischen.

Was aber das Schneekapitel mit Nietzsches »grossem Mittag« im Innersten verbindet, das ist die Situation der Krise und Entscheidung. Der Deutsche aus dem Flachland, zwischen Naphta und Settembrini stehend und von beiden »Erziehern« umworben, stellt sich erstmals entschieden die Frage, welcher Weg für ihn der richtige ist, und er findet eine eigene, von den beiden einseitigen Programmen abweichende Antwort. Hierzu paßt Nietzsches Äußerung aus dem »Ecce homo«: »Meine Aufgabe, einen Augenblick höchster Selbstbesinnung der Menschheit vorzubereiten, einen *grossen Mittag*, wo sie zurückschaut und hinausschaut, wo sie aus der Herrschaft des Zufalls und der Priester heraustritt und die Frage des warum?, des Wozu? zum ersten Male als *Ganzes* stellt –« (XXI,244).

Der Vergleich zwischen Nietzsches »grossem Mittag« und Hans Castorps Abenteuer wird so weit getrieben, obwohl sich trotz aller Entsprechungen keine direkte Abhängigkeit beweisen läßt. Hier wird ein Punkt erreicht, an dem nicht zu entscheiden ist, ob Thomas Mann von Nietzsche beeinflußt wurde oder ob beide in einer gemeinsamen Tradition gleichsam archetypischer Vorstellungen standen. Wir stoßen hier an eine Grenze wirkungsgeschichtlicher Untersuchungen, die zu überschreiten zwar die Entdeckerneugier reizt, jenseits derer aber alle Ergebnisse ungesichert bleiben. Das gilt vor allem dann, wenn es sich um fundamentale Vorstellungen handelt, die durch die Ideengeschichte des Abendlands hindurch erhalten blieben und mehr oder weniger Grundbestand und Gemeinbesitz der Dichter und Philosophen geworden sind. Das trifft sowohl für die Idee der Wende, die der »grosse Mittag« bringt, als auch für die der »ewigen Wiederkunft des Gleichen« zu. Inwiefern dieses Schlagwort Nietzsches beispielsweise bei dem mythischen Modell der Josephsromane Pate gestanden hat oder inwiefern Nietzsche und Thomas Mann in ihren Vorstellungen und Bildern gemeinsame Erben uralter Ideenreichtümer sind, läßt sich wahrscheinlich niemals fassen.

Greifbar ist dagegen der unmittelbare Nietzsche-Einfluß auf Thomas Manns Altersroman, den »Doktor Faustus«. Aus der »Entstehung« wissen wir, wie wichtig Werk und Leben des Philosophen für das Zustandekommen des »Doktor Faustus« waren. Es ist »so viel ›Nietzsche‹ in dem Roman [...], daß man ihn geradezu einen Nietzsche-Roman genannt hat« (XI,166), schrieb Thomas Mann, und er nannte selbst die wichtigsten Züge: »Da ist die Verflechtung der Tragödie Leverkühns mit derjenigen Nietzsche's, dessen Name wohlweislich in dem ganzen Buch nicht erscheint, eben weil der euphorische Musiker an seine Stelle gesetzt ist, so daß es ihn nun nicht mehr geben darf; die wörtliche Übernahme von Nietzsche's Kölner Bordell-Erlebnis und seiner Krankheitssymptomatik, die Ecce-Homo-Zitate des Teufels, das – kaum einem Leser bemerkliche – Zitat von Diät-Menus nach Briefen Nietzsches aus Nizza, oder das ebenfalls unauffällige Zitat von Deussens letztem Besuch mit dem Blumenstrauß bei dem in geistige Nacht Versunkenen (XI, 165f.). Außerdem hat Thomas Mann eine Reihe biographischer Fakten von Nietzsche auf Leverkühn übertragen: Beide erreichen etwa das gleiche Alter von 55 Jahren, beide sterben an einem 25. August und verbringen die letzten zehn Jahre in geistiger Umnachtung. Sogar Zeitbloms Wendung, Leverkühn sei »aus tiefer Nacht in die tiefste gegangen« (VI,9), birgt eine Reminiszenz an Stefan Georges Vers auf Nietzsche: »Und ging aus langer nacht zur längsten nacht.«[48]

Darüber hinaus gibt es Übereinstimmungen in einem tieferen Sinne. Sowohl Nietzsche als auch Leverkühn erfährt und erleidet die Problematik der Kunst und Künstlerexistenz.[49] Die Musik spielt

---

48 Stefan George: Werke, 2 Bde. München u. Düsseldorf 1958. Bd. 1, S. 231.
49 Vgl. hierzu Pütz: Kunst und Künstlerexistenz bei Nietzsche und Thomas Mann.

in beiden Fällen eine zentrale Rolle. Beide stehen auf der Höhe selbstzerstörerischer Bewußtheit und vermögen die daraus resultierende Sterilität nur durch eine Art Selbstopferung zu durchbrechen. Beide scheitern an der Diskrepanz zwischen der erstrebten Größe der Leistung und der Unzulänglichkeit der eigenen Existenz. Beide sind im Thomas Mannschen Sinne Hamletnaturen.

Wie aber Leverkühn nicht nur eine Kopie von Nietzsche ist,[50] so steht Nietzsche nicht nur hinter Leverkühn. Auch andere Personen des Romans haben Züge von ihm erhalten. Das hat vor allem Hans Mayer gesehen: »Wenn Nietzsche dem Musiker seine Kulturphilosophie und sein Lebensschicksal vererbte, so hinterließ er dem klassischen Philologen Zeitblom die Ausgangsposition der Altertumswissenschaft«.[51] Eine weitere Entsprechung zwischen den Biographien Nietzsches und Zeitbloms liegt in der fehlenden mathematischen Begabung. Nietzsche glich auf seinem Abiturzeugnis eine nicht ausreichende Note in Mathematik mit hervorragenden Leistungen in der Altphilologie aus, und auch Zeitblom bekennt sich zu derselben Schwäche, die er nur durch »freudige Tüchtigkeit im Philologischen leidlich kompensiert« (VI,64) habe.

Nicht nur Leverkühn und Zeitblom tragen Nietzschesche Züge, sondern auch eine Reihe von Nebenfiguren, vor allem solche aus dem Kridwiß-Kreis. In ihren verwegenen Theorien vom Vorrang des Mythischen und Atavistischen vor der Aufklärung und Zivilisation meint man die überspannten Thesen des späten Nietzsche oder – besser gesagt – die der Nietzsche-Jünger wie Klages, Schuler, Derleth u. a. wiederzuerkennen. Sogar der Teufel nimmt Nietzsche-Worte aus dem »Ecce homo« in den Mund, wenn er sein verwirrtes Gegenüber über das Wesen der Inspiration belehrt.[52]

---

[50] Ebd., S. 84f.
[51] Mayer, S. 379.
[52] Der Teufel sagt: »Wer weiß heute noch, wer wußte auch nur in klassischen Zeiten, was Inspiration, was echte, alte urtümliche Begeisterung ist« (VI,316). Bei Nietzsche heißt es: »Hat Jemand Ende des neunzehnten Jahrhunderts, einen deutlichen Begriff davon, was Dichter starker Zeitalter *Inspiration* nannten?« (XX,251). Vgl. hierzu F. Sell: Ein Kommentar zu Thomas Manns »Dr. Faustus«, in: Die Wandlung 3, 1948, S. 406f.
Zeitblom erinnert sich an die Worte Breisachers: »Von gewissen Dingen nichts wissen zu wollen, diese Fähigkeit, der Weisheit sehr nahestehend oder vielmehr ein Teil von ihr, sei leider abhanden gekom-

Wenn auch der Name Nietzsches im ganzen Roman nicht vorkommt, so scheint doch folgende Stelle aus dem 29. Kapitel auf den Lebensphilosophen anzuspielen: Es ist die Rede von dem Gegensatz zwischen der »Glorifizierung des ›Lebens‹ in seiner prangenden Unbedenklichkeit« und der »pessimistischen Verehrung des Leidens« (VI,384), und Zeitblom fährt fort: »Man kann sagen, daß an seiner schöpferischen Quelle dieser Gegensatz eine persönliche Einheit gebildet hatte und erst in der Zeit streitbar auseinandergefallen war« (ebd.). Mit der »schöpferischen Quelle« kann Nietzsche gemeint sein, der die im Roman beschriebene Bewußtseinslage geprägt hat und bei dem die Verherrlichung des Lebens und die Sympathie mit der Krankheit in »persönlicher Einheit« verbunden gewesen sind.

*

Wir haben bisher nur nach Zitaten und Ideen, nach *Inhalten* also, gefragt, die Thomas Mann von Nietzsche übernimmt. Hat der Philosoph aber nicht auch die *Formen* des Romanciers, z. B. seine Sprache und Erzähltechnik, beeinflußt? Eine solche Frage zielt nicht nur auf das, *was* der Erzähler dem Philosophen verdankt, sondern auch darauf, *wie* er es verwertet und in den Dienst seiner Kunstabsichten stellt. Da diese Frage zugleich dem Zusammenhang zwischen einer Philosophie und einer Erzählweise gilt, ist es notwendig, Nietzsches Denkansatz mit gebotener Knappheit zu skizzieren.

Es ist schwer, eine systematische Ordnung in die Fülle seiner Gedanken zu bringen. Nietzsche mag sein Urteil noch so apodiktisch formulieren – an anderer Stelle widerruft er es und behauptet das genaue Gegenteil. Einheitlichkeit ist auch dann nicht zu finden, wenn man sich auf begrenzte Themen, etwa die der Ästhetik, beschränkt: Einerseits soll die Welt nur als *»ästhetisches Phänomen«* (III,46) gerechtfertigt sein, andererseits wird die Kunst als bloßes Blendwerk abgetan. Einerseits werden Musik und Dichtung hochgeschätzt, andererseits sind die Künstler Schauspieler und Affen. Der Vorwurf Zarathustras, der die Dichter der Lüge bezichtigt, ist nicht endgültig, sondern wird von der neuen Erkenntnis verdrängt, daß die Lüge eine positive Funktion des »Willens zur Macht« ist und dadurch das Dasein erst erträglich macht. Ebenso wechselhaft

---

men« (VI,371f.), und bei Nietzsche heißt es: »Ich will, ein für alle Mal, Vieles *nicht* wissen. – Die Weisheit zieht auch der Erkenntnis Grenzen« (XVII,55).

wie die philosophischen Urteile sind Nietzsches Haltungen zu den Großen der Geistesgeschichte. Bedeutende Namen werden verehrt, beschimpft, wieder erhoben usw. So ergeht es vor allem Sokrates, Schopenhauer und Wagner.

Das Problem der divergierenden Urteile Nietzsches läßt sich weder durch seine Krankheit noch durch die Entwicklung seines Werkes zureichend erklären.[53] Auch der Versuch, die Widersprüchlichkeit zum alleinigen Denkprinzip zu erheben, muß scheitern, denn: »Es giebt keine Gegensätze: nur von denen der Logik her haben wir den Begriff des Gegensatzes – und von da aus fälschlich in die Dinge übertragen« (XIX,53). Statt dessen betont Nietzsche die Einheit in seinem Denken; er spricht von der »gemeinsamen Wurzel«, vom »*Grundwillen* der Erkenntnis« (XV,270), und er sieht seine vordringlichste Aufgabe darin, daß er »in Eins dichte und zusammentrage, was Bruchstück ist und Räthsel und grausamer Zufall« (XXI,261).

Was aber ist dieses Eine und Ganze, das alles Verschiedene umfassen, begründen und bewerten soll? Es liegt im Wesen der Totalität, daß sie mehr enthält, als jede sprachliche Bestimmung zum Ausdruck bringen kann. Die Worte sind daher nicht nur unzureichend, sondern irreführend; denn sie täuschen Endgültiges vor und leisten in Wahrheit nur Vorläufiges und Partikuläres; sie erfassen nicht die Substanz einer Sache, sondern deuten allenfalls auf Relationen hin. Daher bezweifelt Nietzsche die Möglichkeit einer »*adäquaten Ausdrucksweise*« (XIX,99). Die menschliche Erkenntnisfähigkeit ist in zweifacher Hinsicht begrenzt: 1. Das Objekt zeigt sich nur von bestimmten Seiten. 2. Das Subjekt ist abhängig von den Bedingungen seines Standpunktes (Ort, Zeit, Interesse usw.). Daraus folgert Nietzsche: »Es giebt *nur* ein perspektivisches Sehen, *nur* ein perspektivisches ›Erkennen‹; und je *mehr* Affekte wir über eine Sache zu Worte kommen lassen, je *mehr* Augen, verschiedne Augen wir uns für dieselbe Sache einzusetzen wissen, um so vollständiger wird unser ›Begriff‹ dieser Sache, unsre ›Objektivität‹ sein« (XV,398f.). Da der Versuch, das Ganze einer Sache zu begreifen, erfolglos bleibt, reduziert sich das Erkennen auf relative Einzelurteile, die einander widersprechen können. Durch dauernden Wechsel des Standpunktes sieht der Betrachter die Sache in jeweils neuen Abschattungen. Das perspektivische Erkennen zerstört die alleinige

---

[53] Vgl. hierzu Pütz: Friedrich Nietzsche, S. 22ff.

Gültigkeit des Einzelurteils und schützt vor der Überbetonung des Singulären. Naivität, fixe Ideen und unvollständige Induktionen werden somit vermieden. Die Verfestigung einer Perspektive zur endgültigen Wahrheit müßte zum Ideal und damit zu einem lebensfeindlichen Prinzip führen. Nietzsches Philosophieren ist ein ständiges Kreisen um ein einheitliches Ganzes. Je mehr Gesichtspunkte er berücksichtigt, um so näher kommt er ihm. Vollends hineinzugelangen ist ihm jedoch versagt; denn die Natur »warf den Schlüssel weg« (VI,77).

Im Dienste des Perspektivismus gewinnen Widersprüche einen neuen Sinn. Da der Erkennende niemals alle Aspekte gleichzeitig und vollzählig beachten kann, visiert er im perspektivischen Denken zunächst die Extreme an. Da die Antithese das Entgegengesetzte aufgreift, ist sie am besten geeignet, die Mannigfaltigkeit der Blickpunkte nach außen abzustecken. So entsteht der Eindruck eines Denkens in Antinomien; in Wahrheit jedoch sind die äußersten Pole keine absoluten Gegensätze, sondern extreme Korrelate, die auf ein – wenn auch nicht bestimmbares – Ganzes bezogen werden. Die Gegensätzlichkeit wird außerdem dadurch abgebaut, daß These und Antithese nicht die einzigen Möglichkeiten sind, sondern zwischen sich noch viele andere zulassen. Erst nach deren totaler Verwirklichung ließe sich das Ganze erkennen. Mag Nietzsche dieses als »Leben«, »Einheit« oder wie auch immer bezeichnen – hierauf zielt die *Metaphysik* des Propheten; seine *Erkenntnistheorie* ist der Perspektivismus des Skeptikers. Beide sind ihren Intentionen nach getrennt und gehören dennoch zusammen: Die Metaphysik alleine würde sich in willkürliche Spekulationen verirren; wer sich dagegen nur mit dem Wechsel der Perspektive begnügen wollte, verlöre den Zusammenhang aus den Augen. So liegt letzten Endes doch noch ein höherer Widerspruch in Nietzsches Denken, der darin besteht, daß Einheit und Widersprüchlichkeit sich als Gegensätze feindlich gegenüberstehen und dennoch zusammenwirken müssen.

*

Wenden wir uns nun wieder Thomas Mann zu, so stellen wir folgendes fest: Den erkenntnistheoretischen Perspektivismus Nietzsches hat der Erzähler Thomas Mann in perspektivisches Sehen, Beschreiben und Erzählen umgesetzt. Damit das »Ganze« zu seinem Recht kommt, wird das Einzelne von wechselnden Blickpunkten ständig relativiert. Diese Funktion erfüllen das Thomas Mannsche

»einerseits–andererseits«, das Gleiten zwischen den Grenzen, das »nicht so und nicht so« und die Montage mehrerer komplementärer Erscheinungen. Hierhin gehört auch die wiederholte Verwendung gekoppelter, durch Bindestriche verbundener Adjektive, die sich bei Thomas Mann ebenso wie bei Nietzsche finden. Stellvertretend seien hier nur die Beispiele aus dem 2. Kapitel des »Doktor Faustus« genannt: »lebendig-liebevollen«, »pädagogisch-humane«, »logisch-moralischen«, »edel-pädagogischen«, »würdig-wohlwollendste«; häufig werden solche Adjektivverbindungen substantiviert. Dann entstehen so typische Thomas Mann-Formulierungen wie die vom »Nächtig-Ungeheueren«, eine Wendung, die der Weitgespanntheit wie der Unbestimmtheit gleichermaßen gerecht wird. Auf Nietzsche-Einfluß deutet auch Thomas Manns Vorliebe für Wörter, die Schwebendes nicht festlegen, wie »fragwürdig«, »vielfach«, »zweideutig« usw.[54]

Der Charakter des Zweideutigen und Zweifelhaften ist ebenfalls bei der Beschreibung von Naturphänomenen zu erkennen. Sie sind niemals einfach, sondern immer unrein, gebrochen und aus Teilen zusammengesetzt. Wenn Tonio Kröger Lisaweta besucht, dann vermischt sich des »Frühlings junger, süßer Atem« mit dem »Geruch von Fixativ und Ölfarbe« (VIII,292), und wenn Thomas Buddenbrook sich in den Garten begibt, um Schopenhauer zu lesen, dann wird der Fliederduft durch den aufdringlich süßen Sirupgeruch einer nahen Zuckerfabrik verunreinigt. Die Grenzen zum Penetranten sind beinahe überschritten, wenn auch die Vögel noch mit »fragender Betonung« (I,653) zwitschern. Werden Jahreszeiten beschrieben, so sind es immer solche des Übergangs. Entweder kündet ein blasses Spätsommer-Blau des Himmels den nahen Herbst an, oder es ist trotz der Wintersonne »naß und zugig« (VIII,271) in den Gassen, und der schmelzende Schnee geht in Eisbrei über, wie zu Beginn des »Tonio Kröger«.

Wenn Jonathan Leverkühn, der Vater des »Tonsetzers«, die »elementa spekulieren« will (VI,22), dann tritt er aus der Sphäre eindeutiger Vereinbarungen heraus. Was nach üblicher Erfahrung durch feste Grenzen getrennt ist, beginnt hier zu gleiten und fließt ineinander über. Die Phänomene entziehen sich der Einordnung in physikalische und biologische Klassen und Arten; so nehmen z. B. der sog. »Fressende Tropfen« (VI,29) und die Eisblumen eine Zwi-

---

[54] Vgl. Lesser, S. 296.

schenstellung zwischen Organischem und Anorganischem, zwischen zweckvoll Organisiertem und rein Zufälligem ein.

Dem vexatorischen Charakter der Elemente entspricht in der Musik die Mehrdeutigkeit der Töne, die Adrian Leverkühn einmal am Phänomen der enharmonischen Verwechslung verdeutlicht: »Nimm den Ton oder den. Du kannst ihn so verstehen oder beziehungsweise auch so, kannst ihn als erhöht auffassen von unten oder als vermindert von oben und kannst dir, wenn du schlau bist, den Doppelsinn beliebig zunutze machen« (VI,66). Wie die Kunst sich die perspektivische Sehweise zu eigen macht, zeigt auch das Stilmittel des Glissando, durch das feste tonale Einheiten aufgelöst werden und das im Spätwerk Leverkühns immer deutlicher hervortritt. Es ist im übertragenen Sinne ebenso für Thomas Manns Erzählen charakteristisch vor allem in seinen späten Romanen.

Wie der Erzähler bei Thomas Mann ein Phänomen aus vielfältigsten Bestandteilen zusammensetzt, zeigt sich an der Darstellung von Kaisersaschern, der Stadt, in der Leverkühn in die Anfangsgründe der Musik eingeweiht wird. Während alle übrigen Stationen seines Lebens bei ihren wirklichen Namen genannt werden, ist Kaisersaschern ein Phantasiegebilde. Die Ubiquität dieser halbmittelalterlichen Stadt bewahrt gerade durch die lokale Unbestimmtheit ihren universalen Charakter. Sie soll »südlich von Halle, gegen das Thüringische hin« (VI,50) gelegen sein und könnte daher geographisch mit Naumburg zusammenfallen; hierin liegt eine Beziehung zu Nietzsche, der in Pforta bei Naumburg die Schule besuchte. Die Nähe zu Halle, Leipzig und Weimar bringt die fingierte Stadt in den Umkreis alter Kulturzentren. Noch weiter in die Vergangenheit zurück gehen die Assoziationen bei der Erwähnung Eislebens, der Geburtsstadt Luthers, und bei der Angabe des Chronisten, daß nicht nur im nahen Merseburg, sondern auch in Kaisersaschern heidnische Zaubersprüche gefunden worden seien. Der Erzähler stört sogar die Grabesruhe Kaiser Ottos III., indem er ihn von Aachen nach Kaisersaschern verlegt, wo er noch den Rauch der Scheiterhaufen und die Schreie gemarterter Hexen und Flagellanten zu vernehmen meint.

Charakteristische Züge verschiedenster Orte, Zeiten und Kulturerscheinungen werden kompilatorisch auf die erfundene Stadt übertragen. Sie umfaßt in ihrer unbestimmten und dennoch gefüllten Allgemeinheit Elemente der Theologie, der Kunst, des Mittelalterlichen, der Nietzsche-Biographie und des Dämonischen, und sie repräsentiert damit den gesamten Kernbestand aller wesentlichen Motive des Romans in einem kunstvoll aufgebauten Komplex von Beziehungen. Als *Ganzes* ist die Stadt frei erfunden, in ihren *Einzelzügen* gründet sie auf realen Gegebenheiten, die zwar als gesonderte außerhalb der Kunst liegen, in ihrer Gesamtheit aber zu einem ästhetischen Phänomen Kaisersaschern montiert werden. Der Perspektivismus des Erzählens führt einerseits zu einer totalen Auflösung, ermöglicht aber andererseits, da alles mit allem sich verbinden kann, einen unendlichen Komplex von Beziehungen. Das ist die Kunst, die Nietzsche sich wünschte, eine Kunst nämlich, die alles »zerschlägt, durcheinanderwirft, ironisch wieder zusammensetzt, das Fremdeste paarend und das Nächste trennend« (VI,90).

Das perspektivische Erzählen schafft nicht nur die Komplexion von räumlich Entferntem, sondern knüpft auch die Beziehung zwischen Vergangenem und Gegenwärtigem und erhebt dadurch das Einzelne durch Wiederholung ins Typische. Beispiel hierfür ist die Entwicklungslosigkeit im »Doktor Faustus«. Alles ist in den ersten Kapiteln schon vorbereitet und andeutend vorweggenommen und setzt sich später nur in einer Art Großvariation weiter fort. Hier wird nicht ein Held nach dem Modell des Bildungsromans schrittweise in die Bereiche der Kultur eingeführt, durch die er allererst geformt und geprägt würde; hier gilt auch nicht mehr die pädagogisch bewährte Dialektik von Anlage und Einfluß, von Potenz und Prägung. Statt dessen spiegelt sich im späteren Aufenthaltsort Adrians die Umwelt seines Heimatortes bis in alle Einzelheiten. Früheres kehrt in Späterem wieder, ohne daß eine kausale Verknüpfung nachweisbar wäre. Von Determinismus sprechen, hieße daher, einen Pol aus der Korrelation herausnehmen und unsachgemäß isolieren; denn es ist sehr fragwürdig, ob die späteren Phasen von den früheren bestimmt oder jene von diesen antizipiert werden. Der Perspektivismus läßt beide Möglichkeiten offen, und nur die reine Beziehung, nicht aber der Primat der einen vor der anderen kann hier konstatiert werden. Die von Nietzsche konzipierte Idee der »ewigen Wiederkunft des Gleichen« realisiert sich bei Thomas Mann als Erzählstruktur der perspektivischen Wiederholung.

Wenn daher im XXV. Kapitel – das ist ungefähr die Mitte des Romans – der Teufel höchst persönlich in Erscheinung tritt, weiß der Leser längst, daß der Ungeheure von Anfang an seine Hand im Spiele hat; denn der Erzähler kündigte ihn schon mehrfach an: erst in der Figur eines Privatdozenten, später in der eines Zuhälters. Es fehlt daher bei der direkten Konfrontation auch der eigentliche Pakt, und kein »Topp« beschließt eine Wette, sondern der Besuch des Teufels gilt lediglich der »Konfirmation« (VI,331). Man wird gespannt sein, wie und mit welchen Mitteln der Autor eines modernen Romans, in dem von Luftangriffen und Zwölf-Ton-Musik die Rede ist, den Gottseibeiuns darstellt. Die Frage, ob Thomas Mann den Teufel als Realität oder bloße Halluzination erscheinen läßt, beschäftigte vor allem die Leser nach dem Kriegsende. Das Erlebnis der ausweglos erscheinenden Situation erhitzte die literarische Auseinandersetzung und drängte zur weltanschaulichen Frage, ob in diesem Roman einem Fatalismus das Wort geredet werde oder ob Thomas Mann nicht wenigstens in einigen positiven Gestalten und Andeutungen Lösungen unirdischer Herkunft anzubieten habe. Die einen erblickten in dem Teufel den theologisch ernst gemeinten Widersacher Gottes,[55] andere sprachen von Säkularisierung,[56] wieder andere deuteten ihn als Ausgeburt überreizter Nerven.[57] Das Gespräch zwischen Adrian und dem Besucher enthält Anhaltspunkte sowohl für die Realität als auch für die Fiktionalität des Satans. Leverkühn selbst deutet die Erscheinung zunächst als Hirngespinst und Projektion seiner eigenen Vorstellungen. Als er jedoch aufsteht, um seinen Mantel zu holen, dann zurückgeht und seinen Gast noch immer an dem selben Platze vorfindet, fragt er erstaunt: »Ihr seid noch da [...] selbst nachdem ich gegangen und wiedergekommen?« (VI,299). Seit diesem Zeitpunkt unterscheidet Adrian zwischen »Ich« und »Er«. Immer mehr schwindet der Zweifel an der Realität seines Partners, bis schließlich die Skepsis der Neugierde weicht. Sah Leverkühn anfangs wie Iwan in Dostojewskis »Die Brüder Karamasow« in seinem Gegenüber nichts als ein fratzenhaftes anderes Ich, so verlangt er nun schon wie von einem Fremden Aufschluß über das Wesen der Hölle. Das Bestreben, die Gelegenheit beim Schopfe zu fassen und sich bei dem seltenen Gast nach Wissenswertem zu erkundigen, zeigt, daß Adrian den Besucher als von ihm unabhängigen Gesprächspartner ernst nimmt. Der Teufel wird in

---

55 Vgl. Martin Doerne: Thomas Mann und das protestantische Christentum, in: Die Sammlung 11, 1956, S. 424.
56 Vgl. Erich Kahler: Säkularisierung des Teufels. Thomas Manns Faust, in: Die neue Rundschau 59, 1948, S. 201.
57 Vgl. Friedrich Sell: Ein Kommentar zu Thomas Manns »Doktor Faustus«, in: Die Wandlung 3, 1948, S. 406.

zunehmendem Maße zu einer eigenständigen Figur, bis er schließlich Forderungen an den Künstler stellt, gegen die dieser sich energisch auflehnt. Dabei erfährt Leverkühn Neuigkeiten, die ihm nur von außen zugetragen werden können.

Immer noch mag der Leser sich fragen, ob Adrian nicht doch nur in einer fiebrigen Selbstentäußerung mit sich selber diskutiert, und auch Leverkühn lehnt sich noch einmal gegen die Realität seines Gegenüber auf. Doch der Teufel hält auch dem erneuten Zweifel stand und pariert geschickt, Held und Leser entwaffnend: »Ich bin nicht das Erzeugnis deines pialen Herdes dort oben, sondern der Herd *befähigt* dich, verstehst du?, mich wahrzunehmen, und ohne ihn, freilich sähst du mich nicht. Ist darum meine Existenz an deinen inzipienten Schwips gebunden? Gehör ich darum in dein Subjekt?« (VI,313). Welches Argument gegen die Realpräsenz des Besuchers könnte nun noch aufrecht erhalten werden? Am Ende des Gesprächs jedoch ist der Ungeheure plötzlich verschwunden, und seine ganze Wirklichkeit scheint im nachhinein doch nur ein Gaukelspiel gewesen zu sein; denn an seiner Stelle sitzt der Freund Schildknapp, und Adrian ist ohne Mantel. Die fortschreitende Verwirklichung des Teufels ist mit einem Mal wieder zunichte gemacht. Damit die Verwirrung vollkommen ist, spricht der letzte Satz des Kapitels noch einmal für die tatsächliche Anwesenheit des Satans, wenn Adrian seinen Brief beschließend, das Fehlen des Mantels erklärt: »Muß in meiner Empörung das Luder verjagt und meine Hüllen ins Nebenzimmer zurückgetragen haben, bevor der Gefährte kam« (VI,333). Einerseits legt es der Erzähler bewußt darauf an, dem Leser die leibhaftige Gegenwart des Satans zu suggerieren; andererseits zerschlägt er ebenso absichtsvoll die bereits erreichte Wirkung wieder und zeigt die Erscheinung in dauernder Bewegung, bis er sie schließlich in nichts zerfließen läßt. Aufgrund der doppelten Intention des Erzählers ist die Alternative, ob die Gestalt des Teufels real oder bloß fiktiv ist, nicht mehr eindeutig zu entscheiden. Die Fragestellung selbst bedarf der Revision. Statt dessen ist zu untersuchen, zu welchem Zweck die Erscheinungsweise des Dämonischen vom Autor bewußt in der Schwebe gehalten und mehrdeutig dargestellt wird.

Das erzählerische Glissando zwischen festen Bestimmtheiten wird deshalb erforderlich, weil Realität und Fiktionalität selbst nur extreme Perspektiven sind, zwischen denen viele andere Möglichkeiten gleiten, ohne daß sie antithetisch aufgeteilt oder dialektisch zur Synthese geführt werden. Wie der Bereich des Teufels und der Hölle in Wirklichkeit zu fixieren wäre, entzieht sich vor allem dem Zugriff der Sprache. Daher erklärt der Unheimliche: »eigentlich kann man überhaupt und ganz und gar nicht davon reden, weil sich das Eigentliche mit den Worten nicht deckt« (VI,326). Wie der Teufel real und fiktiv zugleich ist, so fallen auch am Orte der Verdammnis die Extreme zusammen. Hier mischen sich tiefste Qual und höchste Wollust, beide ohne Grenzen, denn »dort hört alles auf« (ebd.). Wollte man sie als Nichts bezeichnen, so hieße das, daß in ihr nicht »etwas«, d. h. nichts Bestimmtes und Begrenztes vorkäme. Alles geht mit allem ineinander über, so daß der vermenschlichende Begriff zu kurz kommt. Auch die Möglichkeit, das Wesentliche bildlich zu erfassen, wird aufgegeben. Den Zweifel an der Gültigkeit und Leistungsfähigkeit des Symbols teilt Thomas Mann mit Kafka, Broch und Musil, die alle von Nietzsche beeinflußt sind. Verwenden sie jedoch für das Unfaßbare, zwar mehrdeutige, aber der Intention nach umgreifende Zeichen und Chiffren, so ist im »Doktor Faustus« der analytische Charakter des Erzählens am stärksten ausgeprägt. Nur durch größte artistische Bewußtheit werden die vielfältigen Elemente zu einem komplexen Konstrukt zusammengezwungen. In einem solchen Verweisungszusammenhang schießen entlegene, diffuse und divergierende Erscheinungen zusammen, wandeln sich, lösen sich auf und gehen neue, fremdartig-monströse, Verbindungen ein.

Diese Denk- und Darstellungsmethode verkörpert der Teufel sowohl in seinen Erscheinungsweisen als auch in seinen Reden. Strizzi, feinsinniger Kunstkritiker und Theologe sind die Gestalten, in denen sich der Unterweltliche präsentiert. Den verschiedenen Masken entsprechen jeweils verschiedene Themenkreise: Als »Mannsluder« gibt er Auskunft über die medizinischen Grundlagen venerischer Krankheiten, als Intelligenzler analysiert er die Lage der modernen Kunst, als Theologe entwickelt er eine Dämonologie und kehrt am Ende zu seiner ersten Rolle zurück. Krankheit, Gift, Schönheit und Dämonie bilden einen Beziehungskomplex, der schon seit den ersten Kapiteln des Romans im Spiele ist und nunmehr bei dem zentralen Gespräch in wechselnden Erscheinungen wiederkehrt. Der Teufel ist einmal der dionysische Dithyrambiker, dann wieder der scharfsinnige Kritiker und Psychologe, bevor er die Wissenschaftlichkeit mit bitterem Spott desavouiert und die Steigerung der Lebensmacht als letztes Prinzip verkündet. Die Beziehung zu Nietzsche ist hier evident. Analog zu dessen Perspektivenwechsel fehlt auch in den Reden des Teufels jede einsinnige Äußerung, die einen Sachverhalt genau fixiert und von anderen Phänomenen abgrenzt. Einzelne Aspekte werden zwar erst scharf herausgearbeitet, gehen dann aber in völlig andersartige und sogar widersprüchliche über. So erhebt der Dozierende die Krankheit zu einem notwendigen und wertvollen Bestandteil des Lebens. Die Hölle ist nicht bloß Ort der Verdammnis, sondern der Aufenthalt in ihr gilt zugleich als höchste Auszeichnung, die einem Menschen zukommt. Den Gipfel der Zweideutigkeit und Bedenklichkeit erreicht seine Rede, wenn der Satan mit den Begriffen »gut« und »böse« höhnisch spielt, sie pseudodialektisch und nach Belieben in ihr Gegenteil verkehrt und sich selbst am Ende zum einzigen Anwalt des Religiösen aufwirft.

Diese im wahrsten Sinne des Wortes *diabolische* Betrachtungsweise, die ihre Gegenstände nur noch perspektivisch einschätzt und alles mit allem, selbst mit dem Gegensätzlichen, in Verbindung bringt, stimmt exakt überein mit dem Denkmodell Nietzsches, den Stilprinzipien Leverkühns und nicht zuletzt mit Thomas Manns eigener artistischer Verfahrensweise. Die gleichen Züge, die der Erzähler dem Teufel verleiht, charakterisieren von Anfang an das Geschäft des Romanciers, seine Erzähltechnik. Auch sie ist gekennzeichnet durch Perspektivismus, Korrelation des Gegensätzlichen und Glissando. Der Teufel verkörpert somit in seiner Lehre und Erscheinung dieselbe schwebende Mehrdeutigkeit, mit der Thomas Mann selbst fortwährend erzählt. Teufel und Hölle repräsentieren den zugespitzten ästhetischen Zustand, in dem das Seiende von jeder begrifflichen und moralischen Bestimmtheit befreit wird und nur in einem System von Beziehungen Geltung hat. Der Satan teilt mit der Kunst einerseits die weitgespannte Exzentrizität, andererseits das fortwährende Gleiten zwischen den vermeintlich festen Grenzen von Steigerung und Verfall, von Realität und Fiktion. Teufel und Hölle sind die komplexen Erscheinungen ästhetischer Mehrdeutigkeit. Daher ist der Ort der Verdammnis im Grunde nur eine Fortsetzung der extravaganten Künstlerexistenz, und Adrian Leverkühn erlebt zwischen Glut und eisiger Kälte schon die Hölle auf Erden, wo es für ihn keine Bestimmtheit, keine Selbstverständlichkeit, keine Naivität und somit keine Glückserfüllung gibt. Wie Nietzsche wendet auch er das Wort des Leidenden: »Schlafet ruhig und laßt euch nichts anfechten« ins »Einsam-Männlichere und Stolze« (VI,651), und wie der Verfasser des

»Zarathustra« könnte auch er dem Ritter von la Mancha seine Züge leihen.

7 INGE und WALTER JENS
Betrachtungen eines Unpolitischen: Thomas Mann und Friedrich Nietzsche

[239...] Nicht die Nietzschesche *Lehre* war für Thomas Mann wichtig – er adaptierte allenfalls Partialaspekte, in denen er die eigene Situation gespiegelt glaubte –, sondern das Vorbild des Nietzscheschen *Lebens* ... des Lebens, gefaßt als Legende, als Mythos des Lebens. »Nietzsche, Versuch einer Mythologie« aber war der Titel eines 1918 erschienenen Buches von Ernst Bertram, dem es darauf ankam, gerade das »in jedem Heute neu wirksame Bild« eines großen Mannes aufzuzeigen ... und in der Tat liegen die Beziehungen zwischen Thomas Manns »Künstlerwerk« und dem mythologisierenden opus des zünftigen Gelehrten offen zu Tag. Nicht zu verkennen ist aber auch, wer hier Gebender und wer Nehmender war, wer unterstützte und selbstlos half und wer »die vortrefflichen Citate, nein, Citanda« in »Erasmi Haltung, [...] die Brille auf der Nase [...] klug und fein« in »seine Humanistenarbeit« eintrug, wer Karten schrieb: »Bitte rasch: wieso ist ›Sie hätte singen sollen, nicht reden‹, ein Citat? Welches ist die Stelle?« und wer schließlich bangen mußte, daß seine großzügige Hilfe in den Augen der Öffentlichkeit alle Verhältnisse umkehren werde.

»Gestern war Tom hier«, schrieb Ernst Bertram seinem Vertrauten Ernst Glöckner am 1.3.1918, »Arion las ich, dessen ›musikalisches‹, ihn nah angehendes Thema besonders fesselte. [...] Er bat sich sogar einige von mir aus dem entlegendsten Nachlaß herausgeklaubte Stellen betreff ›Musik und Civilisation‹ aus, [...] um sie in seiner Arbeit noch unterzubringen. Ich fürchte fast, es wird der gemeinsamen Zitate zu viel werden, zumal ich ihm [sc. Thomas Mann] so viele andere (Luther, Matthäuspassion, Dürer etc.) s. Z. auch geschickt hatte. Schließlich [...] stehe *ich* noch als derjenige da, der all diese Zitate aus Toms Buch herausgegrapscht hat.«

Die Angst war, wie sich bald herausstellen sollte, nicht unberechtigt, denn Thomas Mann verwies in seinem »Künstlerwerk« mit so schöner Selbstverständlichkeit auf Pascals Verwandtschaft mit

Nietzsche, auf die Beziehungen zu Hölderlin und Luther oder auf Adalbert Stifters »sittigenden Humanismus«, daß wohl kaum einer seiner Leser auf die Idee gekommen wäre, er verdanke all diese Hinweise und Belegstellen [240] ausschließlich dem Zettelkasten seines gelehrten Freundes, der seine altruistische Haltung in Briefen an Ernst Glöckner gelegentlich wie folgt kommentiert: »Tom kennt aber auch erbärmlich wenig. Er redet sich immer auf den ›Ohrenmenschen‹ hinaus (der vor 1½ Jahren zum erstenmal die Matthäus-Passion hörte!)« [Allerseelen 1915] und, im Januar 1916,: »Tom kennt von Adalbert Stifter noch nichts, nicht eine Zeile, obwohl ihm z. B. Nietzsches Urteil über den Nachsommer ja bekannt ist. Er hielt ihn überdies für einen Schweizer. Bat mich um Rat, was er von ihm lese sollte, ich diktierte ihm ...«

Nein, nicht Gelehrsamkeit, sondern »höhere Kopistenkunst« ist es, die, wie so viele andere Bücher Thomas Manns, auch die »Betrachtungen« auszeichnet, jene Begabung zu »Anempfindung« und Identifikation, in deren Zeichen man, nach Erscheinen des Bertramschen Buches, das opus denn auch völlig selbstverständlich als ein »Geschwister der Betrachtungen« annektierte, obwohl das Verwandtschaftsverhältnis ehrlicherweise doch mit anderen Bezeichnungen hätte belegt werden können. Ja, Thomas Mann scheute sich nicht zu konstatieren, daß Bertram sein Buch »nicht so hätte schreiben können, daß es diese seelische Intimität wahrscheinlich nicht gewonnen hätte«, wenn der Wissenschaftler, durch die Freundschaft mit dem Poeten, »den großen Gegenstand nicht, gewissermaßen, in gewissem Umfange, im Kleinen noch einmal erlebt« hätte.

Man lese in den »Betrachtungen« nach, was Thomas Mann über das Verhältnis des deutschen Geistes zur römischen Welt sagt, nehme den Protest zur Kenntnis, mit dem er moniert, daß »Dostojewski zwar ›Luther in Rom‹« sähe, aber das andere, »manchem Deutschen noch wichtigere Ereignis, ›Goethe in Rom‹«, negiere, und bemerke dann den Passus, mit dem er seine Ausführungen schließt: »Bei welchen formelhaften Andeutungen es hier sein Bewenden haben muß.« Dieses »Bewenden« hätte aber um der Ehrlichkeit sowohl als auch um des besseren Verständnisses willen durch den Hinweis auf Ernst Bertrams Kapitel ›Claude Lorrain‹ ersetzt werden müssen, wo das Problem von Goethes und Luthers Romfahrt und deren Folgen für den deutschen Geist in extenso abgehandelt wird. Derlei »Abhängigkeiten« der »Betrachtungen« von dem Bertramschen Buch zeigen sich auf Schritt und Tritt – z. B. in der grandezza, mit der der Romancier – sonst eben kein Freund und Vertrauter der Griechen – das von Bertram ausführlich erwähnte »Empedokles«-Fragment als »stark hölderlinisch« etikettierte.

Entscheidender aber als die Übereinstimmung in Details ist, daß Thomas Manns Nietzsche, jene reformatorische, von Lutherschem [241] Erbe und Dürerschem Meistertum gleichermaßen gespeiste Erscheinung weit mehr eine Figur Ernst Bertrams als eine genuine Gestalt des Poeten ist. So viele Identifizierungsmöglichkeiten sich unter dem Aspekt der »Einfühlung« auch anboten: Passion hier – Passion dort, der Heroismus der Schwäche, die protestantische Gestalt des bürgerlichen Leistungsethikers im Sinne Max Webers ... die Konzeption dieser Figur stammte von Bertram. Er war es, der im Kapitel ›Ritter, Tod und Teufel‹ auf die Bedeutung des Dürerstichs für Nietzsche verwies und das tapfere »Dennoch« Dürerscher Weltsicht (Nietzsche verwendet das Dürerbild in dieser symbolischen Bedeutung in der ›Vorrede zur Geburt der Tragödie‹ und in der ›Genealogie der Moral‹ zur Charakterisierung Schopenhauers) in Zusammenhang mit jenem von Thomas Mann schon 1904 als Umschreibung für seine Welt gebrauchten Zitat von »Kreuz, Tod und Gruft« brachte – eine Zusammenstellung, die dann zur zentralen Kategorie der »Betrachtungen« wurde und von Stund' an bei vielen Gelegenheiten zur Würdigung eines zu feiernden Helden – hieß er nun Dürer, Heinrich Mann oder Sigmund Freud – verwandt werden sollte.

Bertram war es auch, der auf Luther verwies (dem Thomas Mann später, als er ihn wirklich gelesen hatte, nicht eben mit ungeteilter Sympathie begegnete), und Bertram war es, der Bach und die Matthäuspassion heranzog, um die protestantische Tradition als eine musikalische Überlieferung zu erweisen und somit den Bogen von Luther über Wagner zu Nietzsche zu spannen: ein Gedankengang, der den Leser der »Betrachtungen« nicht eben unvertraut anmutet.

Kurzum, es war der »Nordmensch«, der Enkel der Reformation, geprägt von Philosophie, Musik und Dürers (durch Heinrich Wölfflin interpretierte) Gestalt des »Neuen Heiligen«, es war Bertrams protestantischer Nietzsche, der, wie der Gelehrte betont, »noch 1875, in einem Brief an Rohde« von »unserer guten protestantischen Luft« sprechen konnte (*noch* 1875! – Nietzsche war damals 31 Jahre alt!), ... es war Bertrams Nietzsche, den Thomas Mann als eine legendäre Gestalt übernahm. Und so war es denn auch kein Zufall, daß er, anno 1917, von der Reformation als einem »undeutbaren unkritisierbaren Ereignis wie das Leben« sprach und erst im Alter zu jener skeptischen – Nietzscheschen! – Betrachtungsweise fand, die die Reformation als »Verhunzung der Renaissance« und eine allen südlichen Charmes und südlicher Lebensart entbehrende, von einem »unmöglichen Mönch« inaugurierte, anti-aristokratische Bewegung verdammte.

Aber Thomas Manns Nietzsche, das war nicht nur die Bertramsche Mythenfigur, es war auch der mit Tonio Krögers Augen gesehene [242] Wanderer zwischen den Welten, der schüchterne Aristokrat, der sich nach dem Leben sehnt, der »Zweiseelenmensch« mit dem Janusgesicht (wieder ein Begriff von Bertram, der in seinem Buch von Nietzsche als »der jüngsten historischen Verkörperung des paulinischen anēr dipsychos« spricht), Nietzsche der Schriftsteller, der als Stilist den europäischen Fortschritt »tatweise« beförderte, während er ihm »meinungsweise« – aus Sympathie mit den konservativen Elementen – Widerstand leistete. Vor allem aber sah Thomas Mann in Nietzsche den letzten Bürger, der – gleich ihm selbst – in einer Gestalt Summe und Überwindung des neunzehnten Jahrhunderts repräsentierte: jenes durch Romantik, Bürgerlichkeit, Musik und Pessimismus genährten Säkulums der Dekadenz, zu dem sich auch Thomas Mann als zu einem »redlichen aber düsteren« Zeitalter bekannte und dessen prägende Kräfte er wiederum im Leben Nietzsches ebenso anschaulich wie exemplarisch repräsentiert sah. Das Diktum Thomas Manns über sich selbst: »Ich gehöre geistig jenem über ganz Europa verbreiteten Geschlecht von Schriftstellern an, die, aus der décadence kommend, zu Chronisten und Analytikern der décadence bestellt, den emanzipatorischen Willen zur Absage an sie [...] tief im Herzen tragen und mit der Überwindung von Dekadenz und Nihilismus wenigstens experimentieren« ... dieses Diktum gilt – nach Thomas Mann – gleichermaßen für Nietzsche, weil er, wie Bertram in seinem Buch geschrieben hatte, »die Unheilbarkeit seines Jahrhunderts zugleich war und sah, bekämpfte und erlitt«.

Beide, Ernst Bertram und Thomas Mann, rekapitulierten – der eine auf sich selbst, der andere auf Nietzsche bezogen – die Sentenz, die Nietzsche im »Ecce homo« formuliert hatte: »Ich habe sie [sc. die décadence] vorwärts und rückwärts buchstabiert.«

Aber wenn für Thomas Mann Nietzsche der einsame Bruder blieb, die exemplarische Gestalt, mit deren Schicksal er sich identifizieren konnte, so unterschied ihn gerade diese Auffassung des großen Mannes als eines alter ego mit aller Schärfe von seinem »gelehrtesten Freund«, der ein Heroenbild entwarf und nicht zögerte, Napoleon ein Vorbild für Zarathustra zu nennen, und, um die Parallele zwischen Nietzsche und Goethe wenigstens geographisch sichtbar zu machen, von der Heimkehr »aus dem tödlichen Süden« »in die thüringische Heimat« sprach, angetreten, »um die Sonne über den Hügeln Weimars sinken zu sehen« ... eine allem mythologisierenden Bemühen zum Trotz nicht eben sehr geschmackvolle Umschreibung des historischen Tatbestandes: ein Wahnsinniger wird von seiner Mutter in Begleitung eines Krankenpflegers nach Hause gebracht.

[243] Der eigentliche Unterschied zwischen der Nietzsche-Interpretation des Literarhistorikers und der Deutung Thomas Manns bestand darin, daß der Gelehrte dort, wo der Dichter den großen einsamen Bruder beschrieb, die Gestalt des Vorläufers und göttlichen Propheten sah: den Catilina, dessen Schicksal es war, daß Caesar ihm folgte, den Johannes, der abnehmen mußte, damit der nach ihm Kommende wachse, den Napoleon, der es sich wünschte, ein Enkel zu sein. Nietzsche, der Vorläufer, und Nietzsche, der Lehrer im Kreis seiner Schüler, der Prophet inmitten der Jünger, Nietzsche, der seinen Meister verriet und noch in der Form des Verrats den Glauben an denjenigen bezeugte, den er als einzigen geliebt und mit dem er sein Leben lang gerungen hatte ... es unterliegt keinem Zweifel, welcher große Schatten hinter diesen Vorstellungen sichtbar wird und wer sich hier anschickte, die Bühne zu betreten: es war Stefan George, dessen Erscheinen – so Bertram – der Vorläufer Nietzsche ankündigte. In seinem Namen wurden Probleme der Jüngerschaft und des Verrats am Meister behandelt. (George hat es Nietzsche nie verziehen, daß er sich von Wagner löste, und um Nietzsche vor George zu rechtfertigen, schrieb Bertram sein ›Judas‹-Kapitel mit der Deutung des Liebesverrats als Ausdruck »einer Lebenslegende, die das Abbild eines Glaubens in der Form höchsten Verrats an jedem Glauben, ein Erretten des Göttlichen durch einen Mord Gottes zu erringen meinte«.)

»George war hier«, schrieb Ernst Bertram am 5. 6. 1916 an Thomas Mann, »ich hatte Gelegenheit, täglich ihn zu hören. Der Anblick eines Menschen, der so unbedingt und furchtlos sich selbst verwirklicht und den großen amor fati mit einer Stärke verleiblicht wie seit Nietzsche niemand, von dem ich wüßte, ist immer eine Herzensstärkung, die unsereins brauchen kann, um sich positiv zu erhalten.«

Von einer solchen Vorläuferschaft konnte bei Thomas Mann, dem alles auf Identifikation, auf Teilhabe, auf geheime und offene Übereinstimmung ankam, selbstverständlich niemals die Rede sein, ebensowenig wie von jenem Gegensatz zwischen Nord und Süd, Goethes apollinischem Rom und Hölderlins dionysischem Eleusis, zwischen der Feuchte des Nordens, die Nietzsche in seinen Briefen so häufig beklagte, und südlicher limpidezza, die er ersehnte. [...]

8 INGO SEIDLER

Das Nietzschebild Robert Musils

I

[329] Mit Heidegger und mit Jaspers, mit Spengler und mit Klages, mit Adler und mit Freud, mit George und mit Rilke, mit Ernst und mit Friedrich Georg Jünger, mit Heinrich und mit Thomas Mann[1] teilt Musil das Los, der Generation nach Nietzsche anzugehören, und zwar nicht nur in einem sozusagen zufällig-zeitlichen Sinn, sondern in dem einer schicksalhaften Nachfolge. Von dieser Generation hat denn auch Gottfried Benn folgendes gesagt:

> »Eigentlich hat alles, was meine Generation diskutierte, innerlich sich auseinanderdachte, man kann sagen: erlitt, man kann auch sagen: breittrat – alles das hatte sich bereits bei Nietzsche ausgesprochen und erschöpft, definitive Formulierung gefunden, alles Weitere war Exegese.«[2]

Obwohl man annehmen darf, daß die Genannten ihre Abhängigkeit von Nietzsche selbst etwas zurückhaltender ausgedrückt hätten, und obwohl schon die Unvereinbarkeit ihrer Absichten den Vorwurf bloßen Nietzsche-Epigonentums ausschließt – Untersuchungen über die Art, wie sich die erwähnten Autoren mit dem

---

[1] Diese Liste aus dem deutschen Sprachraum ließe sich natürlich aus anderen Literaturen ergänzen, etwa durch die folgenden Namen: Gide, Valéry, Camus, Malraux, Montherlant; Gentile, d'Annunzio; Ortega y Gasset, Unamuno, Borges, Santayana; Shaw, D. H. Lawrence, Mencken, O'Neill, H. Miller; Strindberg, Hamsun usw.

[2] ›Nietzsche nach fünfzig Jahren‹, 1950, in: Gesammelte Werke (Wiesbaden, 1959–61), I/482.

Phänomen Nietzsche auseinandersetzten, versprechen in jedem Falle, unser Verständnis für die neuere Geistesgeschichte an einem wichtigen Punkte zu vertiefen.

Im folgenden soll kritisch dargestellt werden, welche Stellung Robert Musil Nietzsche gegenüber bezog, wie er ihn sah und beurteilte, aber auch, wie er sein eigenes Werk in Hinblick auf Nietzsche eingestuft wissen wollte. Obwohl Musils Gesamtwerk die Grundlage unserer Untersuchung bildet, liegt doch das Hauptgewicht auf den Tagebüchern, Briefen, Aphorismen, [330] Essays, Reden und noch nicht Werk gewordenen Aufzeichnungen, die vom eigentlichen dichterischen Werk methodisch unterschieden werden. Denn es scheint auf der Hand zu liegen – wenngleich es immer wieder geflissentlich übersehen wird –, daß Hinweise auf eine historische Gestalt innerhalb eines dichterischen Werks grundsätzlich eine andere Funktion haben und anders gelesen werden wollen als Aussagen, die ein Autor direkt und in eigener Sache macht. Innerhalb eines dichterischen Werks sind solche Bezüge nicht nur häufig *verborgen* – dem ließe sich abhelfen –, sie sind auch so gut wie immer *verbogen*, das heißt, nur dramatisch und innerhalb der Konstellation der Charaktere, nicht aber ohne weiteres wörtlich, als Bekenntnis des Autors, zu verstehen. Das Problem, inwieweit wörtliche Entlehnungen von und Anlehnungen an Nietzsche im dichterischen Werk Musils nachgewiesen werden können, wird daher in diesem Rahmen nur gestreift;[3] das Hauptaugenmerk gilt der Frage 1. nach Musils Nietzschebild und 2. nach der Berechtigung und den Grenzen dieses Bildes.

Trotz der Fülle der offen zutage liegenden Beziehungen zwischen Musil und Nietzsche ist die Literatur zu diesem Verhältnis spärlich und zudem meist irreführend. Ein großer Teil der vorhandenen Musilliteratur muß der Unterlassungssünde beschuldigt werden, Nietzsche überhaupt nicht zu erwähnen, ein kleiner Teil der Begehungssünde, Nietzsches Bedeutung für Musil und sein Werk zu verkennen, zu mißdeuten und vor allem zu unterschätzen. Was die

---

[3] Vorarbeiten zur Frage der wörtlichen Nietzscheentlehnungen im ›Mann ohne Eigenschaften‹ leistet neben Beda Allemanns ›Ironie und Dichtung‹ (Pfullingen, 1956) vor allem Wilhelm Bausingers große Editionsarbeit, Studien zu einer historisch-kritischen Ausgabe von Robert Musils Roman ›Der Mann ohne Eigenschaften‹ (Hamburg, 1964), besonders S. 590–596.

zweitgenannte Gruppe angeht, so hat sich besonders *eines* für das Verständnis des Komplexes als verhängnisvoll erwiesen, die Tatsache nämlich, daß eine der Hauptfiguren im ›Mann ohne Eigenschaften‹, Clarisse, den Namen Nietzsche häufig im Munde führt, ja, geradezu der Meinung zu sein scheint, sie lebe ihr Leben im Sinne Nietzsches, das heißt, auf Grund einer Werteskala à la Nietzsche. Mit wenigen rühmlichen Ausnahmen (etwa Gabriel Marcel und W. Grenzmann)[4] hat die gesamte kritische Literatur diesen ihren Anspruch kritiklos übernommen – Clarisse wird somit zu dem, wofür sie sich selbst hält, und Musil wird in seiner Haltung gegenüber Nietzsche auf seine Darstellung dieser einen Romanfigur festgenagelt. Burton Pike und Ernst Kaiser/Eithne Wilkins, in ihren sonst sehr [331] verschiedenen Darstellungen, begehen beide diesen Fehler auf geradezu exemplarische Art. So nennt Pike Clarisse *flaming exponent* und *fervent champion of Nietzsche*. Vom labilen Geisteszustand dieser Clarisse her schließt Pike – wenig überzeugend –, Musil sei der Meinung gewesen, *only the mentally unbalanced can understand the chaos of the twentieth century*;[5] auf derselben Seite wird aber die Tatsache, daß Clarisse am Rande des Wahnsinns lebt – noch weniger überzeugend – als Beweis für Musils *deep suspicion* bezüglich Nietzsche überfordert.

In dem Band von Kaiser und Wilkins fällt für unser Problem vor allem auf, wie oft die Autoren sich auf Gedankengut Nietzsches beziehen, ohne dessen Namen zu nennen. Das Vorläufige der Schätzungen von Gut und Böse wird erwähnt,[6] als Kriterium einer Idee oder Handlung das Gefühl von Steigen oder Sinken (d. h. von Zuwachs oder Abnahme an Vitalität und Macht) genannt;[7] Musils Pläne, einen ›Antichrist‹ zu schreiben, angeführt;[8] von den Tugenden und Lastern der Gesellschaft im Gegensatz zu denen des Heili-

---

[4] G. Marcel: Le Journal de Robert Musil, in: Allemagne d'aujourd'hui, I, Jan./Feb. 1957, S. 7–20.
W. Grenzmann: ›Der Mann ohne Eigenschaften‹. Zur Problematik der Romangestalt, in: Robert Musil. Leben, Werk, Wirkung, hg. Karl Dinklage (Hamburg, 1960), S. 67.

[5] Burton Pike: Robert Musil. An Introduction to His Work (Ithaca, N.Y., 1961), S. 188.

[6] Ernst Kaiser/Eithne Wilkins: Robert Musil. Eine Einführung in das Werk (Stuttgart, 1962), S. 30, 139.

[7] Ebd., S. 40, 213.

[8] Ebd., S. 135.

gen gesprochen;[9] schließlich sogar die Verbindung von Leidenschaftlichkeit und »erhöhter Zurechnungsfähigkeit« ins Treffen geführt [10] – aber alles dies, ohne daß der Name Nietzsche je fällt. Umgekehrt wird die Stelle im ›Mann ohne Eigenschaften‹, an der Clarisse die Werke Nietzsches von Ulrich als Hochzeitsgeschenk empfängt, folgendermaßen ausgelegt: »Mit diesem Geschenk an Clarisse deutet Ulrich an, daß er mit all dem nichts mehr zu schaffen haben will und es Clarisse überläßt, sich mit Nietzsche und Moosbrugger auseinanderzusetzen und mit all dem allein fertig zu werden.«[11] Dieser Auslegung entspricht im Analogieschluß von Ulrich auf Musil die Kaisersche Ansicht, Musils *Frühwerk* sei zwar dem [332] Denken Nietzsches verpflichtet gewesen;[12] er habe sich aber mit zunehmender Reife von diesem Einfluß mehr und mehr abgewandt.

So bequem und deshalb beliebt die eben zitierte Meinung nun ist,[13] so scheint sie uns doch einer gründlichen Untersuchung nicht standzuhalten. Erstens ist auch für Musils Verhältnis zu Nietzsche nicht Clarisse, sondern der Hauptcharakter des Romans, Ulrich, die ausschlaggebende Gestalt. Zweitens bewegt sich weder die Entwick-

---

[9] Ebd., S. 214.
[10] Ebd., S. 291 et passim.
[11] Ebd., S. 169. Dieselbe Verbindung von Nietzsche und Moosbrugger (diesmal unter dem Begriff des Komplementären) findet sich auch im Kaiser/Wilkins-Aufsatz ›Monstrum in Animo‹ (DVjs., 37. Jg., 1963, S. 78–119).
Komplizierter ist die Sachlage im Falle von Beda Allemanns erwähnter Studie, Ironie und Dichtung (Pfullingen, 1956), besonders Kapitel II und VII. Einerseits sieht der Autor sehr richtig, daß Ulrichs Gedanken von der Utopie des Essayismus und vom Generalsekretariat der Genauigkeit und Seele Nietzsche verpflichtet sind, ja, daß sogar »jenes auf die Spitze Getriebene und Übersteigerte, das Hochexplosive und lustvoll Gefährliche, das eine Seite der Erscheinung Nietzsches ausmacht«, für Ulrich »kein unbekanntes Land mehr« ist (S. 37). Andererseits nimmt Allemann jedoch Kaiser/Wilkins mit der Ansicht vorweg, die »unbedingte Aneignung Nietzschescher Gedankengänge« werde von Ulrich weg auf die Jugendfreundin Clarisse abgewälzt (S. 209) – und dies, obwohl der Autor vorher selbst zu sehen schien, daß Ulrich bedeutende Aspekte Nietzsches bewahrt, die Clarisse vernachlässigt.
[12] Wie Anm. 6, S. 123 et passim.
[13] Vgl. auch J. Loebenstein: Das Problem der Erkenntnis in Musils künstlerischem Werk, in: Robert Musil. Leben, Werk, Wirkung, wie Anm. 4, S. 94 und 106.

lung dieses Ulrich, noch die Musils von jugendlicher Nietzschenachahmung auf reifere Nietzscheüberwindung zu. Vielmehr schreitet die Entwicklung von einer allzu handfesten, kruden und oberflächlichen (daher auch verbreiteten) Auffassung Nietzsches zu einer genaueren, subtileren und tieferen (daher auch selteneren) Auffassung Nietzsches fort. Diese Entwicklung soll im folgenden dargestellt werden.

II

Zunächst sollte man sich wohl fragen, wie weit Musil mit dem Werk Nietzsches überhaupt vertraut war, eine Frage, die sich durch die Hinweise in den verfügbaren Texten natürlich nur vorläufig beantworten läßt. Aber auch dieses Minimum ist schon eindrucksvoll genug. Musil bezieht sich in seinen Schriften auf die folgenden Titel Nietzsches: ›Schopenhauer als Erzieher‹ (aus den ›Unzeitgemäßen Betrachtungen‹), ›Menschliches, Allzumenschliches‹, ›Also sprach Zarathustra‹, ›Jenseits von Gut und Böse‹, ›Ecce Homo‹ und die nachgelassenen Fragmente. Dazu kommen zahlreiche Zitate, die zwar von Musil nur durch Nietzsches Namen gekennzeichnet sind, die aber, wie sich zeigen läßt, den folgenden Werken entstammen: ›Die Geburt der Tragödie‹, ›Der Fall Wagner‹, ›Götzendämmerung‹ und die unter dem Titel ›Der Wille zur Macht‹ posthum veröffentlichten Aufzeichnungen, neben weiteren Stellen aus den schon oben genannten Werken. Dies heißt, daß sich Musil auf alle Hauptwerke Nietzsches, außer ›Morgenröte‹, ›Zur Genealogie der Moral‹ und (bemerkenswerterweise) ›Antichrist‹, direkt bezieht. Dazu kommt, daß sich der Dichter in späteren Jahren wiederholt kritisch von seiner früheren, mangelhaften Kenntnis Nietzsches absetzt. So fragt sich Musil 1937, ob er in seiner Jugend Nietzsche auch nur zu einem Drittel [333] aufgenommen habe: »Und doch entscheidender Einfluß« (II/401).[14] Zumindest in der zweiten Hälfte seines Lebens muß Musils Kenntnis der Werke Nietzsches also ziemlich umfassend gewesen sein.

---

[14] Die Werke Musils werden nach der dreibändigen Ausgabe, erschienen im Rowohlt Verlag (Hamburg, 1952–1957), laufend im Text zitiert. Dabei bedienen wir uns der folgenden Abkürzungen: I = Der Mann ohne Eigenschaften, 5. Auflage, 1960 (neue Paginierung); II = Tagebücher, Aphorismen, Essays und Reden, 1955; III = Prosa, Dramen, Späte Briefe, 1957.

Nach Musils eigenen Angaben hat er Schriften Nietzsches zum ersten Mal im achtzehnten Lebensjahr gelesen; von diesem Zeitpunkt, also dem Jahre 1898, bis zu seinem Tode im Jahre 1942 bezieht sich der Dichter 44 Jahre lang immer wieder auf den Philosophen. Nur der Name Goethes fällt in Musils Aufzeichnungen noch öfter als der Nietzsches, aber zumeist in weniger bedeutsamen Zusammenhängen. Die Ansicht, es handle sich bei Nietzsches Einfluß auf Musil um eine Kinderkrankheit (oder doch eine Art Jünglingsschwärmerei) wird weiterhin erschüttert durch die Tatsache, daß Musils Hinweise auf Nietzsche im Laufe der 44 Jahre keineswegs ab-, sondern vielmehr zunehmen. Während es in den früheren Aufzeichnungen Musils noch mehrjährige Abschnitte gibt, in denen der Name Nietzsche nicht auftaucht, vergeht von 1928 bis zum Tode des Dichters kein Jahr ohne Eintragungen, die sich auf Nietzsche beziehen. Dazu kommt ein Drittes. Von den wenigen ablehnenden Bemerkungen zu Nietzsche fallen die beiden umfassendsten in Musils zweiundzwanzigstes Lebensjahr. Im einen dieser Einwände wird Nietzsche vorgeworfen, er gebe lauter Möglichkeiten und Gedankenkombinationen, ohne eine einzige auszuführen; im anderen wird zwar Nietzsche »und zehn tüchtigen geistigen Arbeitern« die Fähigkeit zugestanden, »einen Kulturfortschritt von tausend Jahren« zu bringen; »Nietzsche an sich« dagegen habe »keinen zu großen Wert«. Etwa zwanzig Jahre später, also im reifen Mannesalter, fügt Musil diesen beiden Eintragungen die folgenden Randbemerkungen hinzu. Zur zweiten: »Jugendliche Anmaßung« (II/43). Zur ersten: »Wie drollig man als junger Mensch ist! Nietzsche gerade gut genug, um einem Lausbuben als Stufe zu dienen! Wie man nur das sieht, was man unter sich sieht! Wie fern der Gedanke liegt, auf den Totalgedanken Nietzsche einzugehen« (II/36 bis 37). Die Frage, inwieweit Musil später auf den »Totalgedanken Nietzsche« eingeht, wird uns im folgenden beschäftigen.

III

Tatsächlich wählt auch der späte Musil, wie alle Autoren, die in Nietzsche so etwas wie einen geistigen Vor-Mund sehen, unter Vernachlässigung bedeutender Aspekte das ihm Gemäße aus dem umfangreichen Gedanken- [334] gebäude aus. So wird die metaphysische Komponente (der Martin Heidegger immerhin mehr als tausend Seiten widmete) fast ganz beiseite gelassen. Nichts in Musils

Nietzschebild legt nahe, daß es sich bei diesem Denker, nach dem Urteil Heideggers,[15] um das Ende und die Vollendung der abendländischen Metaphysik handle. Der Gedanke der Ewigen Wiederkehr des Gleichen bleibt unerwähnt, obgleich sich Musil, wie noch gezeigt werden wird, Nietzsches »moralische Nutzanwendung« des Gedankens sehr wohl zu eigen macht. Der Begriff des Willens zur Macht (nach Heidegger »der erste, d. h. dem Rang nach höchste Gedanke der abendländischen Metaphysik«)[16] wird kaum am Rande berührt: nachdem dieser Gedanke einige Male in politischen Zusammenhängen aufgetaucht war, wird von ihm allerdings gesagt, Nietzsche habe ihn »ins Geistige sublimiert« (I/1344) – eine späte und merkwürdig unbeholfene Annäherung an die Einsicht, daß dieser Begriff für Nietzsche eben von Anfang an kein Politikum, sondern ein Metaphysikum darstellte. Zur Gestalt Zarathustras schließlich notiert Musil nur (ähnlich übrigens wie Gide und Mann), er widerspreche irgendwie seiner Gesinnung (II/303).

Ein Grund für Musils Vernachlässigung der metaphysischen Seite Nietzsches und für Heideggers Betonung dieses Aspekts liegt in der verschiedenen zeitlichen Schwerpunktsetzung der beiden Interpreten. Heidegger schränkt das »eigentliche Werk« Nietzsches auf die Jahre 1881–1889 ein;[17] bezeichnet den Versuch, Spätwerke wie ›Ecce Homo‹ als Vorboten des ausbrechenden Wahnsinns abzutun, als billig; vertritt die Meinung, Nietzsche habe in seinen beiden letzten Schaffensjahren (1887/88) die »größte Helle und Ruhe seines Denkens erreicht«,[18] und geht in seiner Auslegung geradezu von der Voraussetzung aus: »Die eigentliche Philosophie Nietzsches bleibt als ›Nachlaß‹ zurück.«[19]

Demgegenüber ist Musil nur bereit, Nietzsches Nachlaß unter die »lehrreichen« aufzunehmen, und zwar mit der Begründung, daß es sich hier um »Abwandlungen ... bei schon deutlicher Krankheit« handle (II/807). Insofern Nietzsches Entwicklung, von frühen, ästhetisch begründeten Hoffnungen, über die kritisch-destruktive, psychologisch-antimoralistische Mittelzeit, erst in den letzten Jahren

---

[15] M. Heidegger: Nietzsche, 2 Bde. (Pfullingen, 1961), I/464, 469, 480 et passim.
[16] Ebd., I/492.
[17] Ebd., I/18.
[18] Ebd., I/486.
[19] Ebd., I/17.

zum Versuch einer Überwindung des Nihilismus fortschreitet, scheiden sich an der Frage nach der relativen Bedeutung des frühen, mittleren und späten Werks tatsächlich die Geister.

Nicht viel anders steht es um die politische Seite von Nietzsches Denken. Die Tatsache, daß die Jahre 1933 und 1938 besondere Häufungen an Nietzscheeintragungen in Musils Tagebüchern aufweisen, könnte die Vermutung [335] nahelegen, Musil habe Nietzsche mit den politischen Ereignissen dieser Jahre in Verbindung gebracht, ja, ihn vielleicht sogar – wie so viele, besonders englische Kritiker des Denkers – für diese Ereignisse mit verantwortlich gemacht. Musil übersieht in diesem Zusammenhang zwar nicht, daß sich die neuen Gewalthaber bei Nietzsche ihr Bild bestellten, ja, durch Berufung auf ihn Boden gewannen; gleichzeitig aber erkennt er die darin liegende Ungereimtheit: »*Paradoxie:* Nietzsche contra Pöbel von ihm verwirklicht« (II/363). Und noch deutlicher zieht eine Anmerkung aus dem Jahre 1938 den Strich: »*Moralisches Genie:* Was ist das? wir Deutsche haben den größten Moralisten der zweiten Hälfte des abgelaufenen Jahrhunderts hervorgebracht und bringen heute die größte Aberration der Moral hervor, die seit der Zeit des Christentums dagewesen ist? Sind wir ungeheuer in jeder Hinsicht?« (II/411). Obwohl hier weder der Name Nietzsches noch das Wort Nationalsozialismus fällt, kann im Gesamtzusammenhang kein Zweifel darüber bestehen, wer hier gemeint ist. Anderseits ist es bemerkenswert, daß sich Musil – zum Unterschied etwa von Thomas Mann – selbst durch die abscheulichen und auch von ihm zutiefst verabscheuten Formen, die der totalitäre Staat vor seinen Augen annahm, nicht von seiner Skepsis gegenüber der Demokratie abbringen ließ – eine Skepsis, die er natürlich mit Nietzsche teilt, wenn er sie nicht geradezu von ihm her bezieht. Noch 1938 schreibt er: »Den Faschismus schlecht finden a priori? Dazu müßte ich die Demokratie mehr lieben. Aber a posteriori, im einzelnen, im kleinen!« (II/415). Und zum Parlamentarismus (von dem Nietzsche sagt, daß er ihm, wie dem Zeitungswesen, »abgeneigt« sei): »Die stillschweigende Voraussetzung des Parlamentarismus war, daß aus dem Geschwätz der Fortschritt hervorgehe, daß sich eine steigende Annäherung an das Wahre ergebe. Es sah nicht so aus« (I/1344).

Mehr als einmal wird Nietzsche von Musil als Hauptzeuge gegen den Sozialismus zitiert, so etwa, wenn der Dichter eine Bosheit des Schicksals darin sieht, »Nietzsche und den Sozialismus einem Zeitalter zu schenken« (II/240). Diese Auffassung bedarf einiger einschränkender Verdeutlichung. Wenn sich Nietzsche nämlich gegen den Sozialismus ausspricht, so meint er damit keineswegs die gemäßigten Verstaatlichungsprogramme, wie sie sozialistische Parteien im Europa Musils vertraten. Zu *diesen* Fragen kann man von Nietzsche bereits 1879 folgendes hören:

> »Damit der Besitz fürderhin mehr Vertrauen einflöße und moralischer werde, halte man alle Arbeitswege zum *kleinen* Vermögen offen, aber verhindere die mühelose, die plötzliche Bereicherung; man ziehe alle Zweige des Transports und Handels, welche der Anhäufung *großer* Vermögen günstig sind, also namentlich den Geldhandel, aus den Händen der Privaten und Privatgesellschaften – und betrachte ebenso die Zuviel- wie die Nichts-Besitzer als gemeingefährliche Wesen.«[20]

[336] Man wird sich also davor hüten müssen, Nietzsche (wenn auch nur *implicite*) zum Sprecher eines hochkapitalistischen Unternehmergeistes zu machen. Wenn er sich gegen den Sozialismus wendet – was oft genug geschieht –, so denkt er dabei an eine utopisch-kommunistische Wohlfahrtsgesellschaft im Sinne des frühen neunzehnten Jahrhunderts.[21] Am utopischen Sozialismus kritisiert Nietzsche aber vor allem, daß auch er zum Endzweck machen will, was bestenfalls ein Mittel ist: »Das allgemeine grüne Weide-Glück der Herde, mit Sicherheit, Ungefährlichkeit, Behagen, Erleichterung des Lebens für jedermann.«[22] Und noch deutlicher: »Der Hauptein-

---

[20] Nietzsches zu Lebzeiten veröffentlichte Werke werden zitiert nach der dreibändigen Ausgabe von Karl Schlechta (München, 1954–56). Aus ›Menschliches, Allzumenschliches‹, II: Schlechta, I/989.

[21] Obwohl die Gründung sozialistischer Parteien in fast allen Ländern Europas in die Zeit von Nietzsches größter schriftstellerischer Aktivität fällt, bezieht er sich in seinem Werk auf keinen einzigen der für den modernen Sozialismus entscheidenden Namen, also etwa K. Marx, F. Engels, F. Lassalle, W. Liebknecht, A. Bebel, K. Kautsky; R. Owen; B. Enfantin, L. Blanc, M. Bakunin, G. Plechanow usw. Die einzige Stelle, an der Nietzsche (freilich ohne Namensnennung) leitende Sozialisten kritisiert, ist zugleich eine der schrulligen, selbst im unveröffentlichten Nachlaß seltenen, Notizen, in denen Nietzsche offensichtlich einer höchst privaten Marotte nachhängt: »Aus welchen erbärmlichen Elementen der deutsche Sozialismus besteht in seinen Führern, ist daraus zu ersehen, daß keiner die volle Enthaltung von geistigen Getränken gefordert hat. Und doch ist diese Plage viel verhängnisvoller als irgend ein sozialer Druck!« Zitiert nach ›Die Unschuld des Werdens‹, hg. A. Baeumler (Stuttgart, 1956), Bd. II/409.

[22] Jenseits von Gut und Böse; Schlechta II/606.

wand gegen den Sozialismus ist, daß er den gemeinen Naturen den Müßiggang schaffen will.«[23] Wird aber, mit Nietzsche, das Ziel darin gesehen, Bedingungen zu schaffen, unter denen »die Pflanze ›Mensch‹ am kräftigsten in die Höhe wächst« (was sich vor allem am Vitalstand der Kultur einer Gesellschaft ablesen läßt), so wird das angeführte Ideal der Herden-Wünschbarkeit zuletzt sogar als *Mittel* zweifelhaft. Auf diesem Wege wird Nietzsche zum Antipoden des »Sozialismus« – nicht aber aus irgendwelchen warmen Gefühlen für den uneingeschränkten wirtschaftlichen Wettbewerb. Deshalb kann Nietzsche auch, mit Saint-Simon, den Sozialismus immer wieder mit dem Christentum in Verbindung bringen,[24] ja, ihn als den rechtmäßigen Erben dieser Religion bezeichnen. So ist denn auch das Echo Nietzsches unüberhörbar, wenn Musil um 1920 die Ideologie des Sozialismus auf die beiden Grundsätze reduziert, »1. Alle Menschen sind gleich, 2. Liebe deinen Nächsten wie dich selbst« (II/209), und das erste als »aufgelegte Unwahrheit«, das zweite als »unrealisierbar und untauglich« abtut. Man kann sich nur schwer des Gedankens erwehren, daß Musil mit Nietzsches Argumenten [337] gegen den »Sozialismus« besser vertraut war als mit eigentlich sozialistischer Ideologie oder Praxis.

Ähnliche Bedenken müssen auch gegen Musils Überzeugung angemeldet werden, »Rassenideologie, Aristokratismus, Anti-Demokratismus werden wegen Nietzsche geduldet« (II/240). Zumindest würde man einen Hinweis darauf erwarten, daß solche Berufung auf Nietzsche in Rassenfragen kaum mit der Zustimmung des Philosophen hätte rechnen dürfen: »Gegen Arisch und Semitisch. – Wo Rassen gemischt sind, der Quell großer Kulturen«, heißt es etwa bei Nietzsche, oder: »Wieviel Verlogenheit und Sumpf gehört dazu, um im heutigen Mischmascheuropa Rassenfragen aufzuwerfen!« Und noch deutlicher: »Maxime: Mit keinem Menschen umgehen, der an dem verlogenen Rassenschwindel Anteil hat.«[25]

Wenn sich Musil aber heftig gegen die Idolatrie wendet, die der deutsche Idealismus mit dem Begriff des Staates getrieben habe, in-

---

[23] Aus dem Nachlaß; zitiert nach ›Die Unschuld des Werdens‹, II/358.
[24] Vgl. etwa die folgenden Stellen aus ›Der Wille zur Macht‹, hg. A. Baeumler (Stuttgart, 1930): S. 150, 234, 505, 508–509.
[25] Notizen aus dem Nachlaß; veröffentlicht bereits durch das Nietzsche-Archiv in den Nachlaßbänden der Großoktavausgabe, von 1899–1912. Hier zitiert nach ›Die Unschuld des Werdens‹, alle Bd. II, S. 433.

dem er in ihm eine Vervollkommnungsanstalt oder eine Art geistiger Überperson erblickte (II/599), so hätte er sich mit mehr Recht auf Nietzsche und sein Urteil über den »neuen Götzen«, »das kälteste aller kalten Ungeheuer«, das »für die Überflüssigen erfundene« Gebilde berufen können.[26]

Nietzsche, Musil und Ulrich (die beiden ersten in der Lebenspraxis, Ulrich eher theoretisch) scheinen sich denn auch zuletzt in *einer* politischen Haltung einig: »Eigentlich reduzierte sich Ulrichs Verhältnis zur Politik auf Folgendes: Wie alle Menschen, die sachlich oder persönlich ihre eigene Aufgabe haben, wünschte er von der Politik möglichst nicht gestört zu werden« (I/1343–44).

Auch die religionsphilosophische Seite Nietzsches wird relativ wenig berücksichtigt. Wie der Wille zur Macht kulturpolitisch verstanden oder vernachlässigt wird, so erhalten die Probleme der Religionskritik bei Musil zumeist eine moralische Note, im Sinne etwa von Nietzsches spätem Hinweis, wonach eigentlich nur der moralische Gott widerlegt sei.[27] So zitiert Musil beifällig den berühmten Aphorismus: »Das Christentum gab dem Eros Gift zu trinken – er starb zwar nicht daran, aber entartete, zum Laster.«[28] In dieselbe Kerbe schlägt Musil, wenn er Nietzsches Gedanken abwandelt, wonach ein gesunder (rechter) Gott der Figurant des guten Gewissens, der christliche aber der eines schlechten Gewissens sei (III/695). Auch wenn die Kirche als Ruin des für Musil zentralen, amoralisch-mystischen *andren Zustands* bezeichnet wird, geschieht dies aus moralphilosophischen Grün- [338] den: »Er [dieser Zustand] kennt keine Wahrheit. Sie [die Kirche] setzt dafür Dogma« (III/707). Und noch in den Notizen zu einer »Laientheologie« aus den letzten Lebensjahren wird Nietzsche im Zusammenhang mit Spekulationen über die *Moralität* des Unbekannten Höchsten Wesens erwähnt (II/551).

IV

Musils Hauptinteresse gilt jedoch 1. Nietzsches Psychologie, 2. seiner Kulturanalyse und -kritik und vor allem 3. seiner Moral- bzw. Wertphilosophie. Aus diesen Sphären stammen die meisten von Musils Zitaten und Verweisen, sie lassen sich auch als produktive

---

[26] Aus ›Also sprach Zarathustra‹; Schlechta II/313–314.
[27] Aus dem Nachlaß, zitiert nach ›Die Unschuld des Werdens‹, II/349.
[28] Aus ›Jenseits von Gut und Böse‹; Schlechta II/639. Bei Musil III/707.

Einflüsse auf sein Werk am deutlichsten aufzeigen. Wilfried Berghahn hat bereits auf die Bedeutung von Nietzsches psychologischen Einsichten für das Werk Musils hingewiesen;[29] die dort gegebenen Beispiele ließen sich leicht vervielfachen. Auch könnte man sie von der Gefühlspsychologie, für die Berghahn Parallelstellen aus ›Menschliches, Allzumenschliches‹ anführt, auf andere Gebiete ausweiten, vor allem auf die Trieblehre als Grundlage der Moralpsychologie. So schreibt Musil in den Notizen zum ›Mann ohne Eigenschaften‹:

> »In gewissem Sinn ist auch das ganze real-moralische Problem das der Triebe. Ihres ergebnislosen Trieblaufs, ihres Unfugstiftens; sie müssen beherrscht werden, damit es nicht Mord, Wucher und so weiter gebe. Aber die Gegenproblematik der Beherrschtheit ist die Triebschwäche, das Verblassen des Lebens und daß sich die Kompensation dazu nicht deutlich vorstellen läßt« (I/1577).

Merkwürdigerweise scheint Musil aber zu glauben, er stehe damit im Widerspruch zu Nietzsche, so wenn er sagt: »Wir haben die Lebenswidersprüche in uns. Gegensatz zu Nietzsche, der darin eine Décadence sah: man muß sie mit Hilfe einer mathematischen Moral ordnen« (III/707). Eine Seite davor betonte allerdings Musil selbst, auch die mathematische Moral sei das Erbe Nietzsches (III/706). Darüber hinaus enthält das Werk Nietzsches tatsächlich genaue Vorwegnahmen der obigen Darstellung Musils. Man vergleiche, als eine für viele, die folgende Stelle aus dem ›Willen zur Macht‹:

> »Der Mensch hat, im Gegensatz zum Tier, eine Fülle gegensätzlicher Triebe und Impulse in sich groß gezüchtet: vermöge dieser Synthesis ist er der Herr der Erde. – Moralen sind der Ausdruck lokal beschränkter Rangordnungen in dieser vielfachen Welt der Triebe: so daß an ihren Widersprüchen der Mensch nicht zugrunde geht...
> Der höchste Mensch würde die größte Vielheit der Triebe haben, und auch in der relativ größten Stärke, die sich noch ertragen läßt. In der Tat: wo die Pflanze Mensch sich stark zeigt, findet man die mächtig gegeneinander treibenden Instinkte (z. B. Shakespeare), aber gebändigt.«[30]

[339] Nicht nur Musils Beschreibung und Deutung, auch die Bewertung der erfaßten Phänomene entspricht also bis in letzte Einzelheiten Nietzsches Sehweise.

---

[29] W. Berghahn: Robert Musil (Hamburg, 1963), S. 40ff.
[30] Der Wille zur Macht, S. 643–644.

Was Fragen der Psychologie betrifft, so ist es erstaunlich und lehrreich zu beobachten, wie kritisch sich Musil den meisten gängigen psychologischen Lehren seiner Zeit gegenüber verhält. Klages (die Schlüsselfigur des Meingast im ›Mann ohne Eigenschaften‹), Jung, Adler und Freud werden mehr als einmal in Bausch und Bogen abgelehnt: als Objekte geistiger Diktatorenverehrung, die die politischen Diktatoren nur zeitlich vorweggenommen hätten (II/398), als Pseudo-Dichter einer *psychologia phantastica*, denen Musil seine »instinktive Feindschaft« zusichert (II/435), und als Sektierer eines allerdings unreligiösen Glaubens (II/494). Freud wird der verbreitete Vorwurf gemacht, er interpretiere nichtsexuellen Eros sexuell (II/535); Erkenntnisse von großer Wichtigkeit seien bei ihm vermengt mit »Unmöglichem, Einseitigem, ja Dilettantischem« (III/696). Auch wo Musil Freud einräumt, er habe die Hauptarbeit an der für die moderne Psychologie bezeichnenden Entthronung der Vernunft und des Verstandes geleistet, relativiert er diese Leistung doch sogleich als bloßen Teilaspekt einer Freud weit übergreifenden Entwicklung (II/583). Und noch in den Notizen zu Essays aus den letzten Lebensjahren kommt Musil zu folgendem vernichtenden Urteil zum Thema Psychoanalyse: »Dieses Dutzend Begriffe, mit dem ihre eingeschriebenen Mitglieder die Welt erklären. Wahrscheinlich könnte ein beliebiges anderes Schema dasselbe leisten. Es wäre der Mühe wert, eines zu konstruieren« (II/494).

Ablehnungen von solcher Vehemenz werfen die Frage auf, wie gut Musil die so verdammten Systeme überhaupt gekannt hat. Eintragungen wie etwa die folgende sind nicht dazu angetan, unser Vertrauen in Musils Objektivität und Gründlichkeit zu stärken: »Ich werde einmal sagen müssen, warum ich für die ›flache‹ Experimentalpsychologie Interesse habe und warum ich keines für Freud, Klages, ja selbst für die Phänomenologie habe« (II/475). Ein derart betontes Desinteressement scheint uns mit den oben zitierten uneingeschränkten Verwerfungen schlecht vereinbar – auch die Kritik muß doch wohl auf Kenntnissen beruhen, die ihrerseits ohne Anteilnahme am Stoff nicht zu erwerben sind. Man sieht sich an eine andere Tagebucheintragung erinnert, in der Musil sich selbst charakterisiert: »Ein Grundfehler: Fremde Schmerzen, Bemühungen, Leistungen vermag ich selten anzuerkennen, nehme sie als selbstverständlich hin: darum lehne ich als Kritiker auch so leicht ab und sehe nur auf das Defizit statt auf die Addition« (II/471). Für die gegenwärtige Untersuchung ist es vor allem deshalb wichtig, diese

Tendenz Musils festzuhalten, weil Nietzsche die einzige klare Ausnahme zu dieser Regel darstellt – nur vom Dostojewskibild Musils ließe sich noch Ähnliches behaupten, aber doch in viel bescheidenerem Ausmaß.

Dennoch handelt es sich bei Musils Ablehnung der Psychologie nicht [340] einfach um eine bloß affektbestimmte oder gar snobistische Pose des Schöngeists. Zunächst widerspricht dem, daß Musil im Jahre 1908 selbst zwischen einer Universitätslaufbahn als Philosoph oder als Psychologe schwankte. Noch ausdrücklicher spricht gegen eine solche Annahme aber die Tatsache, daß der Dichter sogar den »anderen Zustand«, also das intimste Anliegen seines Helden, der Psychologie zu überantworten bereit ist: Musil sagt dazu ausdrücklich, es erscheine ihm nicht aussichtslos, »für das, was hier als ›anderer Zustand‹ beschrieben wurde, eine psychologische Erklärung zu suchen, welche die bisher der Mystik vorbehaltene Erlebensweise als eine normale, normalerweise bloß verdeckte erkennen ließe« (II/683). Gewiß bezieht sich Musil hier nicht auf eine bestimmte, sondern vielmehr auf die utopische Idee einer möglichen Psychologie. Selbst unter den akademischen psychologischen Systemen seiner Zeit zitiert Musil aber immerhin drei, die für seine eigene Arbeit von Bedeutung gewesen seien. Mehrmals bezieht sich der Dichter auf das Werk des jüngst verstorbenen Tübinger Psychiaters Ernst Kretschmer, dessen ›Medizinische Psychologie‹ (1922) Musil vor allem ihrer wertvollen Ansätze zur Psychologie der Gefühle wegen rühmt und vielfach benützt haben will (II/671). Der zweite Fall ist der Max Schelers, dem der Dichter übrigens auch bestätigt, den Zugang zur Ethik gefunden zu haben, den er, Musil, vergeblich gesucht habe (II/445). So notiert Musil zum Beispiel 1937, er müsse sich in Eile mit Schelers Band ›Wesen und Formen der Sympathie‹ (1923) auseinandersetzen, ehe er die Liebestheorie-Kapitel des ›Mann ohne Eigenschaften‹ drucken ließe (was bei Musils Arbeitstechnik natürlich heißt, bevor er diese Kapitel in ihre endgültige Form bringen wollte; zur Drucklegung ist es zu Lebzeiten des Dichters nicht mehr gekommen). Drittens zitiert Musil mehrmals und höchst beifällig Kurt Lewin, den besonders in den Vereinigten Staaten einflußreichen Sozialpsychologen, dessen ›Untersuchungen zur Handlungs- und Affekt-Psychologie‹ er unter anderem auch als Beispiel für das Literarischwerden der Psychologie anführt (I/1602).

Sieht man von diesen Ausnahmen, Kretschmer, Scheler und Lewin, ab, so darf gesagt werden, daß Musils Interesse an der von ihm gelehrt genannten Fachpsychologie tatsächlich relativ gering war. Allerdings bemerkt er selbst – und gewiß mit Recht –, in der Literatur sei derlei »kausale Psychologie« ein selten angewandtes Kunstmittel; »was man aber sonst Psychologie nennt, ist einfach Menschenkenntnis und Fähigkeit der Motivation. Menschenkenntnis... des Menschen, dem nichts vorenthalten oder erspart blieb« (II/660, ähnlich auch II/808). Von den Psychologen der anderen, also auf Menschenkenntnis beruhenden und zu ihr führenden Grundrichtung meint Musil aber, das ausgehende neunzehnte Jahrhundert habe drei oder vier große Beispiele aufzuweisen. Kierkegaard und Dostojewski seien zwei davon (II/207). Der dritte war Nietzsche.

V

[341] Auch Musils Bewunderung für Nietzsche als Prophet, Analytiker und Kritiker der abendländischen Entwicklung bezieht einen Teil ihres dialektischen Gewichts aus der skeptischen Haltung, die Musil anderen Kulturkritikern wie Spengler, Rathenau, Max Nordau, Karl Kraus oder Ortega y Gasset gegenüber einnimmt.[31]

Spenglers Werk zum Beispiel wird als »großer, fleißiger Versuch« bezeichnet (II/213); die Tatsache seines Erfolges aber der »blöden Zeit« zur Last gelegt (II/205); seine Oberflächlichkeit, lyrische Ungenauigkeit und Fehlerhaftigkeit gerügt und aus Spenglers Methode »das klinische Bild des durch übermäßigen, fortgesetzten Intuitionsgenuß erweichten Geistes, Schöngeistes unserer Zeit« (II/663) abgeleitet. Rathenaus Werk wird zur »mystischen Causerie« eines allerdings geistvollen und kenntnisreichen Mannes (III/674); trotz aller Modernität wird ihm zudem der Vorwurf gemacht, daß hier die Welt wieder einmal in Himmel und Hölle zerschnitten werde (II/648). Kraus schließlich wird wiederholt unter die sektiererischen geistigen Diktatoren gezählt (II/398, 494), die ihres amorphen

---

[31] Unter ihnen hat Musil Spengler einen ironischen Essay (›Geist und Erfahrung. Anmerkungen für Leser, welche dem Untergang des Abendlandes entronnen sind‹, 1921; II/651–667), Rathenau eine ausführliche Rezension gewidmet (›Anmerkung zu einer Metaphysik [Walter Rathenau: Zur Mechanik des Geistes]‹, 1914; II/647–651). Bekannt ist außerdem, daß die Gestalt Arnheims im ›Mann ohne Eigenschaften‹ Rathenau weitgehend nachgebildet ist.

Charakters wegen schwer zu bekämpfen (II/354) und die zu Lebzeiten noch immer überschätzt worden seien (II/388). Auch daß Kraus in Sachen Hitler völlig versagt habe (II/565), habe der »Krausianerei« sonderbarerweise keinerlei Abbruch getan, ja, Kraus sei auf dem Wege, ein Komplex oder eine Erlöserfigur zu werden (II/271). Kraus wird geradezu als Schulbeispiel für die mögliche Unfruchtbarkeit der Position »einer gegen alle« genannt – das Gegenbeispiel, das heißt also die mögliche Fruchtbarkeit dieser Position, werde dagegen durch Nietzsche erbracht: das Verhältnis von Negativismus und positiver Leistung liege also im Falle Nietzsche genau umgekehrt wie bei Kraus. Im allgemeinen ist an Musils abschätziger Behandlung zeitgenössischer Kulturkritiker bemerkenswert, daß sich mehr als einer von ihnen – etwa Spengler, Ortega y Gasset, wohl sogar Kraus – selbst als Erbe Nietzsches verstanden wissen wollte.

Mit erstauntem Beifall zitiert Musil immer wieder kulturkritische Voraussagen Nietzsches: die Heraufkunft eines Zeitalters der Dekadenz (I/484, II/680) und des Schauspielers (II/403), der Demokratie (II/503) und des Herdenmenschen (II/517) scheint Musil ganz im Sinne von Nietzsches Prophezeiungen erlebt und beurteilt zu haben. Nietzsches Dekadenzkriterien werden wiederholt paraphrasiert und gutgeheißen (II/679) und beson- [342] ders das Verhältnis von Geist und Macht, von Kunst und Geschichte, nie ohne Seitenblick auf Nietzsche angeschnitten. Auch hier unterläuft es Musil übrigens, daß er, im Glauben, Nietzsche zu verbessern, Nietzsche in Wahrheit nur wiederholt. So zum Beispiel, wenn er den Gedanken, die (politische) Macht mache (kulturell) steril (I/1583), als Einwand gegen Nietzsche betrachtet und ins Treffen führt. Beide möglichen Fassungen dieser Vorstellung gibt Nietzsche aber bereits in ›Menschliches, Allzumenschliches‹: »Die Kultur verdankt das allerhöchste den politisch geschwächten Zeiten«,[32] lesen wir dort; und ergänzend dazu ist Nietzsche auch davon überzeugt, »daß das politische Aufblühen eines Volkes eine geistige Verarmung und Ermattung fast mit Notwendigkeit nach sich zieht.«[33] Um eine Abwandlung desselben Grundgedankens handelt es sich letztlich auch bei der (irrtümlich oft Spengler zugeschriebenen) Hypothese vom Antagonismus zwischen Kultur und Zivilisation: »Die Höhepunkte

---

[32] Schlechta, I/677.
[33] Ebd., I/690.

der Kultur und der Zivilisation liegen auseinander«, heißt es bei Nietzsche, »Zivilisation will etwas anderes, als Kultur will: vielleicht etwas Umgekehrtes...«[34]

Wenn Musil versucht, Nietzsches Stellung als Kulturkritiker zusammenzufassen, nennt er ihn den Antipoden des Liberalismus, einer Bewegung übrigens, die nach Musils Meinung (selbst in der Periode ihres Erfolgs) in Deutschland wenig hervorgebracht habe (II/874). Natürlich lassen sich für diese Behauptung Belege unschwer erbringen. Schon in den Jugendschriften aus den späten sechziger Jahren vertritt Nietzsche die Ansicht, der Liberalismus, auf eine erträumte Würde des Menschen gebaut, werde verbluten;[35] und noch in den Schriften und Notizen aus dem letzten Schaffensjahr wird das Substantiv Liberalismus polemisch mit »Herden-Vertierung« übersetzt,[36] das Adjektiv als »Ehrenwort für mittelmäßig« bezeichnet.[37] Vor allem aber scheint Nietzsche von einem fest überzeugt: »Die Völker, die etwas wert waren, wert *wurden,* wurden dies nie unter liberalen Institutionen: die *große Gefahr* machte etwas aus ihnen, das Ehrfurcht verdient.«[38]

Genau wie im Falle von Nietzsches oben angeführter Kritik des Sozialismus ist aber auch hier einige Vorsicht am Platze. Gewiß könnte man nach dem ersten Lesen von Nietzsches antiliberalen Ausfällen erwarten, den Philosophen im konservativen Lager anzutreffen. Musil selbst legt diese Alternative für seine eigene Person nahe, wenn er es im Tagebuch als sehr auto- [343] biographisch empfindet, nach amoralischen Anfängen und Plänen eines Lebens »der großen Gewissenlosigkeit« moralisch und konservativ zu enden. Nicht so Nietzsche. Der ›Götzendämmerung‹ entstammt (und zwar nur wenige Seiten nach den zitierten höhnischen Angriffen auf den Liberalismus) die folgende Stellungnahme:

»*Den Konservativen ins Ohr gesagt.* – Was man früher nicht wußte, was man heute weiß, wissen könnte –, eine Rückbildung, eine Umkehr in irgendwelchem Sinn und Grade ist gar nicht möglich. Wir Physiolo-

---

[34] Der Wille zur Macht, S. 88–89.
[35] In ›Der griechische Staat‹. Da in Schlechtas Ausgabe nicht enthalten, wird hier nach der Kröner-Taschenausgabe von Nietzsches Werken zitiert: Bd. 70 (Griechische Schriften), S. 206.
[36] Aus Götzen-Dämmerung; Schlechta, II/1014.
[37] Der Wille zur Macht, S. 588.
[38] Aus Götzen-Dämmerung; Schlechta, II/1015.

gen wenigstens wissen das. Aber alle Priester und Moralisten haben daran geglaubt – sie *wollten* die Menschheit auf ein früheres Maß von Tugend zurückbringen, zurück*schrauben*. Moral war immer ein Prokrustus-Bett. Selbst die Politiker haben es darin den Tugendpredigern nachgemacht: es gibt auch heute noch Parteien, die als Ziel den *Krebsgang* aller Dinge träumen. Aber es steht niemandem frei, Krebs zu sein. Es hilft nichts: man muß vorwärts, will sagen *Schritt für Schritt weiter in der décadence* (– dies *meine* Definition des modernen ›Fortschritts‹...). Man kann diese Entwicklung *hemmen,* und, durch Hemmung, die Entartung selber stauen, aufsammeln, vehementer und plötzlicher machen: mehr kann man nicht.«[39]

Nietzsche wird hier in solcher Ausführlichkeit zitiert, weil sich in dieser spezifischen Form des Weder–Noch eine Grundtendenz verrät, in der er sich von Musil tatsächlich, und zwar maßgeblich unterscheidet. Bevor wir uns diesem Unterschied zur genaueren Untersuchung zuwenden, soll aber neben der politischen und kulturkritischen auf eine dritte Sphäre hingewiesen werden, in der dieser Unterschied wirksam ist.

VI

Für Musil am wichtigsten ist die Gestalt Nietzsches als Moralist, oder – um mit Musil zwischen einem Systematiker bestehender Werte [Moralist] und einem Lehrer der Menschheit auf Grund neuer ethischer Erlebnisse [Ethiker] zu unterscheiden (II/278–279) – als Ethiker.[39a] In diesem moralphilosophischen Sinn ist es zu verstehen, wenn Musil Alice (das Urbild der erwähnten Clarisse im ›Mann ohne Eigenschaften‹) eine »Karikatur« (II/145) desselben Nietzsche nennt, der an anderer Stelle als Ulrichs »eigener Lehrer« bezeichnet wird (I/1344). Von diesem Lehrer hört man außerdem, daß er sich vom Heer der geistlosen Unmoralisten eben durch »Nietzschesche Differenziertheit der Welt« unterscheide (I/1592). Und wie Nietzsche hier [344] als Lehrer Ulrichs apostrophiert

---

[39] Schlechta, II/1018–1019.
[39a] Auch diese Unterscheidung wird übrigens von Nietzsche vorweggenommen, wenn er von »zwei unterschiedlichen Arten von Philosophen« spricht:
»1. solche, welche irgend einen großen Tatbestand von Wertschätzungen (logisch oder moralisch) feststellen wollen;
2. solche, welche Gesetzgeber solcher Wertschätzungen sind« (Der Wille zur Macht, S. 647).

wird, so nennt sich Musil selbst, an wiederum anderer Stelle (III/706), Schüler, ja, einen der besten Schüler Nietzsches. Ulrichs – und Musils – Absage an alles traditionelle Gut und Böse, aber auch die Genauigkeit und Differenziertheit des jenseits solcher Kategorien gelebten Lebens verweisen gleichermaßen auf Nietzsche. Wie ein Leitmotiv zieht sich der Gedanke vom perspektivischen Scheincharakter der Gegensätzlichkeit von Gut und Böse durch das Werk Nietzsches (»gut und böse sind keine Gegensätze«;[40] »das höchste Gute und Böse fallen zusammen«;[41] »man muß ›gut‹ und ›böse‹ beseitigen«),[42] und wie ein Echo dazu klingen Eintragungen Musils wie etwa die folgenden: »Die wirkliche Welt braucht am meisten die Erfindung und Darlegung des ›guten Bösen‹« (I/1582), oder: »I m G a n z e n muß der Roman wohl das ›gute Böse‹ e r f i n d e n u n d d a r l e g e n, da es die Welt mehr braucht als die utopische ›g u t e G ü t e‹« (I/1591, Musils Sperrdruck).

Obwohl Musil dem metaphysischen Gedanken der Ewigen Wiederkehr des Gleichen keine Beachtung schenkt, folgt er doch Nietzsche darin, diese »höchste Formel der Bejahung« zu einer Art Prüfstein für moralische Entscheidungen zu machen. Nietzsches erste Veröffentlichung des Gedankens (›Die Fröhliche Wissenschaft‹, 1882) verrät ebenfalls noch deutlich ihren Ursprung in moralphilosophischen Überlegungen: die Hauptfrage ist hier, »wie würdest du auf diese Nachricht [nämlich die der Ewigen Wiederkehr] eines Dämons reagieren?«[43] Und im folgenden wird der Begriff ganz offensichtlich zur Potenzierung der moralischen Person im Angesicht von Entscheidungen benutzt: »Die Frage bei allem und jedem: ›willst du dies noch einmal und noch unzählige Male?‹ würde als das größte Schwergewicht auf deinem Handeln liegen!«[44] Dem entspricht Musils an entscheidender Stelle im ›Mann ohne Eigenschaften‹ ausgesprochene und später mehrfach abgewandelte Definition der Moral: »Moral ist Zuordnung jedes Augenblickzustandes unseres Lebens zu einem Dauerzustand« (I/869), wobei Musil lediglich Nietzsches unendliche *Wiederholung* durch einen unendlichen *Dauerzustand* als Kriterium ersetzt.

---

[40] Aus dem Nachlaß; zitiert nach ›Die Unschuld des Werdens‹, II/255.
[41] Ebd., II/290.
[42] Ebd.
[43] Schlechta, II/202.
[44] Ebd.

Nietzsches Notiz, sein Gedanke enthalte »die Möglichkeit, die einzelnen Menschen in ihren Affekten neu zu bestimmen und zu ordnen«,[45] findet ihre Entsprechung in Musils Überzeugung, mit seiner Definition der Moral stehe »eine strenge Auffassung und Aufgabensetzung für die harmlose Beschäftigung des Fühlens«, ja, eine »ernste Rangordnung« in Aussicht (I/869).

Sogar Musils verwandter Anspruch, »das Wesen der Moral beruht geradezu auf nichts anderem, als daß die wichtigsten Gefühle immer die glei- [345] chen bleiben, ... und alles, was der Einzelne dabei zu leisten hat, ist, in Einklang mit ihnen zu handeln!« (I/871–872) wird von Nietzsche vorweggenommen – und zwar auf derselben, rein individuellen Ebene und mit der sonst für *Musil* bezeichnenden Wendung zur *Dauer* als Maßstab: »Nicht die Stärke, sondern die Dauer der hohen Empfindung macht den hohen Menschen.«[46]

In einer Notiz zum Problem des anderen Zustandes, den der Dichter selbst als »Essenz für den Motor der schriftstellerischen Existenz«[47] bezeichnet, wird betont, auch dieses Problem sei unserer Zeit von Emerson und Nietzsche vermacht worden.[48] Auf welche Weise Musil diesen Begriff mit Nietzsche in Verbindung bringt, geht aus einer Notiz hervor, in der der Dichter zwischen zwei Hauptarten der Moral unterscheidet: einerseits Kants »deutscher Moral der Gewissenhaftigkeit, anderseits einer »Moral des herrischen Individuums..., der starken, gesetzlosen, gesetzgebenden Person«. Und die zweite, das heißt Nietzschesche Möglichkeit für Ulrich beanspruchend fährt der Dichter fort: »Nicht handle so, daß dein Handeln Rezept für alle sei, sondern, daß es wertvoll sei. Wobei ›Wert‹ aus der Sphäre des *anderen Zustands* kommt, jene undefinierbare ›lebendige‹ Bewegung ist« (III/704). Wie Musil die Utopie dieses anderen Zustands schließlich gestalten wollte, bleibt allerdings im Rahmen des Romanfragments offen. Die Frage nach der Vorläufigkeit oder Endgültigkeit dieses Ideals hat in der neueren Musilkritik zu heftigen Auseinandersetzungen geführt.[49] Ob-

---

45 Aus dem Nachlaß; zitiert nach der Großoktavausgabe von Nietzsches Werken (1899–1912), Bd. XII, Nr. 118.
46 Jenseits von Gut und Böse; Schlechta, II/626.
47 Zitiert nach Kaiser/Wilkins, wie Anm. 6, S. 297.
48 Ebd., S. 298–299.
49 Vgl. besonders W. Berghahns Ablehnung der Endgültigkeitshypothese

wohl die Entscheidung in diesem Streit nicht an den Kern des gegenwärtigen Problems rührt, muß doch eines betont werden: es fehlt keineswegs an Hinweisen, daß Musil selbst diesen individualistisch-mystischen Versuch letzten Endes als gescheitert betrachtet haben dürfte. Nicht nur wird von Ulrich gesagt, er habe von den zwei Arten, in einer niederträchtigen Zeit zu bestehen, nämlich, mit den Wölfen zu heulen oder Neurotiker zu werden, den zweiten eingeschlagen (I/1594); die Utopie des anderen Zustands wird ausdrücklich als »mißglückt« bezeichnet (I/1573) und sogar der Hoffnung Ausdruck gegeben, »ein anderer, besser Geeigneter« möge sie aufnehmen (I/1577). (Die heftig diskutierte Frage nach der Datierung und nach dem richtigen Ort solcher Feststellungen innerhalb der Gesamtstruktur des Romans scheint uns, im Angesicht des Gewichts der – unwiderrufenen – Aussage, zwar nicht uninteressant, aber doch sekundär.) Schließlich wird der Schwerpunkt der Betrachtung von Musil selbst auf einen anderen Begriff verlegt:

> »Die Utopien sind zu keinem praktikablen Ergebnis gekommen. Der >andere [346] Zustand< gibt keine Vorschrift für das praktische Leben. Wahrscheinlich doch die Idee des induktiven Zeitalters zur Hauptsache machen.
> Die Utopie des >anderen Zustand< [sic] wird abgelöst durch die der induktiven Gesinnung.« (I/1579).

Daß Musil diesen Übergang vom Leitbegriff des »anderen Zustands« zu dem der »induktiven Gesinnung« als eine resignierende Absage an den Individualismus verstand, geht aus den benachbarten Texten hervor. Etwa:

> »Ein Ausblick: Übergang zum kollektivistischen Weltbild. Parallel damit der Übergang vom Naturgesetz zur statistischen Entwertung des Individuellen. >Ende des Liberalismus< erhält dadurch tiefere Begründung. Versagen von Besitz und Bildung. Vielleicht läßt sich sagen, daß die neuen Staatsaufgaben mit den Begriffen des klassischen Individualismus nicht zu fassen waren« (I/1582).

Noch deutlicher im Ton der Resignation sind die beiden folgenden Aufzeichnungen:

---

des Ehepaars Kaiser, die, neben anderen Korrekturen, unter dem Titel >Ärgernisse einer Musil-Deutung< in der Neuen Rundschau (74. Jg., 1963, Heft 2, S. 284–296) veröffentlicht wurde.

»15. 3. 32: Ulrich ist zum Schluß Verlangender nach Gemeinsamkeit, bei Ablehnung der gegebenen Möglichkeiten – Individualist mit dem Bewußtsein der Schwäche« (I/1578), und:
»Der Individualismus geht zu Ende. Ulrich liegt nichts daran. Aber das Richtige wäre hinüberzuretten.
Ulrichs System ist am Ende desavouiert, aber auch das der Welt. Ulrich hatte Hilfe an dem Gedanken gefunden, daß Europa entartet sei« (ebd.).

Insofern Musil in Nietzsche den anti-kantischen Sprecher des Individualismus zu sehen scheint (vgl. III/704), wäre somit die Annahme naheliegend, mit dem Hinfälligwerden des Individualismus sei auch der Denker Nietzsche endgültig »überwunden«. Aber auch dagegen sprechen gewichtige Gründe:
Erstens sind weder Musils zweite Utopie (der induktiven Gesinnung) noch auch die damit verbundenen »Möglichkeiten einer Neuordnung« ohne Nietzsche denkbar. In seinem »Schema für die Behandlung der Utopie der induktiven Gesinnung« (I/1580) unterscheidet Musil nämlich, bei aller demokratisch-empirischen, d. h. eben induktiven Grundtendenz zwischen 1. Induktiver Gesinnung für die wenigen, und 2. Induktiver Gesinnung für die vielen. Dabei komme, nach Musil, Nr. 1 auf »Ulrichs Geniemoral« hinaus, die er auf die Menschheit ausdehne, was unter anderem das Problem des zureichenden Kriteriums aufwerfe. Für die *vielen* bedeute induktive Gesinnung dagegen: »Es ist nicht das Wichtigste, Geist zu produzieren, sondern Nahrung, Kleidung, Schutz, Ordnung« (I/1580). Mit anderen Worten, der Dichter hat auch hier den Boden von Nietzsches Grundproblematik keineswegs verlassen. Dasselbe darf von Musils Dreipunkteprogramm für die »Möglichkeiten der Neuordnung« gesagt werden:

»1. Die geschlossene Ideologie durch eine offene ersetzen. Die drei guten Wahrscheinlichkeiten anstelle der Wahrheit, das offene System
2. der offenen Ideologie doch ein oberstes Gesetz geben: Induktion der Zielsetzung
3. den Geist nehmen, wie er ist: als etwas Quellendes, Blühendes, das zu keinen festen Resultaten kommt. Das führt letzten Endes zur Utopie des anderen Lebens« (I/1584).

Der Nachtrag, der die »induktive Gesinnung« dem »anderen Leben« folgen läßt (oder das Bergson-Echo von *morale close* versus *morale ouverture*), ändert hier nichts am Nietzscheschen Grundcharakter auch dieser Gedanken, für die, wiederum als eine unter vielen, die folgende Parallelstelle angeführt sei: »Tiefe Abneigung, in irgend einer Gesamt-Betrachtung der Welt ein für alle Mal auszuruhen. Zauber der entgegengesetzten Denkweise: sich den Anreiz des änigmatischen Charakters nicht nehmen lassen.«[50]

Zweitens scheint sich Musil selbst der Tatsache, daß er aus der Grundproblematik Nietzsches nie ausbricht, durchaus bewußt gewesen zu sein. An einer der vier Stellen, an denen Musil bemerkenswerterweise Nietzsche zusammen mit Emerson nennt, findet sich das folgende Geständnis, mit dem sich zuletzt auch der Kreis zu dem eingangs erwähnten Zitat Gottfried Benns schließt:

> Es gibt Augenblicke großer Wahrhaftigkeit, wo ich mir eingestehe, alles, was ich sage, hat viel besser schon Emerson oder Nietzsche gesagt. Ich werde nicht nur davon überwältigt, wenn ich solche Stellen wiedersehe, sondern ich muß auch annehmen, daß ein tatsächlicher Einfluß im Spiel ist« (III/706).

Dem fügt Musil amüsanterweise hinzu: »Nun aber bemerkt das niemand andrer.« So entstehe in seinem Werk »etwas Neues, das nichts Neues ist« (ebd.). Und wie eine Erläuterung dazu liest sich seine Notiz aus dem Jahre 1937: »Offenbar sagt man auch unendlich seltener Neues, als man etwas neu gestaltet. (Die Erfahrung mit Nietzsche, Emerson usw.) Der Begriff der Neugestaltung dürfte von größter Wichtigkeit sein!« (II/440). Niemand wird dem Dichter darin widersprechen, kaum jemand ihm bestreiten wollen, daß er das ererbte Gedankengut tatsächlich erworben und auf grandiose Weise neu gestaltet hat. Ob Musil allerdings, wie Armin Kesser meint, »Anspruch darauf hat, als genuiner Philosoph geistesgeschichtlich gewürdigt zu werden«,[51] darf nach dem hier Ausgeführten füglich bezweifelt werden.

Der dritte und letzte Grund, weshalb uns das Gedankengebäude Nietzsches durch Ulrichs–Musils Abkehr vom Individualismus keineswegs »aufgehoben« erscheint, ist folgender: Wie schon Musils Porträt von Nietzsche als Hauptgegner des Sozialismus und des Liberalismus verdeutlichender Korrekturen bedurfte, so scheint uns

---

[50] Der Wille zur Macht, S. 330.
[51] A. Kesser: Um Robert Musil. Porträt und Deutung, Merkur, Nr. 193; März 1964, S. 259.

Nietzsche auch in der Pose des uneingeschränkten Individualisten unzureichend abgebildet. Nietzsche selbst er- [348] hebt gegen eine solche Vereinfachung Einspruch: »Meine Philosophie ist auf Rangordnung gerichtet: nicht auf eine individualistische Moral«,⁵² kann man da lesen, und noch folgenschwerer: »Der Individualismus ist eine bescheidene und noch unbewußte Art [später: »die bescheidenste Stufe«] des ›Willens zur Macht‹«.⁵³ Diese Stelle scheint für unseren Zweck vor allem deshalb so bedeutsam, weil sie den schon oben erwähnten wesentlichen Unterschied zwischen Musil und Nietzsche deutlich macht: in einem ungleich höheren Maße als Musil lehnt es nämlich Nietzsche ab, zwischen historisch vorgeprägten Alternativen (Sozialismus – Kapitalismus, Liberalismus – Konservatismus, Individualismus – Kollektivismus etc.) zu wählen. Gewiß gibt es auch für Musil Situationen, in denen er sich weigert, eine der beiden historisch gebotenen Möglichkeiten zu ergreifen. Immer endet ein solcher Entschluß Musils jedoch in Resignation: Individualismus mit dem Bewußtsein der Schwäche, halbe Ablehnung des Faschismus trotz mangelnder Begeisterung für die Demokratie, induktive Gesinnung, aber deduktive Bewertung derselben usw. Besonders deutlich wird diese Ohnmacht, wenn Musil versichert, das Richtige (zum Beispiel am Individualismus) wäre hinüberzuretten, und zugleich mit Ulrich Trost darin findet, daß ja auch das System der Welt desavouiert und Europa eben entartet sei.

Im Gegensatz zu Musil ist Nietzsches Ablehnung historisch vorgeprägter Alternativen selbst schöpferisch: statt sich mit einem unauflösbaren, aber hartnäckigen Weder–Noch zu bescheiden, schafft er Wahlmöglichkeiten, die das historische Angebot übersteigen. Vor allem der (richtig verstandene) Gedanke des Willens zur Macht, in seinen subtilen Verzweigungen und Verästelungen, erlaubt Nietzsche, Haltungen und Werte zu *resorbieren*, vor denen Musil, im Angesicht entgegengesetzter Ansprüche, nur *resignieren* kann. Wo Musil etwas hilflos hofft, das Richtige aus einer Grundhaltung »hinüberzuretten«, hat Nietzsche eine neue Perspektive geschaffen, aus der gesehen traditionelle Unterscheidungen zu bescheidenen Vorstufen gegenwärtiger Entscheidungen werden.

Beda Allemann scheint in der Unentschlossenheit Musils-Ulrichs eine Konsequenz der ironischen Grundhaltung des Dichters zu se-

---

⁵² Der Wille zur Macht, S. 203.
⁵³ Ebd., S. 523.

hen, wenn er schreibt, Ulrich könnte sich mit Nietzsche einen Immoralisten aus Moral nennen, »wenn nicht eben gerade dieser Zug in Nietzsches denkerischer Existenz: die scharfe Wendung gegen das Bisherige und die Suche nach der Wahrheit in der resoluten Umdrehung aller Wahrheiten, durch Ulrich von Anfang an ironisch überholt worden wäre«.[54] Auch dieser Auslegung können wir uns nach dem hier Entwickelten nicht mehr anschließen. Denn wenn weder Ulrich noch Musil sich entschließen kann, von zwei historisch [349] gegebenen Übeln das kleinere zu wählen, wenn sie aber gleichzeitig auch die Nötigung zu einer solchen Wahl nicht zu transzendieren vermögen, so handelt es sich bei diesem Dilemma nicht um ein spielerisch-ironisches *Nicht-Wollen*, sondern um ein verzweifelt-resignierendes *Nicht-Können*. Es kommen im Werk Musils entscheidende Anliegen zur Sprache, vor denen jegliche Utopie mangels tragfähiger Ansätze versagt, für die aber Musil selbst auch eine ironische Behandlung als unzuständig empfindet. Man ist daher versucht, die beiden von W. Rasch vorgeschlagenen und von B. Allemann übernommenen strukturellen Grundkategorien zum Verständnis Musils (»Die ständig durchgehaltene Spannung zwischen *Ironie* und *Utopie* bestimmt das innere Gefüge des Romans«)[55] durch eine dritte, negative, zu ergänzen, eben die der *Resignation*. Der Hauptunterschied zwischen Musil und Nietzsche scheint uns aber noch nicht einmal darin zu liegen, daß Musil resigniert, sondern vielmehr darin, daß er mit gutem Grund resigniert. Denn ein wesentliches Ziel, um das Musil zeit seines Lebens rang und das er hätte erreichen müssen, um auch *philosophisch* zu leisten, was er sich vorgenommen hatte, setzte genau die Fähigkeit voraus, in der ihm Nietzsche unendlich überlegen war – die Kraft zur ethischen und metaphysischen Neubegründung. Daß sie sich ihm versagte, erklärt Musils Resignationen, erklärt wohl sogar seine bescheidenere Hoffnung, ein »besser Geeigneter« möge sein Hauptanliegen, die Utopie des anderen Zustands, aufnehmen.

Das Verhältnis Musil – Nietzsche muß also letzten Endes dahingehend zusammengefaßt werden, daß der ältere Autor dem jüngeren seine Problematik weiterreichte und ihre Grenzen absteckte, daß aber die schöpferische Potenz des jüngeren nicht so sehr im Weiter-

---

[54] B. Allemann: Ironie und Dichtung (Pfullingen, 1956), S. 38.
[55] W. Rasch: Robert Musil und sein Roman Der Mann ohne Eigenschaften, Universitas, Nr. 9 (1954), S. 151; mein Sperrdruck.

oder gar Zu-Ende-Führen, als vielmehr im dichterischen Umgestalten dieser Problematik lag. Der Raum, den Nietzsches Denken durchdringt, enthält und umschließt auch die Beiträge zur geistigen Bewältigung der Welt von Robert Musil.

9 Bruno Hillebrand
Gottfried Benn und Friedrich Nietzsche

Gottfried Benn hat in seinen kunsttheoretischen Äußerungen keinen Namen so oft genannt wie den Nietzsches. Aber auch ohne direkten Hinweis lassen die immer wiederkehrenden Andeutungen und Zitate das einflußreiche Vorbild seiner Kunstlehre erkennen.[1] Die Verehrung Nietzsches als eines unerreichten Ästheten der deutschen Geistesgeschichte steht deutlich im Vordergrund der ästhetischen Theorien Benns. Es ist dabei auffallend, daß der Einfluß Nietzsches am stärksten in Verbindung mit einer provokativen Betonung der formalen Beschaffenheit der Kunst in Erscheinung tritt. Auf den ersten Blick ist deutlich, daß Benn sich nur wenig für die Philosophie Nietzsches interessiert hat.

Die zentrale Lehre Nietzsches, die ›Umwertung aller Werte‹, hat Benn kaum beachtet, er sah in Nietzsche fast ausschließlich den Verkünder einer neuen Kunstlehre, den Theoretiker und Praktiker eines für Deutschland neuen, artistischen Stils. Mit Nietzsche beginnt, der Ansicht Benns zufolge, eine gänzlich neue Stilrichtung der deutschen Literatur. So schreibt Benn über die Kunst der Brüder Heinrich und Thomas Mann: »Ahnen hatten sie hierzulande nur einen, der aber geistig geschlagen war und nichts galt: *Nietzsche*...«[2] Für Benn ist Nietzsche aber nicht nur der Urheber und Anreger, sondern immer auch der unerreichte Meister dieses neuen Kunststils. Schaut man sich beispielsweise die Schrift oder auch die Rede zu Heinrich Manns sechzigstem Geburtstag an,[3] so wird deutlich, wie neben dem gefeierten Dichter immer auch die Gestalt

---

[1] Vgl. Gerhard Loose: Die Ästhetik Gottfried Benns. Frankfurt a. M. 1961, S. 1–32. Diese Zitatsammlung bringt zum ersten Mal einen quantitativen Einblick in die Nietzsche-Rezeption Benns.
[2] I,412. Zitiert nach: Gottfried Benn, Gesammelte Werke, I–IV, Wiesbaden 1958–61.
[3] I,129–139; I,410–418.

Nietzsches mit hervortritt. Heinrich Mann wird hier ganz in einem »Flaubert-Nietzscheschen Licht«[4] gesehen. »Fanatismus des Ausdrucks, Virtuosentum großen Stils«[5] – diese Auszeichnungen, einer späten Schrift Nietzsches entnommen,[6] werden hier als Eigenschaften Heinrich Manns hervorgehoben. In der Geburtstagsrede werden gemeinsam Nietzsche, die Kunst als Artistik und der angesprochene Dichter gefeiert.

Wie Benn immer erneut seine artistisch formalen Forderungen auf Nietzsche stützt, wie er sich in diesem Punkte geradezu bedingungslos zu Nietzsche bekennt, wie er seine gesamten artistischen Vorstellungen aus dem ›Artistenevangelium‹ Nietzsches herleitet, zeigt eine Stelle des Essays *Züchtung I*:

> ... vom Westen über Sils-Maria die Ahnung von Latinität, Raumgefühl, Proportion, Fanatismus des Ausdrucks, das Artistenevangelium ... ›die Kunst als die eigentliche Aufgabe des Lebens, die Kunst als ihre metaphysische Tätigkeit‹ ... vom Westen die Sinngebung alles Inhaltlichen allein durch die Form, der Blick nur auf die Form, Herkunft Flaubert ... Die Verdrängung des Inhalts, die Übersteigerung jedes noch effektiven Erlebens ins Formale ... Transferierung aller Substanz in die Form, in die Formel ...[7]

In Anlehnung an Nietzsche spricht Benn nicht nur von einer »Metaphysik der Form«,[8] sondern es gibt für ihn auch nur *eine* Moral, die »Moral der Form«,[9] *ein* künstlerisches Ethos, das er ebenso ausschließlich auf Nietzsche zurückführt, ein »Ethos«, wie Benn schreibt, »das sich in der Betonung von Klarheit, artistischer Delikatesse, Helligkeit, Wurf und Glanz – ›Olymp des Scheins‹ – erstmalig äußert ..«[10] Nietzsches Resümee von 1886, das rückblickend *Die Geburt der Tragödie* als »schlecht geschrieben« beurteilt, das die Klage erhebt: »Sie hätte *singen* sollen, diese ›neue Seele‹ – und nicht reden!«,[11] dieses Resümee deutet Benn in der einen fixierten Rich-

---

[4] I,416.

[5] I,132.

[6] Nietzsche contra Wagner, 63.

[7] I,216f.

[8] I,159.

[9] I,252.

[10] »Olymp des Scheins«, dieser Ausdruck Nietzsches (›Nietzsche contra Wagner‹, 75) wird von Benn öfter und an verschiedenen Stellen zitiert, neben I,309 etwa noch I,413; II,204; IV,164; Briefe 104.

[11] GdT, 33. Benutzt wurde die Krönersche Handausgabe (Taschenaus-

tung, in der er Nietzsche immer sieht: »Singen – das heißt Sätze bilden, Ausdruck finden, Artist sein... Dies war ein entscheidendes Finale... hier wurde im Artistischen die Überführung der Dinge in eine neue Wirklichkeit versucht... erwiesen durch die Gesetze der Proportion, erlebbar als Ausdruck ansetzender geistiger Daseinsbewältigung...«[12] Diese außerordentliche Einschätzung der ästhetischen Seite von Nietzsches Denken gipfelt in dem Satz des Kunst und Form verherrlichenden Essays *Dorische Welt*: »Nietzsche als Ganzes in einem einzigen Satz, das könnte nur sein tiefster und zukünftigster sein: ›Nur als ästhetisches Phänomen ist das Dasein und die Welt ewig gerechtfertigt.‹«[13]

Die Künste seien in der Neuzeit an die Stelle der Religionen getreten, sagt Benn, das Phänomen des Artistischen habe damit den obersten Stellenwert eingenommen.[14] Oberster Wert heute, so beruft sich Benn auf Nietzsche, sei die Kunst. Sie sei die einzige, oder wie Benn verschiedentlich variiert, »letzte« metaphysische Tätigkeit innerhalb des abendländischen Wertzerfalls. Der Akzent der neuen Kunstästhetik liegt auf dem Wort Tätigkeit. Nur das Tun des Künstlers, der notwendige Vorgang des Schaffens, der schicksalhaft auferlegte Zwang zur Produktion vermitteln heute noch die metaphysische Erfahrung von Steigerung ins Vollkommene; sowohl das Erleben betreffend als auch den formalen Ausdruck. Vollkommen-

---

gabe von 1955/56), die in älterer Auflage auch Benn benutzt hat. Das ist informativ, gerade im Hinblick auf die Nachlaßschriften, die in der Ausgabe von Karl Schlechta (F. N., Werke in drei Bänden, München 1956) chronologisch neu geordnet wurden. Der thematische Zusammenhang der Kunstaphorismen im sog. ›Willen zur Macht‹ hat in sich schon deutenden Charakter. – Siglen: GdT = Die Geburt der Tragödie. UB = Unzeitgemäße Betrachtungen. MAM = Menschliches, Allzumenschliches. M = Morgenröte. FW = Die Fröhliche Wissenschaft. Z = Also sprach Zarathustra. J = Jenseits von Gut und Böse. GdM = Zur Genealogie der Moral. GD = Götzendämmerung. A = Der Antichrist. EH = Ecce homo. UdW = Die Unschuld des Werdens. WzM = Der Wille zur Macht (zitiert unter Angabe der jeweiligen Aphorismen-Nummer).

[12] I,312.
[13] I,292. Diesem Satz mißt auch Nietzsche selbst große Bedeutung bei. 1886 schreibt er rückblickend auf die ›Geburt der Tragödie‹: »... im Buche selbst kehrt der anzügliche Satz mehrfach wieder, daß nur als ästhetisches Phänomen das Dasein der Welt *gerechtfertigt* ist« (GdT, 35).
[14] IV,235.

heit ist unter diesen Bedingungen' zunächst eine Erlebnisform; erlebt wird die dem Seienden zugrunde liegende Struktur von Ganzheit; ontologisch gesprochen, das Sein. Benn beschwört wie Nietzsche solche Seinserfahrung immer erneut als äußerste Erlebnismöglichkeit, die ein formforderndes Prinzip impliziert. Diese Erlebnisform verdichtet sich, einem inneren Gesetz folgend, zur Kunstform und erlangt damit (zumindest für Benn) erst ihre Autonomie.

Benn wie Nietzsche vertreten mit gleicher Ausschließlichkeit eine Produktionsästhetik von höchstem Rang. Der Künstler sprengt mit seinem Tun die Grenzen immanenter Erfahrung, seine Dynamik ist gekennzeichnet von Schubkräften, die Benn verschiedentlich als transzendent apostrophiert. Er spricht von der »Transzendenz der schöpferischen Lust«.[15] In das Bewußtsein eingedrungen sei diese Vorstellung durch Nietzsche: »... die Kunst als die eigentliche Aufgabe des Lebens, die Kunst als dessen metaphysische Tätigkeit. Das alles nannte er Artistik.«[16] Das Wort Artistik, meint Benn, habe in Deutschland erst Nietzsche mit Spannung aufgeladen. Er sei der größte Artist deutscher Sprache gewesen, seit Luther das größte deutsche Sprachgenie. Artistik sei die »Wortkunst des Absoluten«,[17] die letzte Vermittlungsmöglichkeit metaphysischer Information. Benn konnte sich gerade in diesem Punkte auf Nietzsche berufen; dieser hatte in der *Geburt der Tragödie* schon den Ausdruck geprägt: »Artisten-Metaphysik«,[18] er sprach später dann von »artistischen Leidenschaften«,[19] pries das »artistische Entzücken«[20] künstlerischen Sprachschaffens. Benn beklagt in seinem Vortrag *Probleme der Lyrik*, daß in Deutschland dem Begriff Artistik Oberflächlichkeit unterstellt werde, Unverbindlichkeit, »Spielerei und Fehlen jeder Transzendenz«.[21] Er kritisiert damit die deutsche Hybris angesichts formaler Werte, den deutschen Hang zum Konturlosen, den volksspezifischen Drang zur Tiefe. Auch in diesem Punkte konnte er sich auf Nietzsche berufen, der die Klarheit lateinisch-romanischer Kultur der deutschen Vorliebe für »Gefühl«, für das »Schwei-

---

[15] I,500.
[16] I,500.
[17] I,328.
[18] GdT, 31.
[19] J, 190.
[20] EH, 375.
[21] I,500.

fende, Ahnende«[22] entgegenhielt, der sich immer wieder ausgesprochen hatte gegen »die deutsche Tiefe«, gegen das »berühmte deutsche Gemüt«.[23] Das Phänomen der artistischen Kunst, sagt Benn in seinem Lyrik-Vortrag, sei von zentraler Bedeutung in einer Zeit der verlorenen Kulturinhalte und der relativierten Werte, es sei der Versuch, »sich selber als Inhalt zu erleben«, die eigene Möglichkeit von Welterfahrung zu ergreifen und dieser Erfahrung dann Ausdruck zu geben.

Daß die Welt nur als ästhetisches Phänomen angemessen zu deuten sei, ist ein Kernsatz von Nietzsches Philosophie. Er signalisiert die kämpferische Absage an ästhetizistische Verschönerung. – Ästhetisch bedeutet, dem griechischen Wortlaut gemäß, Wahrnehmung mittels der Sinne, bedeutet aber auch Erkenntnis. Wahrgenommen wird Welt als Wirklichkeit, als wirkendes Prinzip, das sich konstituiert im Brennpunkt perspektivischen Erkennens. Subjekt und Wirklichkeit finden zusammen im Prozeß ästhetischer Wahrnehmung. Die neuzeitliche Tatsache individueller Entfremdung und Isolation wird in solchem Vorgang aufgehoben. Die Welt ästhetisch zu erfahren, bedeutet, die verlorene Einheit von Ich und Wirklichkeit zu erneuern. Was mythischen und religiösen Zeitaltern auf anderen Wegen möglich war, nämlich ganzheitlich zu erleben, leistet Kunst als metaphysische Tätigkeit. Wobei Kunst im Sinne Nietzsches nicht nur die Kunst der Kunstwerke bedeutet. Kunst ist immer schon jeder Fixation voraus, sie ist ständiges Bereitstellen neuer Konstellationen, Eröffnen der je eigenen Möglichkeit von Ich und Welt, perspektivisches Öffnen neuer Horizonte. Das meint der apodiktische Satz Nietzsches, auf den sich Benn so dezidiert beruft: »Nietzsche als Ganzes in einem einzigen Satz, das könnte nur sein tiefster und zukünftigster sein: *Nur als ästhetisches Phänomen ist das Dasein und die Welt ewig gerechtfertigt.*«

Erst unter dem Vorzeichen ästhetisch-metaphysischer Welterfahrung tritt die artistische Tatsache von Ausdruck und Form in die ihr angemessene Dimension.[24] Der Kunstform geht immer schon die Erlebnisform voraus. Das Kunstwerk ist die Adäquation geformter

---

[22] WzM, Aph. 849.
[23] J, 174f.
[24] Ausführlich zum Problemkreis des Artistischen und der metaphysischen Ästhetik vgl. Bruno Hillebrand: Artistik und Auftrag. Zur Kunsttheorie von Benn und Nietzsche. München 1966.

Wahrnehmung von Wirklichkeit. Das Problem von Ausdruck und Form hat Nietzsche und Benn gleichermaßen fasziniert im Sinne des Herausstellens, des Schaffens neuer perspektivischer Möglichkeiten. Vom »Fanatismus des Ausdrucks« sprechen sie beide,[25] daß Kunst Ausdruck ist von innerer Erfahrung, gehört zum Grundgesetz ihrer Ästhetik: »der Mensch ist der Schrei nach Ausdruck«, formuliert es Benn.[26] Das innere Erlebnispotential wird einer »formalen Unerbittlichkeit«[27] unterstellt, dem Ordnungsprinzip des Geistes: »sein Gesetz heißt Ausdruck, Prägung, Stil«.[28] Bei Nietzsche ist zu lesen: »*Gut* ist jeder Stil, der einen inneren Zustand wirklich mitteilt...«[29] Bei Benn: »Das Bewußtsein wächst in die Worte hinein...«[30] Nietzsche sagt deutlich, daß die gelungene Form des Kunstwerks nur dann zutage tritt, »wenn der Künstler die große Form in *seinem Wesen* hat«,[31] und daß man nur Künstler sei, wenn man Form und Inhalt als unzertrennliche Ganzheit erlebe.[32] Benn geht so weit, daß er in einem religiösen Sinne von »Erlösung im Formalen«[33] spricht. Erlösung denkt Benn im erweiterten Rahmen mythisch-kultischen Rituals, in dem das Wesen einer Sache freigestellt wird in die je eigene Möglichkeit. Hier zeige sich das »anthropologische Prinzip des Formalen«[34] als Urzustand, aus dem es dann aufsteigt in der Geschichte des Geistes als schöpferisches Prinzip, als metaphysische Tätigkeit des Künstlers.

Es ist kein geschwätziger Ontologismus, sondern Erfahrung und Wissen formulieren sich, wenn Benn feststellt: »Das Wesen aber, das wirkliche Sein, die Substanz des Gegenstandes ist seine Form.«[35] In diesem Formbegriff kristalliert der Einfluß Nietzsches, manchmal mit einem Überhang zum Statischen, wie er von Nietzsche nicht gedacht war. Immer ist Form für Nietzsche das Sichtbarwerden eines perspektivischen Zugriffs auf Welt hin. Form ist die Erscheinungs-

---

[25] I,216. Nietzsche contra Wagner, 63.
[26] I,473.
[27] I,330.
[28] I,525.
[29] EH, 342.
[30] I,510.
[31] UdW, I,152.
[32] WzM, Aph. 818.
[33] IV,44.
[34] IV,66.
[35] I,346.

weise neuer Möglichkeiten von Weltsicht. Nietzsches Lehre vom Perspektivismus ist philosophisch konzipiert, eröffnet im weitesten Rahmen einen Deutungshorizont. Benn geht poetologisch vor, wenn er theoretisiert, er geht aus vom eigenen Produktionserlebnis, das notwendig im abgeschlossenen Kunstwerk kulminiert: »die Sucht zur Form, die innere Ruhelosigkeit, bis die Gestalt zu den Proportionen durchgearbeitet ist, die ihr zukommen«.[36] Diese Transferierung von Substanz in Form, wie Benn den ästhetischen Vorgang nennt, wird aber ohne Einschränkung auf der Folie des *Artistenevangeliums* gesehen,[37] in enger Parallelität mit Nietzsches Vorstellung ästhetisch-metaphysischer Tätigkeit. Benn geht wie Nietzsche vom Prozeßcharakter des Kunstschaffens aus, überzeichnet jedoch verschiedentlich die Bedeutung des fertigen, wie er sagt statischen Kunstwerks.[38] Produktionsästhetisch steckt er damit das Ziel seines künstlerischen Schaffens ab – die implizite Wirkungskomponente des Kunstwerks wird dabei jedoch eliminiert. Die rezeptionsästhetische Öffnung des Kunstgebildes stellt den Begriff des Statischen immer schon in Frage. Benn war sich darüber im klaren. Im Vortrag *Probleme der Lyrik* verweist er gerade auf den latenten Wirkungsfaktor des lyrischen Gebildes.

Benn hat die Hauptgedanken Nietzsches aus dem allgemeinen Horizont philosophischer Bedeutung herausgenommen und in den Rahmen seiner Poetologie gestellt. Das ist deutlich zu sehen am Phänomen des Perspektivismus. Für Nietzsche bedeutet Perspektivismus die multiple Möglichkeit, Welt zu sehen und zu deuten. Nach dem Zusammenbruch der Religionen und Metaphysiken, nach der Auflösung aller dogmatischen und moralischen Bindungen gibt es nur noch die individuelle perspektivische Einschätzung aller Dinge. Die Welt »hat keinen Sinn hinter sich, sondern unzählige Sinne«.[39] Sie fordert ständig zu neuer Interpretation heraus. Nietzsche sieht das perspektivische Verfahren mit aller Problematik des Zwanghaften, des Rücksichtslosen, der Verfälschung.[40] Er folgert, daß Kunst als äußerste Möglichkeit perspektivischer Welterstellung ein Höchstmaß an Täuschung und Schein impliziere.

---

[36] I,310.
[37] Vgl. Zitat Anm. 7.
[38] Neben theoretischen Äußerungen vgl. etwa ›Der Glasbläser‹: »die in sich ruhenden Dinge, die gläsernen Dinge« (II,224).
[39] WzM, Aph. 481.
[40] UdW, I,195f.; GdT, 37.

In dieser philosophischen Weite und denkerischen Radikalität ist Benn Nietzsche nicht gefolgt. Für Benn ist das Kunstgebilde immer Ende und Erfüllung aller perspektivischen Intentionen. In Nietzsches Sicht der universalen Lebensbewältigung übernimmt das Kunstwerk dagegen nur eine Funktion. In der Phase der mittleren Schaffensjahre verkehrt sich diese Funktion sogar ins Negative. Nietzsche wirft den Dichtern absichtliche Täuschung vor, er bezichtigt die Künstler ganz allgemein der Lüge.[41] Kunst ist für ihn in dieser positivistischen Phase [42] ein Relikt religiös ausgerichteter Zeitalter. »Die Kunst erhebt ihr Haupt, wo die Religionen nachlassen. Sie übernimmt eine Menge durch die Religion erzeugter Gefühle und Stimmungen...«[43] Nietzsches Bedenken in der Zeit des mittleren Schaffens hat Benn nicht registriert. Faktisch stehen sie seiner Auffassung entgegen, daß in der Kunst religiöses Erleben als personales Erbe geborgen sei.

Die ästhetische Grundkomponente des Perspektivismus jedoch hat Benn ähnlich gesehen wie Nietzsche, zur Hauptsache das Moment der Abstraktion. Der schöpferische Geist formt Wirklichkeit durch Vereinfachen, Hervorheben des Typischen, Zurechtmachung, Ausschließung, Hineinlegen. Es handelt sich um Abstraktion der wesentlichen Merkmale des Objekts vom Standpunkt des Betrachters aus. Die Dinge werden so gesehen, wie sie der Beobachter, einer inneren Anlage zufolge, sehen muß. Dadurch erst sind sie verbindlich da, sie haben außerhalb dieser Perspektive kein Eigensein. Benn übernimmt das nicht als Lehre einer perspektivischen Weltbegegnung und Weltauslegung; im Rahmen seiner Poetologie übernimmt er es als Stilprinzip. In den Mittelpunkt seines bedeutendsten Prosastückes, *Der Ptolemäer*, stellt Benn die Verhaltensform perspektivischer Wirklichkeitsdeutung: »es bleibt nur der Blick, der Stil, zu

---

[41] Vgl. Maria Bindschedler: Nietzsche und die poetische Lüge. Vol. 5 Philos. Forschg. Hrsg. Jaspers, Basel 1954.
[42] Vgl. Ernst Bertram: Nietzsche. Versuch einer Mythologie. Berlin 1921, S. 25. Bertram spricht von der »positivistischen Art des ›diesseitigen‹ mittleren Nietzsche«. – Karl Jaspers nennt die Jahre von 1876 bis 1881 »die Zeit positivistischer Wissenschaftsgläubigkeit und kritischer Zersetzung« (Nietzsche. Einführung in das Verständnis seines Philosophierens. Berlin ²1947, S. 43). – Unbestreitbar sei Nietzsche in diesen Jahren durch einen »extremen Positivismus« hindurchgegangen, sagt Martin Heidegger (Nietzsche, Bd. I, Pfullingen 1961, S. 181).
[43] MAM, 138.

sehen«.⁴⁴ Ptolemäer ist derjenige, um den sich die Dinge arrangieren, der Mann am Fenster (»aus den Fenstern noch einmal das ganze Abendland begrüßen«), sinnierend über Sinn und Unsinn der Geschichte; diese ist für ihn voller Bonmots, Arabesken, Panta rhei. Nur in der jeweiligen Perspektive des Beobachters gewinnen die Dinge noch einmal Leben und Bedeutung.

Auch hier zeigt sich wieder der finale Grundaspekt im Denken Benns. Das Rückblickende, Summierende, die Simultantechnik, wie sie bezeichnend ist für die Stillage der gesamten Prosa. »Schon wieder betreibt er Simultanes«,⁴⁵ heißt es von jenem Privatdozenten in der frühen Novelle *Der Garten von Arles,* der mittels Visionen und assoziativer Räusche sich außerempirischen Zusammenhang und akausale Wirklichkeit verschafft. Immer geht es Benn um die »Wirklichkeitsherstellung«,⁴⁶ sie ist das metaphysische Grundprinzip der Kunst: »Wohin das Auge schweift: Möglichkeiten, Motive, Anspielungen, Perspektiven –«. So im *Roman des Phänotyp* unter der Überschrift »Die Verneinung«; gemeint ist Verneinung als Denkfunktion, die Ausschließung des Ephemeren, die Betonung des Essentiellen. »Viel Asiatisches – punktuelle Perspektiven –: mit solchen Andeutungen müßte man das Wesen des Existentiellen umschreiben –«.⁴⁷ Perspektivismus bedeutet für Benn »mystische Partizipation«,⁴⁸ mystische Teilhabe am Sein der Dinge, wie sie mythischen Zeitaltern gegeben war. Nach nichts dränge es ihn so sehr, äußert der ›Ptolemäer‹, als »die verschüttete kindsmörderisch ertränkte Einheit des Seins zum Aufbruch zu erwecken und die abendländischen Phantome von Raum und Zeit in die Vergessenheit zu rücken«.⁴⁹ In diesem Punkte trifft Benn den zentralen Denkansatz Nietzsches. Seit der *Geburt der Tragödie* interessiert Nietzsche kein Gedanke so sehr wie der Aufbruch neuer Seinsmöglichkeiten durch die Neubewertung des Phänomens Leben.

Daß Nietzsche sich dabei zunehmend abarbeiten mußte an der Konfrontation mit Christentum und Platonismus, registriert Benn nur am Rande. Er sieht diese Konfrontation als geschichtlich be-

---

[44] II,253.
[45] II,84.
[46] II,163.
[47] II,158.
[48] I,99.
[49] II,240.

dingt an. Wichtig erscheint ihm immer nur das Thema Kunst. Etwa der perspektivisch erstellte Schein als Realität des Kunstwerks, als dessen Vollkommenheit, als absolute Setzung innerhalb des allgemeinen Wirklichkeitsrelativismus. Auch hier wird von Benn die philosophisch-ästhetische Weite im Denken Nietzsches zurückgebogen ins Kunstwerk. Um dessen abgeschlossene, in sich ruhende Seinsweise geht es Benn. Dagegen sieht Nietzsche im ästhetischen Schein den gesamten perspektivisch erstellten Raum, den sich der Mensch schafft, um existieren zu können. In diesem Raum spielt zwar die Kunst eine maßgebliche Rolle, aber als »die große Ermöglicherin des Lebens, die große Verführerin zum Leben, das große Stimulans des Lebens«.[50] In der *Geburt der Tragödie* heißt es schon: »Je mehr ich nämlich in der Natur jene allgewaltigen Kunsttriebe und in ihnen eine inbrünstige Sehnsucht zum Schein, zum Erlöstwerden durch den Schein gewahr werde, um so mehr fühle ich mich zu der metaphysischen Annahme gedrängt, daß das Wahrhaft-Seiende und Ur-Eine, als das ewig-Leidende und Widerspruchsvolle, zugleich die entzückende Vision, den lustvollen Schein zu seiner steten Erlösung braucht...«[51] Bei aller modalen Differenzierung dieses Themas findet Benn doch volle Bestätigung bei Nietzsche, wo dieser auf die spezielle Bedeutung von Schein im Bereich des Kunstwerks eingeht. Sie zeigt sich vor allem in der Forderung nach Vollkommenheit und Makellosigkeit der künstlerischen Stilmittel. Immer erneut hat Benn sich auf Nietzsches Wort vom »Olymp des Scheins«[52] berufen: »Helligkeit, Wurf und Glanz – ›Olymp des Scheins‹«,[53] »Oberflächlichkeit aus Tiefe ... Olymp des Scheins«,[54] »wir stehn vor dem Problem der Artistik, dem ›Olymp des Scheins‹«,[55] »eine europäische *Oberfläche, die ferne leuchtet. Die andere Welt, der Olymp des Scheins«.[56] Derartige leitmotivische Wiederholungen sind typisch für die Nietzsche-Rezeption Benns. Die Auseinandersetzung mit dem Werk Nietzsches geschieht nicht denkerisch-reflexiv. Einige spontan ergriffene Grundgedanken werden herausgegriffen und im Laufe von

---

[50] WzM, Aph. 853.
[51] GdT, 61f.
[52] Nietzsche contra Wagner, 75.
[53] I,309.
[54] I,413.
[55] I,489.
[56] II,204.

zwei Jahrzehnten variiert (1930-1950). Die Begegnung mit Nietzsche dürfte zu Beginn dieses Zeitraumes mindestens zwanzig Jahre schon zurückliegen. Es gibt wenig Anhaltspunkte für den Modus der frühen Auseinandersetzung. Als 1931 in der *Rede auf Heinrich Mann* Benn auf Nietzsche zu sprechen kommt, ist die zentrale Thematik schon voll entfaltet: das Thema Artistik, Fanatismus des Ausdrucks, Olymp des Scheins, Kunst als eigentliche Aufgabe des Lebens. Nietzsche ist zum unbestechlichen Vorbild einer geistig-ästhetischen Haltung geworden. Dazu bekennt sich Benn bis zu jenem als Apologie und Feier gestalteten Vortrag von 1950: *Nietzsche – nach fünfzig Jahren*.

Die artistische Thematik ist dieselbe geblieben, immer noch gilt uneingeschränkt das Wort vom »Olymp des Scheins« als äußerste Forderung. Züge einer Epiphanie werden Nietzsche mitgegeben: »der weitreichende Gigant der nachgoetheschen Epoche«; »das größte Ausstrahlungsphänomen der Geistesgeschichte«.[57] Diese Überhöhung wird Nietzsche zuteil, weil er die Lehre von der Vollkommenheit, der Makellosigkeit des Kunstwerks so bedingungslos vertreten hat. Weil er im schönen Schein das Sein der Dinge geborgen sieht (Benn bedient sich wie Nietzsche derartiger platonischer Vorstellungen). Weil Nietzsche den essentiellen Erfahrungsbereich des Menschen herausgehoben hatte aus der Zone des nur Gefühlten, Dumpfen, Amorphen, weil er das Phänomen der Artistik gesetzt hatte »gegen Innenleben, guten Willen«, weil er Kunst sah als »völlig Durchgearbeitetes, Klargestelltes, Hartgemachtes, hartgemacht durch Arbeit, äußerste Präzision in der Materialverwertung, Anordnung, strengste geistige Durchdringung«.[58] Wie jedes Ding sein Gleichnis liebe, hatte Nietzsche gesagt, so liebe der Deutsche die Wolken und alles, was unklar, werdend, dämmernd, feucht und verhängt ist. Benn zitiert das Wort in der *Rede auf Heinrich Mann*,[59] geht aber auch in anderem Zusammenhang auf die Antinomie von Artistik und ungeformter Lebensäußerung ein. Artistik wird damit zum Widerstand gegen falsche Lebensansprüche. Vollkommenheit des Ausdrucks ist Dokumentation von »Selbstbegegnung«, ist zugleich Zeichen von Selbstzurücknahme, Sparsamkeit der Mittel, von äußerster Intensivierung des perspektivisch Herausgehobenen. »Das

---

[57] I,482; 484.
[58] I,310.
[59] I,414; J, Aph. 244.

Wesen der Dichtung ist unendliche Zurückhaltung, zertrümmernd ihr Kern, aber schmal ihre Peripherie, sie berührt nicht viel, das aber glühend ... das Wesen der Dichtung ist Vollendung...«[60] Nur das Verwandeln-müssen ins *Vollkommene* sei Kunst, steht in der *Götzendämmerung*;[61] das Wort *Vollkommenheit* ist das Lieblingswort des späten Nietzsche geworden.[62]

Daß Benn und Nietzsche gleichermaßen das Wesen der artistischen Kunst mit Oberflächen-Vokabeln definieren, ist deutlich eine provokative Konsequenz. Nietzsche forderte eine »spöttische, leichte, flüchtige, göttlich unbehelligte, göttlich künstliche Kunst« – der Künstler müsse tapfer bei der Oberfläche, der Haut der Dinge verweilen, er müsse den Schein anbeten, er müsse an Formen, an Worte, an den »ganzen *Olymp des Scheins*« glauben.[63] Benn beruft sich leitthematisch und wörtlich auf diese Stelle, er greift das Thema aber auch in den verschiedensten Variationen auf. »Formales möge kommen«, sagt Benn im *Lebensweg eines Intellektualisten*, »Flüchtiges, Tragschwingen mögen kommen, flach und leicht gehämmert, Schwebendes unter Azur, Aluminiumflächen, *Oberflächen* –: Stil – ! – kurz, die neue, nach außen gelagerte Welt.«[64] Das ist bis in die Interpunktion hinein Nietzsche-Nachfolge. Beide liebten es zu provozieren, beide liebten die Vereinseitigung der Formulierung. Beide verschweigen gerne das Gegengewicht zur artistischen Leichtigkeit, den Erlebnisbereich des Substantiellen. Alle hätten den Himmel, die Liebe und das Grab, heißt es in einem Gedicht Benns, heute sei der Satzbau das Primäre.[65] »Lassen wir das Höhere, antwortet das lyrische Ich, bleiben wir empirisch.«[66] So im Vortrag *Probleme der Lyrik,* wo Nietzsches »Olymp des Scheins« programmatisch hervorgehoben wird. In *Doppelleben* folgt nach der Zitierung des Kunst-Olymps die Feststellung, die »ewigen Dinge, das sogenannte Zeitlose«, das sickere ja überall durch, das sei selbstverständlich; und es folgt dann die apodiktische Formel: »Gott ist Form.«[67] Dahinter steht die Auffassung, daß menschliches Erleben

---

[60] I,593.
[61] GD, 136.
[62] Vgl. E. Bertram, a.a.O., S. 247.
[63] Nietzsche contra Wagner, 74f.
[64] IV,44.
[65] III,249.
[66] I,520.
[67] IV,164f.

nur repräsentativ vertreten ist nach Maßgabe seiner Ausformung, daß Kunstform die Erlebnisform immer zur Voraussetzung hat, daß die metaphysische Tätigkeit des Kunstschaffens bedeutet: »Transferierung aller Substanz in die Form, in die Formel«.[68] Die »anthropologische Erlösung im Formalen«, von der Benn im Zusammenhang der Tragschwingen und Aluminiumflächen spricht, signalisiert erst die Tragweite des artistisch-ästhetischen Phänomens.

Trotz ihrer Abneigung gegenüber weltanschaulicher Exhibition gibt es bei Benn wie bei Nietzsche übereinstimmend sehr deutliche Bekenntnisse zum geistig-menschlichen Hintergrund der Artistik. Benn sagt, daß »Dichten nichts weiter heißt, als sich eine Methode schaffen, um die Erfahrungen des tiefen Menschen zur Sprache zu bringen«.[69] Nietzsche betont, es gelte, »große innere Erfahrungen« zu haben,[70] von allem Geschriebenen liebe er nur dasjenige, was einer mit seinem Blute schreibe.[71] Seine Schriften, sagt er von sich selbst, habe er mit seinem »ganzen Leib und Leben« geschrieben.[72] Alle »Menschen der Tiefe« schätzten die »Oberfläche« der Dinge, ihre »Hautlichkeit«.[73] Nur von der Tiefe aus verstehe sich der Genuß des Vordergründigen und Oberflächigen.[74] »Tiefe« sei nötig, um die »zarten Bedürfnisse nach Form« überhaupt zu begreifen.[75] Benn spricht 1932 in seinem wegweisenden Essay *Nach dem Nihilismus* (wiederum im Zusammenhang mit Nietzsche) von der anthropologischen Wendung ins Artistische: »Verlagerung von Innen nach Außen, Verströmen der letzten arthaften Substanz in die Gestaltung«.[76] Der finale Aspekt einer letzten religiösen Substanzerfahrung tritt deutlich hervor, er gehört zum festen Bestand der Bennschen Ästhetik; noch 1951 bekennt er sich im Lyrik-Vortrag zu dieser im Künstler geborgenen Erlebnismöglichkeit: »Er folgt einer inneren Stimme, die niemand hört. Er weiß nicht, woher diese Stimme kommt, nicht, was sie schließlich sagen will.« Die Künstler

---

[68] I,217.
[69] I,325.
[70] M, 167.
[71] Z, 41.
[72] UdW, I,335.
[73] FW, 175.
[74] MAM, 4.
[75] UdW, II,420.
[76] I,160.

seien »die letzten Reste eines Menschen, der noch an das Absolute glaubt und in ihm lebt«.[77]

Form und Substanz gehören untrennbar zusammen, eines ist ohne das andere qualitätslos. Form ist Ausdruck menschlichen Seins. Diese Formel gilt gleichermaßen als verbindlich für Benn und Nietzsche. Sein ist zu übersetzen als Seinsweise geistiger oder seelischer Erfahrung. Die Existenz des menschlichen Geistes beweist sich in der Form; diese übernimmt Funktionen des Mythos und der Religion. So ist der finale Aspekt bei Benn gedacht. Das Adjektiv »religiös« bezeichnet einen Erfahrungszustand und ist mit Nietzsches Denken auf der Ebene von Erlebnissteigerung zu vergleichen. Religiös bedeutet auch bei Benn nicht Flucht in irgendeine imaginäre Jenseitswelt. Im *Lebensweg eines Intellektualisten* zitiert Benn das »Artistenevangelium« im Sinne finaler Möglichkeit: »Kunst als die letzte metaphysische Tätigkeit innerhalb des europäischen Nihilismus«, und er fügt hinzu, daß Gesellschaft heute (»das bürgerliche Deutschland«) die Dimension solchen artistischen Tuns nicht begreife, weil der Erfahrungshorizont auf ein Minimum reduziert sei. Der quantifizierende Positivismus kennt nicht die Qualitätsstufe inneren Erlebens, die Benn im Kunstwerk aufgehoben sieht. Er transformiert Nietzsches Wort in seinen Denkbereich und spricht von »Kunst als der letzten europäischen Metaphysik«. Zur Qualitätsbezeichnung summiert Benn ohne Scheu die Wörter: »tief, religiös und sakramental«.[78] Die lineare Reinheit und stilistische Makellosigkeit der Kunst, die gezüchtete Absolutheit der Form, wie Benn sich ausdrückt, dürfe graduell nicht geringer sein als das inhaltliche Denken und Glauben früherer Epochen, »selbst bis zu den Graden vor dem Schierlingsbecher und vor dem Kreuz«.[79]

Die metaphysische Wesensbestimmung von Kunst, wie sie herzuleiten ist aus der Metaphysik des »Willens zur Macht«, hat Benn im Kern begriffen, wenn auch ohne philosophische Kenntnis dieser Metaphysik selbst. Nietzsche sagt, ein »Machtgefühl« spreche das Urteil »schön«, es sei der »Machtwille des Künstlers«, der das Dasein gestalte und überhaupt erst erträglich mache.[80] Das Gefühl des Schönen sei »Vermehrung von Machtgefühl«, Schönheit sei für den

---

[77] I,517; 520.
[78] IV,54f.
[79] I,161.
[80] WzM, Aph. 852; 803.

Künstler das »höchste Zeichen von Macht«. Daß hier nicht ökonomische oder politische Macht gemeint ist, bedarf keiner Erklärung, wohl aber, wie solche Macht zusammenhängt mit der Tatsache des Lebens und dem Phänomen der Steigerung. Nietzsche geht es um die Werterhöhung des menschlichen Daseins, um Intensivierung des Daseinsgefühls, um Steigerung der Daseinsfülle, mit einem Wort, um die »Erhöhung des Menschen«.[81]

Nietzsche spricht in diesem Aphorismus deutlich aus, daß für ihn Leben »Wachstum der Macht« bedeutet (d. h. Wille zur Macht), also »Machterweiterung«, die dadurch zustande kommt, daß sich neue Perspektiven, neue Horizonte eröffnen. Das ist der zentrale Gedanke in Nietzsches Werk. Machterweiterung als innerstes Lebensprinzip bedeutet die Überhöhung in das je eigene Wesen, bedeutet Steigerung in die eigene Möglichkeit. Nietzsche erhebt mit diesem Denken den Anspruch, das Sein des Seienden gefunden zu haben; darum ist sein Denkgebäude auch zu deuten im Sinne einer Metaphysik.[82] Daran ändert die Tatsache nichts, daß Nietzsche ein erklärter Gegner metaphysischer Denkgebäude war, daß er ausdrücklich erklärt, »daß jede positive Metaphysik Irrtum ist«.[83] Der *Wille zur Macht* als Denkansatz ist gegen Nietzsches Absicht, der inneren Notwendigkeit des Denkens zufolge, zu einer Metaphysik geworden. »*Diese Welt ist der Wille zur Macht – und Nichts außerdem!*«[84] Die Kunst ist in dieser Sicht ein umfassendes, metaphysisch gedachtes Prinzip, sie ist *die* Erscheinungsform des universalen Weltprinzips. So erklärt sich, daß Nietzsche im »Artistenevangelium« sagen kann, die Kunst sei als »metaphysische Tätigkeit« die »eigentliche Aufgabe des Lebens«. Gerade auf dieses Wort beruft sich Benn immer erneut – hat er begriffen, worum es Nietzsche ging?[85] Benn reduziert den gesamtmetaphysischen Ansatz Nietzsches aufs Poetologische. Noch 1950 stellt Benn in der Rede *Nietz-*

---

[81] WzM, Aph. 616.
[82] Vgl. Heidegger: Nietzsche. Bd. I und II.
[83] MAM, 34.
[84] WzM, Aph. 1067.
[85] Bei Nietzsche taucht das Wort schon 1871 im Vorwort zur ›Geburt der Tragödie‹ auf. Es wird unbeanstandet wiederholt in der dem Buch 1886 zugefügten »Selbstkritik«. Im Nachlaß wird es mit äußerster Betonung wiederholt (WzM, Aph. 853, IV). – Benn zitiert das Wort u. a.: I,132; 216; 249; 500; 543. II,169. IV,54; Brief vom 8. Nov. 1936, G. B., Briefe, a.a.O., S. 75.

sche – *nach fünfzig Jahren* apodiktisch fest: »Verkündete er eine Philosophie? Keineswegs.«[86] Daß Benn in diesem Punkte Unrecht hat, steht der Tatsache nicht im Wege, daß er das kunstschaffende Prinzip als ein metaphysisches erkannte.

Manches an dieser Situation klingt paradox. Benn negiert im Grunde den Denkansatz und Denkanspruch Nietzsches, im ästhetischen Prinzip die Welterklärungsformel gefunden zu haben. Philosophisch sei dessen Bemühen ein »Netzeauswerfen« gewesen, sagt er in der Nietzsche-Rede, »aber die Netze blieben leer«. – »Den archimedischen Punkt, von dem die denkerischen Dinge transzendent und bindend werden, konnte auch er nicht finden, er ist nicht zu finden, er ist nicht da – nicht mehr da.«[87] Benn sieht demnach den gesamtmetaphysischen Ansatz, spricht ihm aber den Gültigkeitsanspruch ab. Benn sieht bei Nietzsche immer das individuelle Moment im Vordergrund. Nietzsche habe »Ansichten« gehabt, nämlich die, »über die er gerade seine Aphorismen schrieb«.[88] Das ist nachweisbar falsch, die großen Denkbereiche des *Willens zur Macht* und der *Ewigen Wiederkunft* allein sprechen dagegen. Nietzsche selbst sagt in einem Nachlaßfragment, daß unter dem Titel *Der Wille zur Macht* »eine neue Philosophie, oder, deutlicher geredet, der *Versuch einer neuen Auslegung alles Geschehens*« zu Worte kommen sollte.[89] Die Lehre von der *Ewigen Wiederkunft* steht damit in Zusammenhang und ist ebenso universal gedacht: sie beschäftigt sich mit der Relation von totaler Weltkraft und deren Erscheinungsformen in Raum und Zeit.[90] Sein ist von Nietzsche gedacht als Kreislauf ewiger Wiederkehr.

Nietzsches Aphorismen sind nicht die Anhäufung frappierender Ansichten und Stimmungen, wie Benn im Nietzsche-Vortrag meint. Benn konnte den inneren Denkzusammenhang von Nietzsches Philosophie nicht ergründen, weil er Nietzsche als Phänomen expressiv-personaler Mitteilung deutete. »Die Inhalte ohne Sinn, aber *sein inneres Wesen mit Worten zu zerreißen*, der Drang, sich auszudrükken, zu formulieren, zu blenden, zu funkeln – das war seine Existenz.«[91] Nietzsche der »Flammenwerfer«, der das »blendende Ar-

---

[86] I,488.
[87] I,490.
[88] I,492.
[89] UdW, I,427.
[90] Vgl. UdW, II,463ff.
[91] I,489.

rangement« der Fragmente schuf.⁹² In dieser Einseitigkeit sah ihn Benn. Für ihn war Nietzsche der bedingungslose Denker, der sein sein Herz zerbrach, um der Wahrheit willen, der alles aufgab, was ihn sichern konnte: Philosophie, Wissenschaft, Theologie, Biologie, Kausalität, Erotik, Identität. Alle Bande habe er zerrissen, die Inhalte zerstört, die Substanzen vernichtet, dabei sich selbst verwundet und verstümmelt, mit dem einen Ziel: »die Bruchflächen funkeln zu lassen auf jede Gefahr und ohne Rücksicht auf die Ergebnisse«.⁹³

Das ist 1950 immer noch die Sehweise des Expressionisten Gottfried Benn. Für ihn gehört Nietzsches Denken zu den »Urworten, dem pythischen Reich«, sein Schicksal deutet er als Verhängnis, wie Nietzsche es selbst getan hatte.⁹⁴ Das Nietzsche-Buch von Bertram *(Versuch einer Mythologie)*, das Benn zu diesem Zeitpunkt »immer noch am großartigsten« fand,⁹⁵ wird nicht wenig zur Konstituierung von Benns Nietzsche-Deutung beigetragen haben. Im poetischen Sinne ist Nietzsche auch für Benn ein Mythos geblieben, ein »Traum«, wie der letzte Satz der Nietzsche-Rede betont: »wir gehn keinen Schritt unseres Weges mehr ohne die Anbetung dieses Traums«. Nietzsches Sendung als Dichter hebt Benn verschiedentlich hervor. Er kann sich dabei auf das selbstdeutende Wort Nietzsches berufen: »Sie hätte *singen* sollen, diese ›neue Seele‹ – und nicht reden!«⁹⁶ Die Person Nietzsches und deren sprachliche Expression stehen im Mittelpunkt der Vorstellung, die sich Benn von Nietzsche gemacht hat.

Die Wertphilosophie Nietzsches konnte in dieser Sicht nicht zum Tragen kommen. Es ist überhaupt fraglich, ob Benn die Konsequenz der Umwertung ganz verstanden hat. Nietzsche hatte die bis dahin allgemein geltende, transzendent begründete Wertsphäre des platonischen und christlichen Denkens im Rahmen seiner Geschichtssituation für wirkungslos und damit tot erklärt.⁹⁷ Darüber hinaus verwirft er die transzendente Wertsphäre als bestimmendes

---

⁹² I,486.
⁹³ I,489.
⁹⁴ I,492.
⁹⁵ I,483.
⁹⁶ 1886 von Nietzsche im »Versuch einer Selbstkritik« zur ›Geburt der Tragödie‹ (33) manifestartig notiert. Im ›Zarathustra‹ klingt das Thema verschiedentlich an (248f.; 257). Vgl. Benn I,491.
⁹⁷ Vgl. Martin Heidegger: Nietzsches Wort ›Gott ist tot‹. In: M. H., Holzwege, Frankfurt 1957, S. 193ff.

Moment abendländischer Geschichte, weil sie genuin lebensfeindlich strukturiert sei. Propagiert werden dagegen die neuen, rein immanent gedachten, lebensfördernden Werte. Sie unterstehen ausschließlich dem »Gesichtspunkt von *Erhaltungs-, Steigerungs-Bedingungen* in Hinsicht auf komplexe Gebilde von relativer Dauer des Lebens innerhalb des Werdens«.[98] Von beiden Bedingungen ist die Steigerung die entscheidende. Sie erst eröffnet dem Leben neue Perspektiven und Möglichkeiten. Erhaltend wirkt die Wissenschaft, sagt Nietzsche, steigernd dagegen die Kunst. Sie legt neue Perspektiven, versetzt damit das Leben in höhere Möglichkeiten. Darum formuliert Nietzsche so apodiktisch: »Die Kunst und nichts als die Kunst! Sie ist die große Ermöglicherin des Lebens, die große Verführerin zum Leben, das große Stimulans des Lebens.«[99] Die Kunst ist die entscheidende Bedingung des Lebens, sie ist aus diesem Grunde der höchste Wert. Wenn Leben für Nietzsche »Willen zur Macht« bedeutet, dann leistet Kunst, der inneren Logik dieses Denkens zufolge, die »Steigerung der Macht«.[100] Die Kunst dient damit dem innersten Prinzip des Lebens: »Das Leben ... strebt nach einem *Maximal-Gefühl von Macht;* ist essentiell ein Streben nach Mehr von Macht.«[101]

Leben als immanent verstandene Tatsache soll nach dem Verlöschen der transzendenten Wertsphäre wieder in seine eigensten Rechte eingesetzt werden. Die innersten Möglichkeiten des Lebens sollen befreit werden durch Intensivierung, Stimulation, Steigerung des Lebensgefühls. Die Kunst als *das* Steigerungsphänomen leistet solche »Erhöhung des Lebensgefühls«.[102] Dieser immanenten Metaphysik setzt Benn konsequent einen Kunstbegriff entgegen, der transzendent gedacht ist im Sinne einer autonomen Ideenwirklichkeit, rückgebunden an platonische Urerfahrung (Anamnesis) und begründet in religiösen Erlebnisformen. Die metaphysische Wesensbestimmung von Kunst unterliegt damit sehr verschiedenen Modalitäten bei Benn und Nietzsche. Nicht die Einstellung zum Phänomen des Lebens unterscheidet ihr ästhetisches Denken.[103] Benn hat das Le-

---

[98] WzM. Aph. 715.
[99] WzM, Aph. 853, II.
[100] WzM, Aph. 711.
[101] WzM, Aph. 689.
[102] WzM, Aph. 802.
[103] Dieser von E. Buddeberg vertretenen Auffassung (vgl. E. B., Gottfried

ben als Leben, als organische Tatsache nicht abgelehnt; der von Lange-Eichbaum übernommene Begriff des *Bionegativen* wäre in dieser Richtung fehlgedeutet. Er bedeutet, kombiniert mit dem Begriff des Genialen,[104] Überhöhung primitiver Lebensstufen durch die Kunst. Die psychosomatische Gesamtstruktur des Menschen ist für Benn immer ein unbezweifeltes Moment seiner Weltsicht gewesen. Er beruft sich in diesem Punkte auf Goethe und Nietzsche, wobei er dessen orgiastische Philosophie problemlos integriert.

Das ist erstaunlich, da die Rückführung der Ästhetik ins Animalische,[105] wie Nietzsche sie in den Nachlaßfragmenten provokativ im Sinne eines darwinistischen Materialismus demonstriert, nicht in Benns Weltbild paßt.[106] Daß Kunst und Schönheit indirekte Äußerungsformen des Geschlechtstriebes seien,[107] hat Benn wohl als jene Provokationen genommen, als die sie von Nietzsche gedacht waren. Auch Benns »hyperämische Theorie des Dichterischen«[108] bezieht das phallische Prinzip mit ein in die Ästhetik des Schöpferischen. Benn spricht vom »Schwellungscharakter der Schöpfung«, aber seine Sicht ist immer ausgerichtet auf die Totalität des Psychosomatischen. Benn spricht von der Ananke des Körperlichen, den Steigerungsformen des inneren und äußeren Erlebens, den »phallischen« und »zentralen« Schwellungen, und er nennt solche Steigerung »Transzendenz der sphingoiden Lust«. Er tut das mit Hinweis auf den schöpferischen Typ im allgemeinen und Nietzsche im speziellen: »immer und zu allen Zeiten wird er wiederkommen, für den alles Leben nur ein Rufen aus der Tiefe ist, einer alten und frühen Tiefe, und alles Vergängliche nur ein Gleichnis eines unbekannten Urerlebnisses, das sich in ihm Erinnerungen sucht.« Im *Lebensweg eines Intellektualisten,* wo Benn sich so dezidiert auf das »Artistenevangelium« beruft,[109] wird später noch einmal die physiologische Variante der

---

Benn. Stuttgart 1961, S. 284–310) wurde schon seinerzeit widersprochen (vgl. Hilleband: Artistik und Auftrag, a.a.O., S. 76–89).
[104] I,120.
[105] WzM, Aph. 801.
[106] Die von Benn benutzte Ausgabe des ›Willens zur Macht‹ summiert im dritten Buch unter der Überschrift »Der Wille zur Macht als Kunst« (Aph. 794–853) nicht nur die Hauptansichten Nietzsches zur Kunst, sondern auch deren biologistische Begründung.
[107] Vgl. Aph. 805, 815.
[108] Vgl. I,81ff.
[109] IV,54: »*Die Kunst als die letzte metaphysische Tätigkeit innerhalb des*

produktiven Ästhetik zusammengefaßt: »der Schwellungscharakter der Schöpfung ist evident, in den Fluten, in den Phallen, in der Ekstase, im Produktiven wird es aufgenommen vom lyrischen Ich.«[110]

Im Essay *Der Aufbau der Persönlichkeit* äußerte sich Benn schon deutlich zum Verhältnis von biologischer Tatsache und menschlichem Geist. Dieser sei für ihn mit allen seinen Qualitäten (Glaube, Güte und Hoffnung) untrennbar verbunden mit dem Körper, mit dessen geheimnisträchtiger Herkunft, beladen mit uraltem »Erbgut rätselhafter und unerklärlicher Zeiten«. In dieser Weise ganzheitlich wird immer »das Biologische als Richterin der Wahrheit« gesehen, und eben darin erblickt Benn »das Prinzip von Nietzsches orgiastischer Philosophie«.[111]

Die Einstellung zum Leben ist demnach nicht als einmal positive und zum anderen negative bei Nietzsche und Benn zu unterscheiden; unterschieden ist die metaphysische Dimension als einmal immanente und – zum anderen transzendente. Nietzsches biologistische Ästhetik zeigt bei aller Provokation unmißverständlich den Willen, sich von jeder transzendenten Wertsetzung zu distanzieren. Diesen radikalen Umwertungsprozeß von Nietzsches Philosophie hat Benn nicht voll begriffen. Was Benn »Züchtungsoptimismus« nennt und ablehnt bei Nietzsche,[112] weil er platte Geschichtsutopie dahinter vermutet, zielt nach Nietzsches Intention keineswegs ab auf prosperitive Verwirklichung von Geist, Ausbeutung mittels Geist. Immer geht es Nietzsche um das Optimum von Lebensentfaltung im Rahmen immanenter Welterfahrung. Nietzsche hat nicht konkrete Geschichtsgestaltung im Auge. Ihm geht es um das Prinzip neuer Wertsetzung, um die Erneuerung des Menschen. Zarathustra mag stilmäßig als der »Naturbursche« erscheinen, als den Benn ihn apostrophiert – von der Konzeption her jedoch hat ihn Benn so wenig verstanden wie Thomas Mann. Zarathustras Aufruf ist der verzweifelte Aufruf zur Verantwortung: verantworten soll der Mensch sich vor sich selbst und vor der Erde, die eine götterlose geworden ist. Der große Mittag, von dem Zarathustra spricht, ist die noch aus-

---

europäischen Nihilismus, der Satz aus dem *Willen zur Macht* stand allem voran.«
[110] IV,46.
[111] I,104.
[112] Vgl. II,147; I,296.

stehende Bewußtwerdung der immanent-metaphysischen Verantwortung des Menschen. Die volle Bewußtseinsstufe solcher Verantwortung nennt Nietzsche Übermensch – dieser redet vom »Sinn der Erde« – es gibt nichts Höheres für den Menschen als diese Erde, als den Lebens-Willen (vgl. Teil I: *Von den Hinterweltlern*). Es gibt nicht mehr die übersinnliche Welt, die einmal Sinn setzte. Der transzendente Überbau ist historische Vergangenheit geworden, damit unwirksam im Sinne noch ausstehender neuer Weltgestaltung.

Dagegen sieht Benn Transzendenz immer noch wirken im Bereich individueller Erfahrung. Der gesamthistorische Prozeß interessiert Benn nicht mehr. Diesen kulturell-zivilisatorischen Gesamtprozeß nennt Benn vielfach Leben. Die Problematik wird symptomatisch in *Weinhaus Wolf* behandelt. Die »Antithese von Leben und Geist«[113] hält Benn für unversöhnbar – das aber habe Nietzsche noch nicht gesehen.[114] Hier liegt ein Mißverständnis vor: Nietzsche hat Leben nie als politische oder ökonomische Machtentfaltung gedeutet, er hat also nie, wie Benn glaubt, einen positivistischen Geschichtsutopismus vertreten. Nietzsches Blick in die Zukunft gilt der Entfaltung einer neuen Weltsicht – Benn dagegen blickt zurück in historische Zeiträume, die das Prinzip einheitlichen Erlebens, die »mystische Partizipation« noch gewährleistet haben. Die Rückerinnerung an solches Erleben verdichtet sich im Kunstwerk, in »abgeschlossenen, hinterlassungsfähigen Gebilden«, im statischen Kunstwerk. »Was bleibt, ist das zu Bildern verarbeitete Sein.«[115]

Im Moment des Statischen, im autonomen Charakter des Kunstwerks zeigt sich die Konsequenz des Bennschen Denkens. Etwas soll geborgen werden, eingeholt werden, das ohne die statische Absicherung für immer verloren wäre, die Erfahrung von Transzendenz. Dieser Rückzug ins Konstruktivistische gehört zu den Grundthesen von Benns Kunsttheorie. Der Widerspruch zu Nietzsches weltsetzender Ästhetik, die immer schon über das abgeschlossene Kunstgebilde hinausweist, liegt auf der Hand.[116] Nun ist dieser

---

[113] II,147.
[114] Vgl. Brief vom 30.4.1936. G.B., Ausgewählte Briefe. Wiesbaden 1957, S. 69.
[115] I,298.
[116] In Benns Rückzug einen Fortschritt zu sehen, ist eine Verkennung von Nietzsches universalem Ansatz; es wird dabei die geschichtsphilosophische Tragweite von Nietzsches metaphysischem Denken nicht gesehen. Theo Meyer, der in jüngster Zeit die breiteste Auseinandersetzung mit

Widerspruch aber nur ein scheinbarer, insofern die Ausgangspunkte des ästhetischen Denkens bei Benn und Nietzsche unvergleichbar sind. Einmal liegt ein philosophisch-metaphysischer Ansatz vor, zum anderen ein poetologischer, der die Tatsache des Metaphysischen einbezieht. Einmal geht es in einem absoluten Sinne um Welt-Setzung, zum anderen um die Konstituierung des Kunstwerks. Die philosophische Intention Nietzsches läßt sich mit den poetologischen Äußerungen Benns nicht unmittelbar vergleichen, weil es jeweils um ein ganz anderes Wirklichkeitsfeld geht. Die Frage ist nur so zu stellen, ob Benn im poetologischen Rahmen den metaphysischen Kunstbegriff Nietzsches unzulässig verengt oder ob er dessen Dimension nicht doch gerecht wird, wenn auch auf transformierter Ebene.

Wenn der Begriff *metaphysisch* dem reinen Wortlaut nach bedeutet, über das Seiende hinausreichend zu einem dahinterliegenden Sein, dann denkt Nietzsche immer im Sinne dieses »Meta« über das Physische hinaus. Auch dann, wenn er sich scheinbar ausschließlich auf den Bereich rein immanenter Physis beruft. Das Sein ist für ihn Grund und Ursache des Seienden nach Maßgabe ontologischen Denkens. Sein ist aber für ihn nicht etwas ideell Geglaubtes oder etwas nur Gedachtes. Sein bedeutet für Nietzsche Erfahrung. Schon in der *Geburt der Tragödie* sieht er solche Erfahrung in gesteigerter Form bei den Künstlern ausgeprägt, und zwar als Erfahrung des Lebens-Grundes. Er spricht von einem spezifischen Instinkt oder auch von Intuition, die es ermöglichen, den einheitlichen Welt-Grund zu erfahren. Er sieht die Kunst als Möglichkeit der Überwindung des Individuationsprinzips, als Aufhebung der »Entfremdung« (Kap. 1) von Natur, als »Ahnung einer wiederhergestellten Einheit« (Kap. 10). Nietzsche führt hier den für die Lebens-Definition entscheidenden Begriff der *Gerechtigkeit* ein, er denkt ihn im Sinne »metaphysischen Einsseins« (Kap. 9). Prädisponiert für solche

---

dem Problem der Nietzsche-Rezeption Benns vorgelegt hat, versucht diesen Fortschritt mit der Begriffsantinomie Nietzsche = dynamisch, Benn = statisch unter Beweis zu stellen. (Kunstproblematik und Wortkombinatorik bei Gottfried Benn. Köln/Wien 1971, vgl. S. 44–91). Benn mache in seiner form-reflexiven Poetik einen »bedeutsamen Schritt über Nietzsche hinaus«, indem seine artistischen Reflexionen zunehmend zum »autonom-statischen Charakter des Produzierten« tendieren (S. 70). Theo Meyer spricht von einer »durchaus über Nietzsche hinausweisenden Optik« (S. 71).

Erfahrung ist der Lyriker, weil er in einem »mystischen Selbstentäußerungs- und Einheitszustande eine Bilder- und Gleichniswelt« aus sich herausstellt. Gewagt für unser heutiges Ohr klingt Nietzsches Faustformel: »Das ›Ich‹ des Lyrikers tönt also aus dem Abgrunde des Seins«; moderierter klingt die Feststellung, daß der Lyriker »bis auf den Grund der Dinge hindurchsieht« (Kap. 5). Solche Formulierungen dürften die begeisterte Zustimmung Benns gefunden haben. Um so mehr, als im selben Zusammenhang der bekenntnishafte Satz Nietzsches steht, daß nur als *ästhetisches Phänomen* das Dasein und die Welt ewig *gerechtfertigt* seien. Gerade von diesem Satz hat Benn ja gesagt, daß er Nietzsches »tiefster und zukünftigster« sei, daß er Nietzsche »als Ganzes« enthalte.[117]

Nietzsche hat später sein metaphysisches Kunstdenken zu jener Universalität ausgeweitet, wie sie im Prinzip des »Willens zur Macht« zutage tritt. Der Kern seines Denkens hat sich damit aber nicht verändert. Benns individual-poetologischer Ansatz ist als Teilbereich dieser Ästhetik durchaus zuzuordnen. Benn beruft sich mit Recht auf das »Artistenevangelium«, weil er die Grundstruktur von Nietzsches Ästhetik als metaphysische Erlebnisform begriffen hat. Auch ihm geht es um Wertfreiheit im Hinblick auf Tradition und Moral. Auch für Benn leistet die Kunst in letzter Instanz Daseins-Vollendung, bringt sie jenes zutage, was als Werk früher den Göttern zugeschrieben wurde. »Das Wesentliche an der Kunst bleibt ihre Daseins-*Vollendung,* ihr Hervorbringen der Vollkommenheit und Fülle; Kunst ist wesentlich *Bejahung, Segnung, Vergöttlichung des Daseins* ...«[118] Daß Benn diese Generalthematik Nietzsches in den Themenkatalog seiner Lyrik hineinnimmt, verändert nicht die allgemeine ästhetische Intention. Benns Lyrik thematisiert und repräsentiert die metaphysische Erlebnisform des Göttlichen als verdichtete Fülle und formale Vollendung ganz im Sinne Nietzsches. Die Begriffe Immanenz und Transzendenz verlieren die Ränder ihrer Definitionsschärfe, wo es um die Aktualität des Erlebens, um den Bereich der metaphysischen Tätigkeit, um den Schaffensprozeß geht.

Für Benn bedeutet wie für Nietzsche solches Schaffen Widerstand gegen den Nihilismus und Überwindung desselben. Benn stellt das dar in dem fundamentalen Essay von 1932 *Nach dem Nihilis-*

---

[117] Vgl. Zitat Anm. 13.
[118] WzM, Aph. 821.

mus. Seine Kritik an Nietzsche zu dieser Zeit irritiert zunächst, basiert aber auf dem Mißverständnis von Begriffen wie »Züchtung« und »Übermensch«. Auch Nietzsche hat den menschlichen Geist nicht anders verstanden als ein Prinzip von »Steigerung und Verdichtung«, als »formendes und formales Prinzip«, wie Benn es hervorhebt. Die Übereinstimmung mit Nietzsche zeigt sich in den nachfolgenden Sätzen: »Aus dieser gänzlich transzendenten Einstellung ergibt sich dann vielleicht eine Überwindung, nämlich eine artistische Ausnutzung des Nihilismus, sie könnte lehren, ihn dialektisch, das heißt provokant zu sehen. Alle die verlorenen Werte verloren sein zu lassen, alle die ausgesungenen Motive der theistischen Epoche ausgesungen sein zu lassen, und alle Wucht des nihilistischen Gefühls, alle Tragik des nihilistischen Erlebnisses in die formalen und konstruktiven Kräfte des Geistes zu legen, bildend zu züchten eine für Deutschland ganz neue Moral und Metaphysik der Form.«[119] Benn zitiert in diesem Zusammenhang ganz sinngemäß das Nietzsche-Wort: »Eine antimetaphysische Weltanschauung, gut – aber dann eine artistische.«[120] Die Weltbetrachtung des Künstlers ist nicht mehr metaphysisch ausgerichtet im traditionellen Sinne eines irgendwie gearteten Idealismus. Durchaus noch transzendent und damit metaphysisch ist dagegen das immanente Prinzip des Schaffens, des Setzens von Wirklichkeit und Welt.

Benn hat in den zwanzig Jahren seiner Nietzsche-Darstellung diese tief übereinstimmende Sehweise nicht geändert. 1952 sagt er noch einmal abschließend zu diesem Thema: »Überall der tiefe Nihilismus der Werte, aber darüber die Transzendenz der schöpferischen Lust. Das Wort Kunst ist erst in den letzten Jahrzehnten zu einem metaphysischen Begriff geworden ... mit Nietzsche begann für uns diese Situation.«[121] Das Prinzip des Schöpferischen, des künstlerischen Aktes steht deutlich im Vordergrund. Auch für Benn ist das metaphysische Wesen der Kunst in erster Linie im schöpferischen Prozeß begründet, in der Tatsache des Schaffens selbst, nicht also in der Faktizität des Kunstwerks. Die »Metaphysik der Form« setzt immer schon die metaphysische Erlebnisform voraus. Diese wird von Benn und Nietzsche als rauschhaft charakterisiert. Im

---

[119] I,159.
[120] I,161. Bei Nietzsche: »Eine antimetaphysische Weltbetrachtung – ja, aber eine artistische.« (WzM, Aph. 1048).
[121] Vortrag in Knokke, I,548.

Rausch sehen beide die eigentliche Triebkraft des Schaffens. Nietzsche nennt es die »*Erregung des kunstschaffenden Zustandes*, des Rausches«,[122] in ihm geschieht im wörtlichen Sinne des *transcendere* ein Übersteigen der empirisch-faktischen Wirklichkeit. Diese Transzendenz der schöpferischen Lust leistet jene von Benn immer wieder beschworene »Wirklichkeitszertrümmerung« und »Zusammenhangsdurchstoßung«.[123] Das »lyrische Ich«, wie Benn es in *Probleme der Lyrik* programmatisch darstellt, ist primär von diesem »Rauschwert« her zu definieren. Der schöpferische Rausch leistet das Transzendieren aus der Zone des Personalen und Individuellen in den Bereich allgemeiner Gültigkeit. Hier spiele sich etwas ab, sagt Benn, das »außerhalb des Persönlichen« liege.[124]

Die schöpferische Lust trägt alle metaphysischen Möglichkeiten in sich, aber sie erlebt diese nicht mehr glaubensmäßig oder als erkenntnismäßigen Besitz. Sie erlebt sie nicht als verwertbaren Inhalt, sondern als pure Intensität. Das metaphysische Wesen der Kunst zeigt sich im Sinne metaphysischer Tätigkeit als »Gesetz des Produktiven«, das Benn in der *Akademie-Rede* exemplarisch formuliert.[125] Er nennt es das »Gesetz von einer formfordernden Gewalt des Nichts«. Die Sphäre des Nichts oder der Leere, wie es an vielen Stellen des Werkes heißt, stellt Forderungen, sie fordert Artikulation, Ausdruck, Form. Im Rausch eröffnet sich diese Sphäre des Prälogischen, Frühen, des mythischen Ganzheitserlebens, es geschieht jene »mystische Partizipation«, die Benn als »Transzendenz der frühen Schicht« bezeichnet.[126] Er knüpft daran die Frage, was in diesen Räuschen, in dieser schöpferischen Lust *erlebt* und *gestaltet* wird. Das Nichts, hören wir, sei identisch mit Natur, und Natur ist hier nur deutbar als Totalität des Seienden, anorganisch und organisch, geistig und geschichtlich. Das Nichts ist die agnostisch hingenommene Sphäre eines nur ahnbaren Seins.

In anderer Weise als bei Nietzsche, aber doch vergleichbar, ist die Sphäre des Seins für das heutige Bewußtsein wertfrei geworden, sie ist nicht mehr mythisch oder religiös besetzt wie in frühen und früheren Zeiten. In solcher Unbesetztheit kann die ontische Sphäre

---

[122] WzM, Aph. 821.
[123] I,512.
[124] I,400.
[125] I,438.
[126] I,436f.

aber nicht verharren. Sie fordert die ihr zugemessene Form. Der Kunst wird damit die Rolle früherer Wert-Setzung zugesprochen. Benn sagt das klar in seiner bekenntnishaften Schrift *Fanatismus zur Transzendenz*.[127] Er sieht die frühere Transzendenz der Religionen heute ins Artistische gewendet. Es gibt keine andere Transzendenz mehr, sagt Benn, als »die Transzendenz der schöpferischen Lust«. Das Wort »Formrausch«[128] ist als Kurzfassung die Definition des künstlerisch-metaphysischen Tätigseins. Im Spannungsfeld des Rausches verbinden sich die beiden Grundelemente der Kunst, die Erfahrung »tieferer Welten«[129] und der Zwang, den tiefen Erfahrungen Ausdruck zu verschaffen. Nietzsche hatte diesen metaphysischen Prozeß in der *Geburt der Tragödie* mit den antagonistischen Kräften des Dionysischen und Apollinischen zu erfassen versucht. »Das Wesentliche am Rausch«, sagt Nietzsche später in der *Götzendämmerung,* »ist das Gefühl der Kraftsteigerung und Fülle. Aus diesem Gefühle gibt man die Dinge ab...«[130] Für Benn wie für Nietzsche bedeutet Kunst als metaphysische Tätigkeit die notwendig erfahrene Zuordnung von Substanz und Gestalt im Rausch. Nietzsche nennt die »göttliche Lust des Schaffenden« eine »heilige Nötigung«,[131] »die innere Nötigung, aus den Dingen einen Reflex der eignen Fülle und Vollkommenheit zu machen«.[132]

Benn und Nietzsche haben den schöpferischen Prozeß verschiedentlich aus eigener Erfahrung geschildert. Beide sprechen von einer unausweichlichen Notwendigkeit. Nietzsche glaubt, »bloß Medium übermächtiger Gewalten« zu sein; er spricht von »Offenbarung«, von »Unbedingtsein«, von »Göttlichkeit« – er habe nie eine Wahl gehabt.[133] Diese unausweichliche Notwendigkeit hat Benn vor allem in Nietzsche gesehen: »er hatte keine Wahl, er mußte das Schiff besteigen«.[134] Das Prinzip des künstlerischen »Formzwanges«, sagt Benn autobiographisch, sei ein Prinzip, das »nur der Schöpfung folgt und ihrem transzendenten Ruf«.[135] Damit erhebt auch Benn die Kunst in den Bereich letzter kosmischer Notwendigkeit. Von der Dimension her steht seine Kunsttheorie in derselben Ranghöhe wie die Ästhetik Nietzsches.

---

[127] IV,233f.
[128] II,133.
[129] I,151.
[130] GD, 135.
[131] UB, 134.
[132] WzM, Aph. 811.
[133] EH, 375.
[134] IV,221.
[135] IV,66.

Quellennachweise

E Erstdruck   D Druckvorlage   A Auswahl

1. E+D: Essays, Notizen, Poetische Fragmente. Aus dem Nachlaß hrsg. v. Inge Jens, Olten/Freiburg i. B. 1969, S. 225–250. A: S. 225–231
2. E+D: Schopenhauer, Nietzsche und die Dichtung Hofmannsthals, in: Nietzsche. Werk und Wirkungen, hrsg. v. Hans Steffen, Göttingen 1974, S. 65–90. A: S. 76–79, 83–85, 88f., 90
3. E+D: Nietzsche und Carl Sternheim, in: Nietzsche-Studien 1, 1972, S. 334–352
4. D: Manuskript 1978. Veränderte Fassung von: Im Aufbruch das Ziel. Nietzsches Wirkung im Expressionismus, in: Nietzsche. Werk und Wirkungen, hrsg. v. Hans Steffen, Göttingen 1974, S. 115–166
5. D: Manuskript 1978. Veränderte Fassung von: »Cultur der Oberfläche«. Anmerkungen zur Rezeption der Artisten-Metaphysik im frühen Werk Heinrich und Thomas Manns, in: Fin de siècle. Zu Literatur und Kunst der Jahrhundertwende, hrsg. v. Roger Bauer u. a., Frankfurt 1977, S. 609–641
6. D: Originalbeitrag 1977
7. E+D: Betrachtungen eines Unpolitischen. Thomas Mann und Friedrich Nietzsche, in: Das Altertum und jedes neue Gute. Für Wolfgang Schadewaldt zum 15. März 1970, hrsg. v. Konrad Gaiser, Stuttgart, Berlin, Köln, Mainz 1970, S. 237–256. A: S. 239–243
8. E+D: Das Nietzschebild Robert Musils, in: Deutsche Vierteljahrsschrift für Literaturwissenschaft und Geistesgeschichte 39, 1965, S. 329–349
9. D: Originalbeitrag 1977

Weiterführende Bibliographie

Anon., Der naturalistische Individualismus, in: Neue Bahnen 12, 1901, S. 630–635, 682–702

Anon., Gottfried Keller und Friedrich Nietzsche, in: Das literarische Echo 5, 1902/1903, Sp. 577

Abenheimer, Karl M., Rilke and Nietzsche, in: Philosophical journal 4, 1967, S. 95–106

Adam, Albrecht, Nietzsches Gedanken in Emil Goetts Dichtung, Diss. Frankfurt 1924

Allemann, Beda, Ironie und Dichtung, Pfullingen 1956 (Darin: Musil, Thomas Mann und Nietzsche, S. 35–40)

— Gottfried Benn. Das Problem der Geschichte, Pfullingen 1963, S. 8ff., 15, 24–27, 42f.

Anders, Günter, Kafka – pro und contra. Die Prozeß-Unterlagen, München 1951, S. 84f.

Arnold, Armin, Die Literatur des Expressionismus. Sprachliche und thematische Quellen, Stuttgart, Berlin, Köln, Mainz 1966 (Darin: Nietzsches Übermensch, S. 62–69)

Bab, Julius, Richard Dehmel. Die Geschichte seines Lebens-Werkes, Leipzig 1926, S. 60f.

Bänsch, Dieter, Else Lasker-Schüler. Zur Kritik eines etablierten Bildes, Stuttgart 1971, S. 61, 96f., 170f., 241

Ball, Hugo, Hermann Hesse. Sein Leben und sein Werk, Berlin 1927

Banuls, André, Thomas Mann und sein Bruder Heinrich, ›eine repräsentative Gegensätzlichkeit‹, Stuttgart, Berlin, Köln, Mainz 1968, S. 59f., 65–72, 74f., 118f.

— Heinrich Mann, Stuttgart, Berlin, Köln, Mainz 1970, S. 32, 35, 39, 50, 53f., 56, 61f., 71, 85, 95, 117, 158, 177f.

— Heinrich Mann et Gottfried Benn, in: EG 26, 1971, S. 293–307

— Heinrich Mann und Frankreich, in: Heinrich Mann 1871/1971. Bestandsaufnahme und Untersuchung. Ergebnisse der Heinrich-Mann-Tagung in Lübeck, hrsg. v. Klaus Matthias, München 1973, S. 224ff.

— Schopenhauer und Nietzsche in Thomas Manns Frühwerk (»Der Kleiderschrank« und andere Novellen), in: EG 30, 1975, S. 129–147

Barthel, Ludwig Friedrich, Bindings Leben, in: Das war Binding. Ein Buch der Erinnerung, hrsg. v. Ludwig Friedrich Barthel, Wien, Berlin, Stuttgart 1955, S. 33

Bataille, Georges, Nietzsche et Thomas Mann, in: Synthèses 6, 1951, S. 288–301

Bauer, Michael, Christian Morgensterns Leben und Werk, München ^{5}1954, S. 90–108

Baumer, Franz, Hermann Hesse, Berlin 1959, S. 34f., 56, 57

Bausinger, Wilhelm, Studien zu einer historisch-kritischen Ausgabe von Robert Musils Roman »Der Mann ohne Eigenschaften«, Reinbek bei Hamburg 1964, S. 590–596

Behrendt, Hans, Franz Werfel, in: Mitteilungen der literarhistorischen Gesellschaft Bonn 11, 1917/20, H. 5/7, S. 124, 129, 134

Beierle, Alfred, Begegnung mit Georg Kaiser, in: Aufbau 4, 1948, S. 990

Bein, Sigfried, Der Arbeiter, Typus – Name – Gestalt, in: Wandlung und Wiederkehr. Festschrift zum 70. Geburtstag Ernst Jüngers, hrsg. v. Heinz Ludwig Arnold, Aachen 1965, S. 107–116

Benndorf, Friedrich Kurt, Mombert. Geist und Werk, Dresden 1932, S. 53f., 80f., 179, 182, 260, 292

Benzmann, Hans, Detlev von Liliencron. Ein deutscher Lyriker, Leipzig 1912, S. 29

Berg, Leo, Der Übermensch in der modernen Litteratur. Ein Kapitel zur Geistesgeschichte des 19. Jahrhunderts, Paris, Leipzig, München 1897

Berger, Erich, Textparallelen zur Frage George und Nietzsche, in: Erich Berger, Randbemerkungen zu Nietzsche, George und Dante, Wiesbaden 1958, S. 15–26

Berger, Willy R., Die mythologischen Motive in Thomas Manns Roman ›Joseph und seine Brüder‹, Köln, Wien 1971, S. 26–30, 50f.

Berghahn, Wilfried, Robert Musil, Reinbek b. Hamburg 1963, S. 40ff.

Bergsten, Gunilla, Thomas Manns Doktor Faustus. Untersuchungen zu den Quellen und zur Struktur des Romans, Lund 1963 (Darin: Nietzsche und die geniale Krankheit, S. 68–77)

Bernoulli, Carl Albrecht, Franz Overbeck und Friedrich Nietzsche, Bd. 2, Jena 1908, S. 268–271, 498f.

Bertaux, Félix, De Nietzsche à H. et T. Mann, in: Revue des vivants 1, 1927, S. 251–257

Bianquis, Geneviève, Nietzsche et Stefan George, in: Nietzsche, études et témoignages du cinquantenaire, Paris 1950, S. 213–220

Bier, Jean-Paul, Hermann Broch et ›La Mort de Virgile‹, Paris 1974 (Darin: Nietzsche, S. 166–173)

Blanchot, Maurice, Thomas Mann et le Mythe de Faust, in: Critique 6, 1950, S. 3–21

Blankenagel, John, A Nietzsche episode in Thomas Mann's ›Doktor Faustus‹, in: MLN 63, 1948, S. 387–390

Blass, Regine, Die Dichtung Georg Trakls. Von der Trivialsprache zum Kunstwerk, Berlin 1968, S. 138, 141–154

Blechmann, Wilhelm, Le legs de Nietzsche, in: Etudes nietzschéennes 1, 1948, S. 44–50

Blume, Bernhard, Das nihilistische Weltbild Arthur Schnitzlers, Diss. T. H. Stuttgart 1936

Bockstahler, O., Nietzsche and Sudermann, in: GQ 8, 1935, S. 177–191

Böckmann, Paul, Die Bedeutung Nietzsches für die Situation der modernen Literatur, in: DVjs 27, 1953, S. 77-101

Böhme, Hartmut, Anomie und Entfremdung. Literatursoziologische Untersuchungen zu den Essays Robert Musils und seinem Roman »Der Mann ohne Eigenschaften«, Kronberg 1974, S. 44ff., 48, 168ff., 212ff., 306

Bohnenblust, Gottfried, Meine Beziehungen zu Nietzsche, in: Carl Spitteler, Gesammelte Werke, Bd. 10/2. Geleitband II, Zürich und Stuttgart 1958, S. 268-288

Bollnow, Otto Friedrich, Zum Lebensbegriff des jungen Hofmannsthal, in: Otto Friedrich Bollnow, Unruhe und Geborgenheit im Weltbild neuerer Dichter, 1953, ³1968, S. 15-30

Boucher, Maurice, Flake contra Nietzsche, in: EG 2, 1947, S. 438-444

Boulby, M., A German critic of Nietzsche: Johannes Schlaf, in: Proceedings of the Leeds philosophical and literary society, literary and historical section, Vol. 8, pt. 2, 1956, S. 137-146

— Nietzsche's Problem of the Artist and George's »Algabal«, in: MLR 52, 1957, S. 72-80

— Nietzsche and the Finis Latinorum, in: Studies in Nietzsche and the classical tradition, ed. by James O'Flaherty, Timothy F. Sellner, and Robert M. Helm, Chapel Hill 1976, S. 221-226

Bowert, Ruth, Die Prosa Karl Wolfskehls. Grundzüge seines Denkens und seiner Ausdrucksformen, Diss. Hamburg 1965, S. 85f., 100ff., 148f., 197f., 201, 248ff.

Breysig, Kurt, Aus meinen Tagen und Träumen, in: Kurt Breysig, Stefan George. Gespräche. Dokumente, Amsterdam 1960, S. 42f.

Bridgwater, W. P., C. F. Meyer and Nietzsche, in: MLR 60, 1965, S. 568 bis 583

Bruhn, Gert, Parodistischer Konservatismus. Zur Funktion des Selbstzitats in Thomas Manns ›Zauberberg‹, in: Neophil. 58, 1974, S. 218ff., 223f.

Buddeberg, Else, Gottfried Benn, Stuttgart 1961, S. 47-51, 77, 80f., 89-93, 100, 118-122, 251, 253, 285-301

Bürkle, Albrecht, Die Zeitschrift ›Freie Bühne‹ und ihr Verhältnis zur literarischen Bewegung des deutschen Naturalismus, Diss. Heidelberg 1945, bes. S. 88-106

Calmberg, Ernesta, Weltbild und Auftrag des Dichters von Nietzsche bis George, Würzburg 1936, Diss. Tübingen 1936

Chiarini, Paolo, Caos e Geometria. Per un regesto delle poetiche espressioniste, Firenze 1964

Cohn, Hilde D., Loris – Die frühen Essays des jungen Hofmannsthal, in: PMLA 63, 1948, S. 1294-1313

Colleville, Maurice, Nietzsche et le Doktor Faustus de Thomas Mann, in: EG 3, 1948, S. 343-354

Cosentino, Christine, Tierbilder in der Lyrik des Expressionismus, Bonn 1972

Curtius, Ernst Robert, Stefan George, in: Ernst Robert Curtius, Kritische Essays, Bern 1950, S. 153

Cysarz, Herbert, Friedrich Nietzsche in den Wandlungen der Mit- und Nachwelt, in: DVjs 4, 1926, S. 676–695

— Von Schiller zu Nietzsche, Halle 1928

— Wagner · Nietzsche · George. Form-Wille und Kultur-Wille, vornehmlich bei George, in: Jb. d. Fr. dt. Hochstifts 1931, S. 94–125

Darge, Elisabeth, Lebensbejahung in der deutschen Dichtung um 1900, Breslau 1934 (Darin: Die Erben Nietzsches, S. 29–44)

David, Claude, Stefan George. Sein dichterisches Werk, München 1967, S. 97, 115, 122, 134f., 166, 235, 273, 323, 366, 394

Debiel, Rudolf, Die Metaphorik des Schauspielerischen. Aufweis eines sprachlichen Bildfeldes innerhalb der Dichtwerke von Friedrich Nietzsche, Stefan George, Rainer Maria Rilke und Hugo von Hofmannsthal, Bonn 1956, Diss. Masch.

Dehn, Fritz, Rilke und Nietzsche, in: Dichtung und Volkstum 37, 1936, S. 1–22

Dierks, Manfred, Thomas Manns psychoanalytischer Priester. Die Rolle der Psychoanalyse im »Zauberberg«, in: Geistesgeschichtliche Perspektiven. Festgabe für Rudolf Fahrner, hrsg. v. Götz Grossklaus, Bonn 1969, S. 227–240

— Studien zu Mythos und Psychologie bei Thomas Mann, Bern, München 1972

— Die Aktualität der positivistischen Methode – am Beispiel Thomas Mann, in: OL 33, 1978, S. 158–172

Dittberner, Hugo, Heinrich Mann. Eine kritische Einführung in die Forschung, Frankfurt 1974, S. 82–90

Dittmann, Ulrich, Sprachbewußtsein und Redeformen im Werk Thomas Manns, Stuttgart, Berlin, Köln, Mainz 1969, S. 25–32, 64ff., 69, 73, 94f., 171, 176ff., 180, 184f.

Doppler, Alfred, Orphischer und apokalyptischer Gesang, in: Litwiss. Jb. 9, 1968, S. 219–242

— Poetisches Bild als historisches Abbild. Der Wandlungsprozeß in der Lyrik Georg Trakls, in: Alfred Doppler, Wirklichkeit im Spiegel der Sprache. Aufsätze zur Literatur des 20. Jahrhunderts in Österreich, Wien 1975, S. 104–108

Duhamel, Roland, Schnitzler und Nietzsche, in: Amsterdamer Beiträge zur neueren Germanistik 4, 1975, S. 1–25

Egger, Eugen, Ein Weg aus dem Chaos, Olten 1951 (Darin: Nietzsche – Ein Beitrag zur Erneuerung Deutschlands, S. 13–26)

Ehrentreich, Alfred, Wandlungen des Nietzsche-Bildes in den letzten Jahrzehnten, in: Sammlung 6, 1951, S. 140–148, 239–248, 271–277

— Das Frühwerk Thomas Manns im Lichte der neueren Philosophie, in: NS 4, 1964, S. 474–483

Eloesser, Arthur, Thomas Mann. Sein Leben und sein Werk, Berlin 1925, S. 81f., 107f.
— Die deutsche Literatur von der Romantik bis zur Gegenwart, Berlin 1931, S. 422f., 486–490
Emrich, Wilhelm, Franz Kafka, Frankfurt, Bonn 1964, S. 41–45, 199
Esselborn, Karl G., Hofmannsthal und der antike Mythos, München 1969 (Darin: Nietzsche, S. 45f.; Dionysische Tragödie, S. 248–257)
Eykman, Christoph, Geschichtspessimismus in der deutschen Literatur des zwanzigsten Jahrhunderts, Bern und München 1970
— Der Verlust der Geschichte in der deutschen Literatur des zwanzigsten Jahrhunderts, in: Neophil. 35, 1971, S. 58–72
Faesi, Robert, Thomas Mann. Ein Meister der Erzählkunst, Zürich 1955, S. 31–35, 37–41, 135–143, 153f.
Fechter, Paul, Nietzsches Bilderwelt und der Jugendstil, in: Jugendstil, hrsg. v. Jost Hermand, Darmstadt 1971, S. 349–357
Feise, Ernst, Philosophische Motive im Werk des jungen Hofmannsthal, in: Monatshefte 37, 1945, S. 31–39
Firda, Richard Arthur, Wedekind, Nietzsche and the Dionysian Experience, in: MLN 87, 1972, S. 720–731
Fischmann, Hedwig, Der Übermensch, in: Das literarische Echo 20, 1917/18, Sp. 1467–1474
Fivian, Eric Albert, Georg Kaiser und seine Stellung im Expressionismus, München 1946, S. 213f., 266
Fix, Wolfgang, Die Ironie im Drama Georg Kaisers, Diss. Heidelberg 1951, S. 9, 11f., 22, 41ff., 99, 167–173
Fleischer, Margot, Nietzsche und Rilkes Duineser Elegien, Köln 1958, Diss. Masch. (Hekt. vervielf.)
Förster-Nietzsche, Elisabeth, Friedrich Nietzsche und die Kritik, in: Morgen. Wochenschrift für deutsche Kultur 1907, S. 488–493
Freese, Wolfgang, Satirisches Fragment und »heilige Form«. Anmerkungen zu Robert Musil – Thomas Mann, in: Literatur und Kritik 7, 1972, S. 384f.
Freyhan, Max, Georg Kaisers Werk, Berlin 1926, S. 101–104, 136, 337–341, 345, 364
Gandelman, Claude, La »musique de sable« des Leverkühns; une métaphore nietzschéenne cachée dans le Doktor Faustus de Thomas Mann, in: DVjs 52, 1978, S. 511–520
Geisendörfer, Karl, Motive und Motivgeflecht im »Phantasus« von Arno Holz, Diss. Würzburg 1962, S. 9ff., 137f., 141
Stefan George 1868 · 1968. Der Dichter und sein Kreis. Im Auftrag der Deutschen Schillergesellschaft hrsg. v. Bernhard Zeller, München 1968
Goffin, Roger, Nietzsche als mythische figuur in de gedichten van G. Benn, in: Dialoog 6, 1965/66, S. 144–154

Greul, Heinz, Bretter, die die Zeit bedeuten. Die Kulturgeschichte des Kabaretts, Köln und Berlin 1967, S. 96ff.

Grimm, Reinhold, Brecht und Nietzsche, in: Annali. Sezione Germanica. Studi tedesci, Napoli, 17, 1974, 2, S. 5–29

— Notizen zu Brecht, Freud und Nietzsche, in: Brecht-Jahrbuch 1974, S. 34–52

— Zum Thema Brecht und Nietzsche. Replik (con sordino), in: Annali 18, 1975, 3, S. 153–161

Groeper, Richard, Nietzsche und Gött, in: Nord und Süd 42, 1918, S. 59–67, 187–194

Günther, Joachim, Der Kampf um das Erbe Nietzsches, in: Politik und Gesellschaft, Nov. 1928, S. 36–45

— Nietzsche-Spiegel I–V, in: Europäische Revue (Europäische Umschau) 1937, S. 413–416, 664–668, 843–848; 1940, S. 557–561; 1941, S. 124–129

Gundolf, Friedrich, George, Berlin 1920, S. 49

Hahn, Manfred, Heinrich Mann und Friedrich Nietzsche, in: Manfred Hahn, Das Werk Heinrich Manns von den Anfängen bis zum »Untertan« 1885–1914. Teil I: 1885–1907, Leipzig 1965 (Diss. masch.), S. 343–369, 506–511

Hamann, Richard / Jost Hermand, Impressionismus, München ²1972, S. 23, 31, 37, 38, 49, 77, 112, 123, 247

— Naturalismus, München ²1973, S. 38, 45ff., 210, 219, 222, 281

Hamburger, Michael, Hofmannsthals Bibliothek. Ein Bericht, in: Euph. 55, 1961, S. 36f.

Handschriften des deutschen Literaturarchivs. II. Nachlaß Alfred Döblin. Zusammengestellt von Hilde Vater auf Grund der Vorarbeiten von Rosemarie Lorenz, in: Jb. d. dt. Schillerges. 14, 1970, S. 646–657

Hansson, Ola, Friedrich Nietzsche und der Naturalismus, in: Die Gegenwart 39, 1891, S. 275–278, 296–299

Haupt, Jürgen, Ernst Stadler und Hugo von Hofmannsthal. Die Ambivalenz einer literarischen Beziehung, in: Jürgen Haupt, Konstellationen Hugo von Hofmannsthals, Salzburg 1970, S. 107f.

Havenstein, Martin, Spitteler und Nietzsche, in: Das Blaubuch 3, Berlin 1908, S. 556–564

Heftrich, Eckhard, Stefan George, Frankfurt 1968, S. 11–14, 87, 91f., 96–99, 155f.

— Zauberbergmusik. Über Thomas Mann, Frankfurt 1975 (Darin: Ergänzende Betrachtung: Nietzsche als Hamlet der Zeitenwende, S. 281–316)

Heidegger, Martin, Über »Die Linie«, in: Freundschaftliche Begegnungen. Festschrift für Ernst Jünger zum 60. Geburtstag, hrsg. v. Armin Mohler, Frankfurt 1955, S. 12ff.

Heintel, Erich, Adrian Leverkühn und Friedrich Nietzsche, in: Wissenschaft und Weltbild 3, 1950, S. 297–303

Helbing, Lothar, Ludwig und Anna Maria Derleth. Eine Sammlung von

Berichten, in: Ludwig Derleth-Gedenkbuch, Amsterdam 1958, S. 12f., 63

Heller, Erich, Rilke und Nietzsche, in: Erich Heller, Nietzsche, Frankfurt 1964, S. 69–129

— Rilke und Nietzsche, in: Erich Heller, Nirgends wird Welt sein als innen. Versuche über Rilke, Frankfurt 1975, S. 71–120

Heller, Peter, Kafka und Nietzsche, in: Proceedings of the comparative literature symposium 4, 1971, S. 71–95

— Zum Thema Brecht und Nietzsche, in: Annali 18, 1975, 3, S. 147–152

Herden, Werner, Geist und Macht. Heinrich Manns Weg an die Seite der Arbeiterklasse, Berlin und Weimar 1971, S. 250–262, 326f.

Hess, Konrad, Von Nietzsche zu Pannwitz, Langnau 1963

Heydebrand, Renate von, Die Reflexionen Ulrichs in Robert Musils Roman »Der Mann ohne Eigenschaften«, Münster 1966, S. 11ff., 16ff., 30ff., 38ff., 59ff., u. ö.

Hiebel, Friedrich, Christian Morgenstern. Wende und Aufbruch unseres Jahrhunderts, Bern 1957 (Darin: Auf Nietzsches Blitzgefilden, S. 32–46)

Hildebrandt, Kurt, Erinnerungen an Stefan George und seinen Kreis, Bonn 1965, S. 65, 107ff., 152–155

Hillebrand, Bruno, Artistik und Auftrag. Zur Kunsttheorie von Benn und Nietzsche, München 1966

Hilscher, Eberhard, Robert Musils Suche nach dem »anderen Menschen«, in: Literatur und Kritik 7, 1972, S. 343f.

Hochbaum, Ingo F. W., Künstlertum und Wirklichkeit. Studien zur Vorgeschichte und Deutung der Bilderwelt in den Gedichten des ›Gerichtstages‹ (1915–1916) von Franz Werfel unter besonderer Berücksichtigung der Bedeutung August Strindbergs für den dichterischen Expressionismus in Deutschland, Diss. Kiel 1955 (Darin: Nietzsche und Kierkegaard, S. 19ff.)

Hösel, Adolf, Dehmel und Nietzsche, München 1928

Hof, Walter, Der Weg zum heroischen Realismus. Pessimismus und Nihilismus in der deutschen Literatur von Hamerling bis Benn, Bebenhausen 1974

Hohendahl, Peter Uwe, Das Bild der bürgerlichen Welt im expressionistischen Drama, Heidelberg 1967, S. 46–49, 154f., 228ff., 264–268

Holona, Marian, Die Essayistik Heinrich Manns und die Kulturproblematik F. Nietzsches, in: Kwartalnik neofilologiczny, Warszawa 13, 1966, S. 301–310

Horne, Irmen H., Nietzsche und Christian Morgenstern, M. A. Thesis, Univ. of North Carolina 1971

Honsza, Norbert, Niebezpieczne związki. Tomasz Mann, Nietzsche, Wagner, Schopenhauer, in: Germanica Wratislaviensia 15, 1971, S. 3–13 (Mit kurzer deutscher Zusammenfassung: Gefährliche Beziehungen)

Huguet, Louis, L'Œuvre de Alfred Döblin, ou la Dialectique de l'Exode

1878–1918, 2 Bde., Paris 1970 (masch.) [vorhanden im Deutschen Literaturarchiv, Marbach]

Jacob, Gerhard, Thomas Mann und Nietzsche. Zum Problem der Décadence, München 1926, Diss. Leipzig 1927

Jaime, Edward, Stefan George und die Weltliteratur, Ulm 1949, S. 8ff., 14

Jászi, Andrew O., Richard Dehmels Auseinandersetzung mit dem Kultus des Lebens, in: PMLA 65, 1950, Nr. 2, S. 46–65

Jost, Dominik, Literarischer Jugendstil, Stuttgart 1969, S. 8, 29, 47, 50, 57

Kaiser, Gerhard R., Irrwege der Nietzsche-Nachfolge, in: Gerhard R. Kaiser, Proust · Musil · Joyce. Zum Verhältnis von Literatur und Gesellschaft am Paradigma des Zitats, Frankfurt 1972, S. 114–121

Karthaus, Ulrich, »Der Zauberberg« – ein Zeitroman (Zeit, Geschichte, Mythos), in: DVjs 44, 1970, S. 275–280, 284–290, 304

Kaufmann, Eva, Arnold Zweigs Weg zum Roman. Vorgeschichte und Analyse des Grischaromans, Berlin 1967, S. 34f., 53

Kaufmann, Fritz, Thomas Mann und Nietzsche, in: Monatshefte 36, 1944, S. 345–350

Kaufmann, Hans, Krisen und Wandlungen der deutschen Literatur von Wedekind bis Feuchtwanger, Berlin und Weimar ²1969, S. 38–44, 72, 89, 91, 148, 292

Kaufmann, Walter, Art, Tradition, and Truth, in: Partisan Rev. 22, 1955, S. 9–28. Auch in: Walter Kaufmann, The Owl and the Nightingale. From Shakespeare To Existentialism, London 1959, S. 219–238

— Nietzsche and Rilke, in: Kenyon review 17, 1955, S. 1–22. Auch in: Walter Kaufmann, The Owl and the Nightingale. From Shakespeare To Existentialism, London 1959, S. 200–218

Kayser, Rudolf, Friedrich Nietzsche und Stefan George, in: Monatshefte 29, 1937, S. 145–152

Keller, Ernst, Der unpolitische Deutsche. Eine Studie zu den »Betrachtungen eines Unpolitischen« von Thomas Mann, Bern und München 1965, S. 69–74, 102–106, 113f., 179f., 182f., 184

Kemper, Hans-Georg, Vom Expressionismus zum Dadaismus. Eine Einführung in die dadaistische Literatur, Kronberg 1974

Kiewert, Walter, Nietzsches Philosophie im Lichte unserer Erfahrung, in: Aufbau 4, 1948, S. 532

Kirchhoff, Ursula, Das Fest als Symbol der außergewöhnlichen Existenz in Heinrich Manns »Göttinnen«-Trilogie, in: WW 18, 1968, S. 395–415

— Die Darstellung des Festes im Roman um 1900. Ihre thematische und funktionale Bedeutung, Münster 1969. Miss. Münster 1967

Kluge, Gerhard, Das Leitmotiv als Sinnträger in »Der kleine Herr Friedemann«. Ein Versuch zur frühen Prosadichtung Thomas Manns, in: Jb. d. dt. Schillerges. 11, 1967, S. 521–525

Knodt, Karl Ernst, Die Gefahr »Nietzsche« und ihre Nachwirkung in der neuesten deutschen Lyrik, in: Monatsblätter für deutsche Literatur 1, 1897, S. 364–369, 395–402

Knopf, Jan, Anfängliches. Notiz zu Thomas Manns ›Der Erwählte‹, in: Nietzsche-Studien 1, 1972, S. 423–426

— Bertolt Brecht. Ein kritischer Forschungsbericht. Fragwürdiges in der Brecht-Forschung, Frankfurt 1974, bes. S. 134ff.

König, Hanno, Nietzsche in der entlarvenden Sicht Heinrich Manns, in: Hanno König, Heinrich Mann. Dichter und Moralist, Tübingen 1972, S. 120–132

Kohn, Hans, The Mind of Germany. The Education of a Nation, London 1961 (Darin: Nietzsche and Rilke, S. 222–228)

Koppen, Erwin, Vom Décadent zum Proto-Hitler. Wagner-Bilder Thomas Manns, in: Thomas Mann und die Tradition, hrsg. v. Peter Pütz, Frankfurt 1971, S. 201–224

Krämer-Badoni, Rudolf, Ernst Jünger sechzig Jahre alt, in: Rudolf Krämer-Badoni, Vorsicht, gute Menschen von links. Aufsätze und Essays, Gütersloh 1962, S. 143f.

Kranz, Gisbert, Ernst Jüngers symbolische Weltschau, Düsseldorf 1968, S. 81

Kreuzer, Helmut, Thomas Mann und Gabriele Reuter. Zu einer Entlehnung für den »Doktor Faustus«, in: NDH 10, 1963, H. 96, S. 108–119

Krummel, Richard Frank, Nietzsche und der deutsche Geist: Ausbreitung und Wirkung des Nietzsche-Werkes im deutschen Sprachraum bis zu seinem Todesjahr. Ein Schrifttumsverzeichnis der Jahre 1867–1900, Lexington, Ky. 1971, Diss. Kentucky

— Nietzsche und der deutsche Geist. Ausbreitung und Wirkung des Nietzscheschen Werkes im deutschen Sprachraum bis zum Todesjahr des Philosophen. Ein Schrifttumsverzeichnis der Jahre 1867–1900, Berlin, New York 1974

Kühl, Gustav, Dehmel und Nietzsche, in: Die Zeit, Wien 30. April 1898, S. 71ff.

Kunne-Ibsch, Elrud, Die Nietzsche-Gestalt in Thomas Manns Dr. Faustus, in: Neophil. 53, 1969, S. 176–189

— Die Stellung Nietzsches in der Entwicklung der modernen Literaturwissenschaft, Tübingen 1972

— Der Weg zum schönen Leben. Enthistorisierung als Verfahren in der Erzählung des Jugendstils, in: Neophil. 57, 1973, S. 217–231, 317–329

— Textstruktur und Rezeptionsprozeß am Beispiel von Nietzsches »Zarathustra«, in: Comparative poetics. Poétique comparative. Vergleichende Poetik. In honour of Jan Kamerbeek, Amsterdam 1976, S. 215–242

Kurzke, Hermann, Thomas-Mann-Forschung 1969–1976. Ein kritischer Bericht, Frankfurt 1977

Kusserow, Wilhelm, Friedrich Nietzsche und Stefan George. Ein Vergleich, Diss. Berlin 1927

Lämmert, Eberhard, Doppelte Optik. Über die Erzählkunst des frühen Thomas Mann, in: Literatur, Sprache, Gesellschaft 3, 1970, S. 50–72

Lamberechts, Luc, Die schöpferische Prosa Gustav Landauers. Nietzsche-Rezeption und künstlerische Gestaltung, in: Studia Germanica Gandensia 12, 1970, S. 219–241

Landfried, Klaus, Stefan George – Politik des Unpolitischen, Heidelberg 1975, S. 194ff., 224

Landgrebe, Ludwig, Thomas Mann über Nietzsche, in: Hamburger Akad. Rundschau 2, 1947/48, S. 617–621

Landsberg, Hans, Friedrich Nietzsche und die deutsche Literatur, Leipzig 1902

Lehnert, Herbert, Thomas Mann. Fiktion, Mythos, Religion, Stuttgart, Berlin, Köln, Mainz 1955 (Darin: Nietzsche und die dynamische Metaphysik, S. 25–35, 227ff.)

— Heine, Schiller, Nietzsche und der junge Thomas Mann, in: Neophil. 48, 1964, S. 51–56

Leibrich, Louis, Thomas Mann et Nietzsche, in: Revue de l'enseignement des langues vivantes 49, 1932, S. 160–163, 193–199, 241–250

— Thomas Mann et la critique nietzschéenne, in: Etudes nietzschéennes 1, 1948, S. 57–61

— Thomas Mann et Nietzsche, in: Revue des lettres mod. 76/77, 1962/1963, S. 62–72

— Thomas Mann. Une recherche spirituelle, Paris 1974

Lenning, Walter, Der literarische Jugendstil, in: Deutsche Universitätszeitung 13, 1958, S. 423–428, Wiederabdruck in: Jugendstil, hrsg. v. Jost Hermand, Darmstadt 1971, S. 368–375

Lesser, Jonas, Thomas Mann in der Epoche seiner Vollendung, München 1952 (Darin: Nietzsche, S. 288–297; Warum Nietzsche?, S. 433–442)

Lion, Ferdinand, Das Werk Alfred Döblins. Zum fünfzigsten Geburtstag des Dichters am 10. August 1928, in: NRds 39, 2, 1928, S. 171f.

— Thomas Mann. Leben und Werk, Zürich 1947, S. 26f., 41f., 181ff., 202–205

Löwith, Karl, Von Hegel zu Nietzsche. Der revolutionäre Bruch im Denken des 19. Jahrhunderts, Zürich, New York 1941, S. 352ff., 394–397

Loose, Gerhard, Die Ästhetik Gottfried Benns, Frankfurt 1961, S. 1–32

— Gustav Sack, in: Expressionismus als Literatur. Gesammelte Studien, hrsg. v. Wolfgang Rothe, Bern und München 1969, S. 684f.

Lowe, William F., Jr., The Ethic of Paul Ernst as Manifest in His Tragedies, M. A. Thesis, Univ. of North Carolina 1965

Ludwig, Emil, Richard Dehmel, Berlin 1913, S. 118–121

Mainzer, Hubert, Thomas Manns ›Doktor Faustus‹ – ein Nietzsche-Roman?, in: WW 21, 1971, S. 24–38

Marcel, Gabriel, Thomas Mann et Nietzsche, in: Hommage de la France à Thomas Mann, Paris 1955, S. 41–47

— Le journal de Robert Musil, in: Allemagne d'aujourd'hui 1, 1957, S. 7–20

Marcuse, Ludwig, Mein zwanzigstes Jahrhundert. Auf dem Wege zu einer Autobiographie, München 1960, S. 58f.

Marietti, Angèle, Thèmes et structures dans l'œuvre de Nietzsche, in: La revue des lettres mod. 3, 1956, S. 209–224

Martens, Gunter, Vitalismus und Expressionismus. Ein Beitrag zur Genese und Deutung expressionistischer Stilstrukturen und Motive, Stuttgart, Berlin, Köln, Mainz 1971

— Stürmer in Rosen. Zum Kunstprogramm einer Straßburger Dichtergruppe der Jahrhundertwende, in: Fin de siècle. Zu Literatur und Kunst der Jahrhundertwende, hrsg. v. Roger Bauer u. a., Frankfurt 1977, S. 481–507

Martin, Alfred v., Der heroische Nihilismus und seine Überwindung. Ernst Jüngers Weg durch die Krise, Krefeld 1948

— Thomas Mann und Nietzsche. Zur Problematik des deutschen Menschen, in: Hochland 46, 1953/54, S. 135–152

— Das Phänomen Nietzsche, soziologisch gesehen, in: Revue internationale de Philosophie 18, 1964, S. 26–49

Martini, Fritz, Gottfried Benn. Der Ptolemäer, in: Fritz Martini, Das Wagnis der Sprache. Interpretationen deutscher Prosa von Nietzsche bis Benn, Stuttgart 1954, [4]1961, S. 468–517

Masini, Ferruccio, Gottfried Benn e il Mito del Nichilismo, Padova 1968 (Darin: Benn e Nietzsche, S. 206–224)

Matthias, Klaus, Heinrich Mann und die Musik, in: Heinrich Mann 1871–1971. Bestandsaufnahme u. Untersuchung. Ergebnisse der Heinrich-Mann-Tagung in Lübeck, München 1973, S. 280–307

Mautz, Kurt, Mythologie und Gesellschaft im Expressionismus. Die Dichtung Georg Heyms, Frankfurt und Bonn 1961

Mayer, Hans, Thomas Mann. Werk und Entwicklung, Berlin 1950, S. 41f., 83f., 92f., 156f., 227f., 234f., 267f., 322–331, 411

Meadows, Donald F., Hermann Hesse und Nietzsche, Diss. Univ. of California, Berkeley 1972

Menges, Karl, Kritische Studien zur Wertphilosophie Hermann Brochs, Tübingen 1970, S. 122f.

Meyer, Richard M., Rez. Julius Hart, Der neue Gott, in: Deutsche Litteraturzeitung 20, Nr. 14 v. 3. 4. 1899, Sp. 532–536

Meyer, Rudolf, Christian Morgenstern und Friedrich Nietzsche, in: Goetheanum 9, Dornach 1930, S. 188f.

Meyer, Theo, Kunstproblematik und Wortkombinatorik bei Gottfried Benn, Köln 1971

Meyer-Wendt, H. Jürgen, Der frühe Hofmannsthal und die Gedankenwelt Nietzsches, Heidelberg 1973

Meyers, Agnes E., Out of these Roots. The Autobiography of an American Woman, Boston 1953, S. 183–189

Mileck, Joseph, Hermann Hesse. Biography and Bibliography, 2 Bde., Berkeley, Los Angeles, London 1977

Miller, George K., Friedrich Nietzsche and Hermann Broch: Similarities and Influences, M. A. Thesis, Univ. of North Carolina 1973

Mis, Léon, Nietzsche et Stefan George, précurseurs du ›Troisième Reich‹, in: Revue d'histoire de la philosophie et d'histoire générale de la civilization 3, 1935, S. 203–226

— De Nietzsche (Naissance de la Tragédie) à Hugo v. Hofmannsthal (Electre), in: RG 29, 1938, S. 337–361

Moeller-Bruck, Arthur, Die moderne Literatur in Gruppen- und Einzeldarstellungen, Berlin und Leipzig 1899–1902

Montinari, Mazzino, Appunti su Thomas Mann, Nietzsche (e Goethe), in: Studi Germanici 13, 1975, S. 287–295

Morwitz, Ernst, Die Dichtung Stefan Georges, Berlin 1934, S. 85ff., 92f.

Müller, Gerd, Dichtung und Wissenschaft, Studien zu Robert Musils Romanen »Die Verwirrungen des Zöglings Törleß« und »Der Mann ohne Eigenschaften«, Uppsala 1971 (Darin: Der Einfluß Nietzsches, S. 165–182)

Müller, Götz, Ideologiekritik und Metasprache in Robert Musils Roman »Der Mann ohne Eigenschaften«, München und Salzburg 1972 (Darin: Walters krankes Klavierspiel: Nietzsche contra Wagner, S. 26–32; Nietzsche-Parodie, S. 123–126)

Müller, Hans, Studien zur Wortwahl und Wortschöpfung bei Dehmel, Liliencron, Nietzsche, Greifswald 1926

Müller, Joachim, Yvan Goll im deutschen Expressionismus, Berlin 1962, S. 16f.

Müller-Freienfels, Richard, Moderne Dichtung und moderne Philosophie in ihren Wechselbeziehungen, in: Das literarische Echo 19, 1917, Sp. 463–471

Nef, Ernst, Vorwort, in: Carl Einstein, Gesammelte Werke, hrsg. v. Ernst Nef, Wiesbaden 1962, S. 12

Nicholls, Roger A., Nietzsche in the early work of Thomas Mann, Berkeley, Los Angeles 1955

— Beginnings of the Nietzsche-Vogue in Germany, in: Mod. Phil. 56, 1958/1959, S. 24–37

— Heinrich Mann and Nietzsche, in: MLQ 21, 1960, S. 165–178

Noltenius, Rainer, Hofmannsthal – Schröder – Schnitzler. Möglichkeiten und Grenzen des modernen Aphorismus, Stuttgart 1969, S. 36f., 59, 62, 144f., 166ff.

Northcote-Bade, James, Die Wagner-Mythen im Frühwerk Thomas Manns, Bonn 1975, S. 9, 10, 13, 15, 29f., 39–42, 54, 70f., 84f.

Nückel, Ferdinande, Hauptmann und Nietzsche, München 1926, Diss. München 1923

Oehler, Richard, Nietzsches Zarathustra und Spittelers Prometheus, in: Ariadne. Jahrbuch der Nietzsche-Gesellschaft 1925, S. 127–130

Pasley, J. M. S., Asceticism and Cannibalism: Notes on an Unpublished Kafka Text, in: Oxford German Studies 1, 1966, S. 102, 107f., 112

Paulsen, Wolfgang, Expressionismus und Aktivismus. Eine typologische Untersuchung, Diss. Bern 1934, S. 41ff., 44f., 49f., 73–87

— Carl Sternheim. Das Ende des Immoralismus, in: Akzente 3, 1956, S. 279, 282f., 285

— Georg Kaiser. Die Perspektiven seines Werkes, Tübingen 1960, S. 101, 103–108, 120

Pesch, Ludwig, Die romantische Rebellion in der modernen Literatur und Kunst, München 1962, bes. S. 80–115

Peters, F. G., Musil and Nietzsche: a literary study of a philosophical relationship, unveröffentlichte Diss., Univ. of Cambridge 1972

Peters, H. F., Zum Existenz-Problem bei Rilke und Nietzsche, in: MLQ 8, 1947, S. 472–486

Philippi, geb. Barron, Joëlle, Das Nietzsche-Bild in der deutschen Zeitschriftenpresse der Jahrhundertwende, Saarbrücken 1970, Diss. Univ. d. Saarlandes 1970

Philippi, Klaus-Peter, Reflexion und Wirklichkeit. Untersuchungen zu Kafkas Roman »Das Schloß«, Tübingen 1966, S. 121–124, 140–143, 217f.

Plard, Henri, Ernst Jüngers Wende. »An der Zeitmauer« und »Der Weltstaat«, in: Wandlung und Wiederkehr. Festschrift zum 70. Geburtstag Ernst Jüngers, hrsg. v. Heinz Ludwig Arnold, Aachen 1965, S. 121f.

Prangel, Matthias, Alfred Döblin, Stuttgart 1973, S. 15, 18, 27, 117

Primer, Sylvester, The influence of science upon German literature, based on Haeckel's Welträtsel and Nietzsche's philosophy, in: Texas academy of scientific translations 11, 1911, S. 54–68

Pütz, Peter, Kunst und Künstlerexistenz bei Nietzsche und Thomas Mann. Zum Problem des ästhetischen Perspektivismus in der Moderne, Bonn 1963 (Diss. Bonn), ²1975

— Friedrich Nietzsche, Stuttgart 1967, ²1975

— Nietzsche und George, in: Stefan George Kolloquium, hrsg. v. Eckhard Heftrich, Paul Gerhard Klussmann u. Hans Joachim Schrimpf, Köln 1971, S. 49–66

— Thomas Mann und Nietzsche, in: Thomas Mann und die Tradition, hrsg. v. Peter Pütz, Frankfurt 1971, S. 225–249, Wiederabdruck in: Nietzsche. Werk und Wirkungen, hrsg. v. Hans Steffen, Göttingen 1974, S. 91–114

Rasch, Wolfdietrich, Aspekte der deutschen Literatur um 1900, in: Wolfdietrich Rasch, Zur deutschen Literatur seit der Jahrhundertwende. Ges. Aufsätze, Stuttgart 1967, S. 1–48

— Décadence und Gesellschaftskritik in Heinrich Manns Roman »Die Jagd nach Liebe«, in: Heinrich Mann 1871/1971. Bestandsaufnahme und

Untersuchung. Ergebnisse der Heinrich-Mann-Tagung in Lübeck, hrsg. v. Klaus Matthias, München 1973, S. 98f.

Reed, T. J., »Geist und Kunst«. Thomas Mann's Abandoned Essay on Literature, in: Oxford German Studies 1, 1966, S. 53–101

— Thomas Mann. The Uses of Tradition, Oxford 1974

Rehder, Helmut, Nietzsche and his place in German literature. 1844–1944, in: Monatshefte 36, 1944, S. 425–445

Rehm, Walter, Der Renaissancekult um 1900 und seine Überwindung, in: ZfdPh 54, 1929, S. 296–328

— Der Dichter und die neue Einsamkeit, in: ZfDtkde 45, 1931, S. 545–565. Auch in: Walter Rehm, Der Dichter und die neue Einsamkeit, hrsg. v. R. Habel, Göttingen 1969, S. 7–33

Reichert, Herbert W., The present status of Nietzsche. Nietzsche literature in the post-war era, in: Monatshefte 51, 1959, S. 103–120

— Nietzsche and Schnitzler, in: Studies in A. Schnitzler, ed. by Herbert W. Reichert and Hermann Salinger, Chapel Hill 1963, S. 95–107

— Nietzsche and Georg Kaiser, in: Studies in Philology 61, 1964, S. 85 bis 108

— Schnitzlers egoistische Künstlergestalten, in: Journal of the International Arthur Schnitzler Research Association Nr. 2, 1965, S. 20–28

— Nietzschean influence in Musil's Der Mann ohne Eigenschaften, in: GQ 39, 1966, S. 12–28

— Nietzsche et Hermann Hesse, un exemple d'influence, in: Nietzsche, Paris 1967, S. 153–167

— The Impact of Nietzsche on Hermann Hesse, Mt. Plesant, Mich. 1972

— The Ethical Import of the Artist in the Works of Arthur Schnitzler, in: Modern Austrian Literature 6, 1973, S. 123–150

— Discussion of Herbert W. Reichert »Nietzsche's impact on the prose writings of Hermann Hesse«, in: Symposium 28, 1974, S. 52–57

— Friedrich Nietzsche's Impact on Modern German Literature. 5 Essays, Chapel Hill 1975

— Nietzsche's Geniemoral and Schnitzler's Ethics, in: Herbert W. Reichert, Friedrich Nietzsche's Impact on Modern German Literature. Five Essays, Chapel Hill 1975, S. 4–28

— The Impact of Nietzsche on Hermann Hesse, in: Herbert W. Reichert, Friedrich Nietzsche's Impact on Modern German Literature. Five Essays, Chapel Hill 1975, S. 88–116

Reiter, Udo, Jakob van Hoddis. Leben und lyrisches Werk, Göppingen 1970, S. 74–82

Repke, Hauptmanns ›Versunkene Glocke‹ und der Naturalismus Friedrich Nietzsches, in: Die Reformation 1, Berlin 1902, S. 309–312

Requadt, Paul, Sprachverleugnung und Mantelsymbolik im Werke Hofmannsthals: in: Hugo von Hofmannsthal, hrsg. v. Sibylle Bauer, Darmstadt 1968, S. 40–76

Rey, William H., Beiträge zur amerikanischen Schnitzlerforschung, in: GQ 37, 1964, S. 286–288

Ribbat, Ernst, Die Wahrheit des Lebens im frühen Werk Alfred Döblins, Münster 1970, S. 15, 88ff.

Rieckmann, Jens, Erlösung und Beglaubigung: Thomas Manns »Betrachtungen eines Unpolitischen« und Ernst Bertrams »Nietzsche: Versuch einer Mythologie«, in: MLN 90, 1975, S. 424–430

Riedel, Walter, Reinhard Johannes Sorge. Der neue Mensch auf dem Weg von Nietzsche zu Christus, in: Walter Riedel, Der neue Mensch. Mythos und Wirklichkeit, Bonn 1970, S. 9–21

Ries, Wiebrecht, Grundzüge des Nietzsche-Verständnisses in der Deutung seiner Philosophie. Zur Geschichte der Nietzsche-Literatur in Deutschland (1932–1963), Diss. Heidelberg 1967 (Darin: Das Nietzschebild Robert Musils, S. 60–69)

— Kafka und Nietzsche, in: Nietzsche-Studien 2, 1973, S. 258–275

Robertson, John G., The literary mouvement in Germany. Friedrich Nietzsche and his influence, in: Cosmopolis 12, 1898, S. 31–48

Rockenbach, Martin, Reinhard Johannes Sorge. Studien zu Sorges künstlerischem Schaffen unter besonderer Berücksichtigung der dramatischen Sendung »Der Bettler«, Leipzig 1923, S. 66–69, 76–85, 249–260

Rode, Albert, Hauptmann und Nietzsche. Ein Beitrag zum Verständnis der »Versunkenen Glocke«, Hamburg 1897

Rölleke, Heinz, Die Stadt bei Stadler, Heym und Trakl, Berlin 1966 (Darin: Friedrich Nietzsche, S. 28–31)

Rose, Ernst, Faith from the Abyss. Hermann Hesse's Way from Romanticism to Modernity, London 1966, S. 57–60

Rosengarth, Wolfgang, Nietzsche und George. Ihre Sendung und ihr Menschtum, Leipzig 1934

Rosteutscher, J. H. W., Die Wiederkunft des Dionysos. Der naturmystische Irrationalismus in Deutschland, Bern 1947

Rothe, Friedrich, Frank Wedekinds Dramen. Jugendstil und Lebensphilosophie, Stuttgart 1968, S. 10, 44, 54, 77f., 98, 112–115

Rüdiger, Horst, Nietzsche und George, in: Geistige Arbeit 2, 1935, H. 3, S. 8

Rychner, Max, Thomas Mann. Rede zu seinem 80. Geburtstag, in: Jahresring 55/56, 1955, S. 53f.

Salin, Edgar, Der Fall Nietzsche, in: Edgar Salin, Um Stefan George. Erinnerungen und Zeugnis, Godesberg 1948, ²München und Düsseldorf 1954, S. 267–272

Sandberg, Hans J., Thomas Manns Schillerstudien: Eine quellenkritische Untersuchung, Oslo 1965, S. 22–30, 60–85 u. ö.

Scherrer, Paul / Hans Wysling, Quellenkritische Studien zum Werk Thomas Manns, Bern und München 1967

Scheuer, Helmut, Arno Holz im literarischen Leben des ausgehenden

19. Jahrhunderts (1883–1896). Eine biographische Studie, München 1971, S. 182ff., 189f., 235f.
— Zwischen Sozialismus und Individualismus – Zwischen Marx und Nietzsche, in: Naturalismus. Bürgerliche Dichtung und soziales Engagement, hrsg. v. Helmut Scheuer, Stuttgart 1974, S. 150–174
Schickling, Dieter, Interpretationen und Studien zur Entwicklung und geistesgeschichtlichen Stellung des Werkes von Arno Holz, Diss. Tübingen 1965
Schlawe, Fritz, Literarische Zeitschriften I: 1885–1910, ²Stuttgart 1965
Schlösser, Manfred, Karl Wolfskehl 1869–1969. Leben und Werk in Dokumenten, Darmstadt 1969
Schmidt, Gérard, Zum Formgesetz des Doktor Faustus von Thomas Mann, Wiesbaden, Frankfurt 1972. Diss. Zürich (Darin: Nietzsche, S. 33–37; Nietzsche und Goethe, S. 38ff.)
Schneditz, Wolfgang, Georg Trakl. Versuch einer Deutung des Menschen und des Dichters, in: Georg Trakl, Nachlaß und Biographie, hrsg. v. Wolfgang Schneditz, Salzburg 1949, S. 79f.
Schneider, Ferdinand Josef, Der expressive Mensch und die deutsche Lyrik der Gegenwart. Geist und Form moderner Dichtung, Stuttgart 1927, S. 15ff.
Schneider, Gerd-Klaus, Arthur Schnitzler und die Psychologie seiner Zeit, unter besonderer Berücksichtigung der Philosophie Friedrich Nietzsches, Diss. Univ. of Washington 1969
Schneider, Hansjörg, Die Auseinandersetzung mit Nietzsche, in: Hansjörg Schneider, Jakob van Hoddis. Ein Beitrag zur Erforschung des Expressionismus, Bern 1967, S. 39–55
Schöpker, Heinz Friedrich, Heinrich Mann als Darsteller des Hysterischen und Grotesken, Diss. Bonn 1960 (Darin: H. Mann und das apollinische Prinzip Nietzsches, S. 21–25; H. Mann und das dionysische Prinzip Nietzsches, S. 26ff.; H. Manns Violante von Assy und Nietzsches Übermensch, S. 94–97)
Schröter, Klaus, Thomas Mann, Reinbek b. Hamburg 1964, S. 30, 40f., 46f., 60f., 68
— Anfänge Heinrich Manns. Zu den Grundlagen seines Gesamtwerkes, Stuttgart 1965, S. 68–115, 176–184
Schünemann, Peter, Die Welt als ästhetisches Phänomen. Aspekte zu einem Verständnis der Nietzsche-Rezeption Gottfried Benns, in: NDH 24, 1977, S. 282–293
Schulz, Gerhard, Arno Holz. Dilemma eines bürgerlichen Dichterlebens, München 1974
Schwarz, Hans-Peter, Der konservative Anarchist. Politik und Zeitkritik Ernst Jüngers, Freiburg i. B. 1962, S. 28, 82f., 185
Schwarz, Peter Paul, Brechts frühe Lyrik 1914–1922. Nihilismus als Werkzusammenhang der frühen Lyrik Brechts, Bonn 1971, S. 10f., 42ff., 71ff.

Secci, Lia, Il Mito Greco nel Teatro Tedesco Espressionista, Roma 1969, S. 51–111
— Nietzsche e l'espressionismo, in: Il caso Nietzsche. Mit Beiträgen von Erich Heintel u. a., Cremona 1973, S. 85–117
Seelig, Carl, Leben und Sterben von Georg Heym, in: Georg Heym, Gesammelte Gedichte, hrsg. v. Carl Seelig, Zürich 1947, S. 205, 224, 227, 228
Seifert, Waltraut, Künstler und Gesellschaft im Prosawerk Hermann Hesses, Diss. Leipzig 1956. Diss. masch., S. 53–57
Slochower, Harry, Richard Dehmel, der Mensch und der Denker. Eine Biographie seines Geistes im Spiegelbild der Zeit, Dresden 1928, S. 53ff., 113f., 118, 160f., 164ff., 170–175, 237
Soergel, Albert, Dichtung und Dichter der Zeit, Leipzig 1912
Sokel, Walter H., Der literarische Expressionismus, München 1960
— Franz Kafka – Tragik und Ironie. Zur Struktur seiner Kunst, München, Wien 1964, S. 29, 40, 63f., 69ff., 211f., 305, 346, 347, 514–528, 545
Sørensen, Bengt Algot, Der »Dilettantismus« des Fin de siècle und der junge Heinrich Mann, in: Orbis Litterarum 24, 1969, S. 251–270
— Literatur über Heinrich Mann, in: Orbis Litterarum 24, 1969, S. 305 bis 310
Specht, Georg, Das Problem der Macht bei Heinrich Mann, Diss. Freiburg i. B. 1954, Diss. Masch.
Stauffacher, Werner, Carl Spitteler. Biographie, Zürich und München 1973, S. 410–414, 622–626, 846ff., 889f.
Steffens, Wilhelm, Georg Kaiser, Velber b. Hannover 1969, S. 41, 46, 50, 59, 62, 66, 72f., 82, 108
Steinke, Gerhardt Edward, The life and work of Hugo Ball. Founder of Dadaism, The Hague, Paris 1967
Stephan, Joachim, Satire und Sprache. Zu dem Werk von Karl Kraus, München 1964, S. 137f.
Stieg, Gerald, Der Brenner und die Fackel. Ein Beitrag zur Wirkungsgeschichte von Karl Kraus, Salzburg 1976, S. 236, 243, 250ff.
Strich, Fritz, Frank Wedekind, in: Fritz Strich, Dichtung und Zivilisation, München 1928, S. 185–188
Stuyver, Wilhelmina, Deutsche expressionistische Dichtung im Lichte der Philosophie der Gegenwart, Amsterdam 1939, S. 98–104
Tantzscher, Georg, Friedrich Nietzsche und die Neuromantik. Eine Zeitstudie, Dorpat 1900
Tarot, Rolf, Hugo von Hofmannsthal. Daseinsformen und dichterische Struktur, Tübingen 1970, S. 69f., 79, 129f., 148
Thiel, Rudolf, Thomas Mann oder Die Ironie aus Mangel an Stolz: Der entmannte Nietzsche, in: Rudolf Thiel, Die Generation ohne Männer, Berlin [3]1932, S. 427–435
Thöming, Jürgen C., Zur Rezeption von Musil- und Goethe-Texten. Histo-

rizität der ästhetischen Vermittlung von sinnlicher Erkenntnis und Gefühlserlebnissen, München, Salzburg 1974

Thomas, R. Hinton, Reinhard Johannes Sorge's ›Der Bettler‹ and its Importance for Expressionism, in: Richard Samuel and R. Hinton Thomas, Expressionism in German Life, Literature, and the Theatre (1910–1924), Cambridge 1939, S. 19–37

Thomke, Hellmut, Hymnische Dichtung im Expressionismus, Bern und München 1972, S. 11, 17, 19, 21, 24f., 33, 40, 43f., 70, 88ff., 91, 101, 107, 170, 190, 242, 281, 296

Tuska, Jon, Thomas Mann and Nietzsche. A study in ideas, in: GR 39, 1964, S. 281–299

— The Vision of Doktor Faustus, in: GR 40, 1965, S. 277–309

Vaget, Hans R., Thomas Mann und die Neuklassik. ›Der Tod in Venedig‹ und Samuel Lublinskis Literaturauffassung, in: Jb. d. dt. Schillerges. 17, 1973, S. 432–454

Voigt, Felix A., Hauptmann-Studien. Untersuchungen über Leben und Schaffen Gerhart Hauptmanns. Bd. 1. Aufsätze über die Zeit von 1880–1900, Breslau 1936, S. 56, 119ff.

— Grundfragen der Gerhart-Hauptmann-Forschung, in: GRM 27, 1939, S. 284f.

— Gerhart Hauptmann und die Antike, Berlin 1965, S. 47–50 (Kap. ›Nietzsche‹)

Wagenbach, Klaus, Kafka. Eine Biographie seiner Jugend. 1883–1912, Bern 1958, S. 62, 102f.

Wallmann, Jürgen, Kunst als metaphysische Tätigkeit. Hinweise auf jüngste Benn-Literatur, in: Jürgen Wallmann, Argumente. Informationen und Meinungen zur deutschen Literatur der Gegenwart. Aufsätze und Kritiken, Mühlacker 1968, S. 187–195

Walter, Rudolf, Nietzsche – Jugendstil – H. Mann. Zur geistigen Situation der Jahrhundertwende, München 1976

Weigand, Kurt, Von Nietzsche zu Platon. Wandlungen in der politischen Ethik des George-Kreises, in: Stefan George Kolloquium, hrsg. v. Eckhard Heftrich, Paul Gerhard Klussmann, Hans Joachim Schrimpf, Köln 1971, S. 67–99

Wellershoff, Dieter, Untersuchungen über Weltanschauung und Sprachstil Gottfried Benns, Diss. Bonn 1952 (masch.), S. 46–50

— Gottfried Benn. Phänotyp dieser Stunde. Eine Studie über den Problemgehalt seines Werkes, Köln, Berlin 1958, S. 68f., 141ff., 218f., 228

Wendler, Wolfgang, Carl Sternheim. Weltvorstellung und Kunstprinzipien, Frankfurt 1966, S. 13, 44, 51, 56, 58, 243

Wendt, H. G., Max Dauthendey. Poet-philosopher, New York 1936, S. 26, 28

Werba, Henry Carl, Einflüsse von Nietzsches »Zarathustra« auf das Bild des ›Neuen Menschen‹ in Edschmids frühen Prosawerken, Univ. of Connecticut 1972, Diss DA 33, 1972/73, 2957 A

Werner, Renate, Skeptizismus, Ästhetizismus, Aktivismus. Der frühe Heinrich Mann, Düsseldorf 1972
— Heinrich Mann: Eine Freundschaft. Gustave Flaubert und George Sand, München 1976, S. 90–93, 132ff., 138f.
Weyembergh-Boussart, Monique, Alfred Döblin. Seine Religiosität in Persönlichkeit und Werk, Bonn 1970, S. 89–92
Wilisch, Toni, Spittelers Prometheus und Nietzsches Zarathustra, in: Der Kunstwart 21, 1907, S. 179ff.
Winkler, Michael, George-Kreis, Stuttgart 1972
Wirtz, Ursula, Die Sprachstruktur Gottfried Benns. Ein Vergleich mit Nietzsche, Göppingen 1971, zugleich Diss. München
Wodtke, Friedrich Wilhelm, Gottfried Benn, Stuttgart 1962, S. 16, 22f., 25, 43, 47, 48, 49, 62, 65f., 85, 87
— Die Antike im Werk Gottfried Benns, Wiesbaden 1963
Wolters, Friedrich, Stefan George und die Blätter für die Kunst, Berlin 1930, S. 160ff., 241, 305, 323, 325f., 354f., 361, 364ff., 481f., 543
Wunberg, Gotthart, Der frühe Hofmannsthal. Schizophrenie als dichterische Struktur, Stuttgart, Berlin, Köln, Mainz 1965, S. 23ff., 86f., 88, 97, 102f.
Wysling, Hans, Thomas Mann. Geist und Kunst. Aus Notizen einer »Abhandlung über das Literarische«, in: Almanach. Das 79. Jahr, Frankfurt 1965, S. 15–34
— »Geist und Kunst«. Thomas Manns Notizen zu einem »Literatur-Essay«, in: Paul Scherrer / Hans Wysling, Quellenkritische Studien zum Werk Thomas Manns, Bern und München 1967, S. 123–233
— Zum Abenteurer-Motiv bei Wedekind, Heinrich und Thomas Mann, in: Heinrich Mann 1871/1971. Bestandsaufnahme und Untersuchung. Ergebnisse der Heinrich-Mann-Tagung in Lübeck, hrsg. v. Klaus Matthias, München 1973, S. 44, 46f., 53ff., 58, 66
Zach, Franz, Nietzsche und die deutsche Literatur, in: Dichterstimmen der Gegenwart 27, 1913, S. 325–329
Zeck, Jürgen, Die Kulturkritik Heinrich Manns in den Jahren 1892–1909, Diss. Hamburg 1964
Ziolkowski, Theodore, The Novels of Hermann Hesse. A Study in Theme and Structure, Princeton, N.J. 1965, S. 13f., 102–105, 318f.

Register

Namenregister

Adler 160, 172
Adorno 102f., 127
Allemann 161f., 183f., 212
D'Annunzio 160
Avenarius 134

Bahr 6, 89
Bakunin 12, 18f., 168
Ball 212, 228
Banuls 86, 104, 212
Barrès 5f.
Barthes 89
Baudelaire 115
Bausinger 161, 213
Becher 37f., 45, 78
Benn 11, 21, 37, 49, 79, 81, 96, 160, 182, 185ff., 212, 214, 216, 218, 221f., 227, 229f.
   Nietzsche – nach fünfzig Jahren 11, 37, 160, 195, 199ff.
   Probleme der Lyrik 188f., 191, 196f., 209
   Rede auf Heinrich Mann 185f., 195
Benndorf 79, 213
Berg 213
Bergson 21, 54, 181
Bergsten 213
Bertram 93, 129, 140, 155ff., 192, 196, 201, 226
Binding 212
Blass 40, 79
Böckmann 36, 214
Boldt 37, 45
Bollnow 214
Bourget 5ff., 124
Brandes 53
Brecht 217f., 220, 227
Broch 153, 213, 222f.
Buddeberg 214
Bürkle 214
Byron 6

Camus 160
Cohn 214
Colleville 214
Conrad 87
Curtius 215
Cysarz 215

Darwin 14

Daudet 6
Dauthendey 54, 229
Dehmel 16, 54f., 212, 218ff., 223, 228
Derleth 144, 217
Dierks 86, 88, 215
van Dijk 84
Dilthey 54
Dittberner 215
Döblin 40, 53, 217f., 221, 224f., 229
Dostojewski 151, 156, 173f.
Drey 40, 48f.

Edschmid 31, 37, 45, 78, 229
Einstein, Carl 223
Eloesser 216
Emerson 179, 182
Emrich 12, 26f., 31, 216
Engelke 37
Ernst, Otto 47
Ernst, Paul 221
Euripides 9

Fix 73, 216
Flake 130f., 214
Flaubert 6, 89f., 93, 97, 115f., 119f., 186
Förster-Nietzsche 46, 48, 216
Freud 157, 160, 172
Freyhan 36, 73, 216
Friedlaender 47

Gautier 100
George 1ff., 12, 33, 54, 89, 113, 115, 143, 159f., 213ff., 223f., 226, 229f.
Gide 160, 166
Goering 49, 78
Goethe 5, 15, 19, 24, 27, 29, 33, 37, 124, 140, 156, 159f., 165, 195, 203
Gött 212, 217
Goll 223

Haeckel 14
Hahn 88, 96f., 217
Hamsun 160
Hansson 217
Hart, Julius 222
Hasenclever 45, 78
Hauptmann, Gerhart 223, 225f., 229
Heftrich 217
Hegel 14, 17
Heidegger 160, 165f., 192, 199, 201, 217

231

Heine 134f.
Heintel 217
Heller 218
Helmholtz 6
Hesse 21f., 35, 212, 222, 225f., 228, 230
Heydebrand 218
Heym 37, 40, 45, 53, 55ff., 68, 72, 78, 81, 222, 226f.
    Der fünfte Oktober 60ff.
    Die Gefangenen 57f.
    Der Krieg 61
Heynicke 45, 80
Hildebrandt 218
Hiller 40ff., 55, 78
    Philosophie des Ziels 43f.
    Die Weisheit der Langenweile 43, 45
Hoddis 40, 225, 227
Hölderlin 1, 37, 40, 156f., 160
Hofmannsthal 4ff., 30, 117, 214ff., 222f., 225, 228, 230
    Alkestis 9
    Das Schrifttum als geistiger Raum der Nation 9ff.
    Der Tor und der Tod 7f., 117
Holz 216, 226f.
Huguet 218

Ibsen 6f.

Jaspers 160, 192
Jens 129, 131, 155ff.
Johst 40, 78
Jünger, Ernst 160, 213, 217, 220, 222, 224, 227
Jünger, Friedrich Georg 160
Jung 172

Kafka 153, 212, 216, 218, 223f., 226, 228f.
Kaiser 12, 20, 31, 37f., 45, 49, 53, 72ff., 81, 213, 216, 224f., 228
    Gas 74
    Hölle – Weg – Erde 73ff.
Kant 28, 179, 181
Karthaus 129f., 140, 219
Kassner 115
Kayser 45, 219
Keller 212
Kierkegaard 174
Klages 144, 160, 172
Kleist 1, 18f.
Kluge 94, 219
König 96, 220
Koffka 40, 79
Kommerell 1ff.
Kraus 174f., 228
Kretschmer 173
Krummel 220

Landauer 221
Landsberg 221
Lange 6
Lange-Eichbaum 203
Lasker-Schüler 212
Lawrence 160
Lehnert 83, 86, 88, 110, 124f., 131, 134, 221
Leibrich 221
Leonhard 45
Lessing 124, 126
Levy 48
Lichtenberg 5
Liliencron 213, 223
Lion 221
Loewenson 40ff., 44f., 47, 55, 58, 78
Löwith 221
Lotman 84f.
Lotz 45, 78
Lublinski 90, 119
Lukács 89, 92, 102, 115f.

Malraux 160
Mann, Heinrich 16, 20, 82f., 86, 88ff., 95ff., 107, 110f., 116, 118, 157, 160, 185f., 212f., 215, 217f., 222ff., 227ff.
    Die Göttinnen 83, 95ff., 107, 110
Mann, Thomas 35, 82f., 98, 103ff., 166f., 185, 204, 212ff.
    Betrachtungen eines Unpolitischen 83, 94, 103f., 109, 123ff., 131, 133, 155ff.
    Buddenbrooks 90, 122, 138f., 148
    Doktor Faustus 125, 130, 133, 138, 143, 148ff.
    Fiorenza 104ff.
    Der kleine Herr Friedemann 92, 94f., 104, 136f.
    Nietzsche's Philosophie im Lichte unserer Erfahrung 120, 123, 125, 129f.
    Schwere Stunde 111ff.
    Tonio Kröger 137f., 148
    Der Zauberberg 122, 133, 139ff.
Mannheim 50, 81
Marcel 162, 221
Marinetti 53
Martens 35ff., 222
Martin 222
Marx 18f., 139, 168
Masini 38, 222
Mattenklott 87
Matthias 96, 222
Maupassant 6
Mayer 144, 222
Mereschkowski 37, 53, 55, 63, 126
Meyer, Richard M. 222
Miller 160
Mohler 88

Mombert 213
Montaigne 6
Montherlant 160
Morgenstern 212, 218, 222
Musil 35, 153, 160ff., 212ff., 216, 218f., 221, 223ff., 228
  Der Mann ohne Eigenschaften 162ff., 171ff., 177ff.
Musset 6

Nicholls 88, 110, 133f., 137, 223
Nietzsche
  Der Antichrist 164
  Ecce homo 55, 81, 125, 131, 135, 139, 142ff., 158, 164, 166, 188, 190, 210
  Der Fall Wagner 124, 135, 164
  Die fröhliche Wissenschaft 5, 55, 125, 136, 178, 197
  Die Geburt der Tragödie 6, 10, 81, 94, 98f., 101, 104, 107f., 111, 116, 124, 133f., 137, 157, 164, 186f., 191, 193f., 199, 201, 206, 210
  Zur Genealogie der Moral 125, 135, 137, 157, 164
  Götzendämmerung 55, 90, 92, 120, 164, 176f., 196, 210
  Jenseits von Gut und Böse 4, 55, 101, 112f., 124f., 134, 164, 168, 170, 179, 188f., 195
  Menschliches, Allzumenschliches 4f., 60, 69, 164, 168, 171, 175, 192, 197, 199
  Morgenröte 125, 139, 164, 197
  Nietzsche contra Wagner 137, 186, 190, 194, 196
  Die Unschuld des Werdens 168ff., 178, 190f., 197, 200
  Unzeitgemäße Betrachtungen 10, 43, 55, 71, 124f., 133, 164, 210
  Vereinsamt 56
  Der Wille zur Macht 67f., 70, 72f., 75, 80f., 107, 120, 125, 164, 169, 171, 176f., 182f., 189ff., 194, 198f., 202ff., 207ff.
  Also sprach Zarathustra 1, 6ff., 34, 37, 46ff., 51ff., 55f., 59, 61ff., 66, 68f., 72, 74ff., 80ff., 125, 135f., 139, 141f., 155, 159, 164, 166, 170, 197, 201, 204f.
Nordau 174

O'Neill 160

Pannwitz 218
Pascal 155
Paulsen 11ff., 30, 36, 39, 224
Pfemfert 46, 48
Platon 37
Przybyszewski 89

Pütz 7, 38, 83, 88, 121ff., 224

Rasch 224
Rathenau 174
Reed 85, 90f., 93, 224f.
Régnier 99
Rehm 98, 105, 225
Reichert 11ff., 38, 73, 225
Rey 9
Richter 80
Rickert 16, 21, 29
Ries 226
Rilke 111, 160, 212, 215f., 218ff., 224
Rockenbach 226
Rubiner 45, 78
Rudolph 88
Rychner 226

Sack 48f.
Sandberg 111ff., 226
Scheler 173
Scheuer 87, 226
Schickele 54, 65
Schiller 1, 18f., 27, 111ff., 119f., 126
Schlaf 214
Schlechta 140ff.
Schnitzler 213, 215, 223, 225, 227
Schopenhauer 5ff., 11, 17, 40, 90, 94, 99, 116, 124, 126, 138, 146, 148, 157
Schröter 88, 96, 124, 227
Schuler 144
Secci 38, 227
Seidler 160ff.
Shakespeare 6, 24, 30
Shaw 53, 160
Simmel 54f., 80
Soergel 228
Sokel 228
Sorge 49, 72, 78, 226, 228
Spengler 160, 174f.
Spitteler 214, 217, 223, 228, 230
Stadler 65ff., 78, 80f., 217, 226
  Der Aufbruch 65, 69ff.
Steffen 4ff.
Stendhal 6
Stern 88
Sternheim 11ff., 38, 45, 224, 229
  Berlin oder Juste Milieu 14f., 17f., 35
  Don Juan 27ff., 34
  Europa 12, 15, 17ff., 35
  Die Hose 22ff., 34
  Tasso oder Kunst des Juste Milieu 15, 17, 25
Stifter 156
Stirner 12
Stramm 45, 53, 78, 80
Strindberg 53, 160

Sudermann 213
Sydow 36

Taine 6
Tarot 228
Thiel 228
Toller 78
Tolstoi 124
Trakl 213, 215, 226f.

Unger 47
Unruh 78

Valéry 160

Wagner 17, 23, 124ff., 146, 157, 159
Walden 47, 53
Wedekind 11f., 16, 20, 216, 226, 228, 230

Wehler 87
Weimann 84
Weinrich 85
Wellershoff 229
Wendler 12f., 30, 229
Werfel 45, 213, 218
Werner 82ff., 229
Windelband 28f.
Wolfskehl 214, 227
Wolters 230
Wunberg 230
Wundt 6
Wysling 86, 90, 94, 105, 124, 132, 134, 226, 230

Zola 6
Zweig, Arnold 219

Sachregister

Abendland, abendländisch 15, 41, 142, 166, 174, 187, 193, 202
Abstraktion 115, 192
Absurdität 99
Äquivalenzbeziehungen 50f., 54
Ästhetik, ästhetisch 28f., 82, 89f., 94, 96ff., 107f., 110f., 113ff., 118, 120f., 132, 145, 150, 154, 166, 185ff.
Ästhetik, biologistische 203f.
Ästhetizismus, ästhetizistisch 83, 90, 96f., 102, 105, 110, 120f., 126, 130, 189
›Die Aktion‹ 40, 46ff.
Aktivismus, aktivistisch 42ff., 104
allegorisch 96, 101
amor fati 19, 137, 159
Anarchie, anarchisch 2, 98
Anderer Zustand 170, 173, 179f., 184
Anschauung, Intellektualität der 11
Anti-Demokratismus 169
Anti-Gesellschaftlichkeit 88f.
Antirationalismus 80
apollinisch 79, 101, 111, 140, 142, 160, 210
Aristokratismus, aristokratisch 7, 44, 134, 169
L'art pour l'art 85, 89, 98, 100f., 107, 111, 113, 115, 117f.
art social 103
Artistenevangelium 186, 191, 198f., 203, 207
Artisten-Metaphysik 111f., 118, 188
Artistik, artistisch 43, 52, 64, 89ff., 100f., 107, 109, 111, 116, 118f., 123, 153f., 185ff., 195ff., 206, 208, 210
Asket 104
Aufbruch 61f., 65f., 68ff., 81, 193
Aufklärung 19, 81, 139, 144
Ausdruck 119, 186, 189f., 195, 198, 209
Ausdrucksnot 56
Avantgarde 86f., 90, 118

Bestie, blonde 137f.
bêtise bourgeoise 89
Bewußtsein 108
Bewußtsein, unglückliches 102
Bewußtseinsauflösung 8
Bewußtseinsproblematik 8
Bewußtseinssteigerung → Steigerung
Beziehungsganzes 16
Bildungsphilister 10
Bildungsroman 150
Bildungstradition 63
Biologie 201
bionegativ 203

›Blätter für die Kunst‹ 3, 111
Bohème 86, 97
Bourgeoisie 89
Bürger, bürgerlich 17f., 81, 84, 87f., 93, 97, 102f., 118, 120, 157f.

Chaos 109, 112f.
Christentum 121, 129, 169f., 193, 201
christliche Mystik 80
Christus 141

Dämonie, dämonisch 4, 19, 149, 152f.
darwinistisch 203
Dekadenz, dekadent 41, 55, 58, 96f., 102, 126, 158, 171, 175
Demokratie, demokratisch 41, 121, 128, 167, 175, 181, 183
Demokratisierung 87, 104
Denk-/Relationsbegriffe 16
Determinismus 150
Deutschland 14f., 20, 53, 87, 89, 121, 176, 185, 188, 198
Dialektik, dialektisch 10, 68, 118, 150, 152, 154, 174, 208
Diesseits 43, 69, 72, 76f., 188, 202f., 204f., 207f.
Diktatur des Proletariats 20
Ding an sich 116
dionysisch 8, 15, 31, 44, 63, 66f., 69, 79, 94, 99, 101, 105, 108, 110f., 116, 125, 140, 142, 153, 160, 210
Dionysos 9, 79
Dionysos-Kult 95
Dynamik, dynamisch 44, 61, 63, 65, 68, 71, 75, 81f., 188

Egoismus 15
Einsamkeit 1, 3, 48
Ekstase, ekstatisch 69, 78, 101, 110, 204
Energie 22f., 25, 76f.
Engel 1
Entfremdung 102, 189, 206
Entgrenzung 8, 76
Epigonentum 63f., 160
Erde 69, 72, 76, 204f.
Erkenntnis 43, 106ff., 112, 118, 131, 189
Erkenntnisekel 137f.
Erkenntniskritik, erkenntniskritisch 52, 63
Erkenntnislyriker 126
Erkenntnistheorie 147
Erlösung 94, 99, 101, 120, 190
Erotik, erotisch 26, 33, 35, 97f., 201
Ethik 3f., 28f., 131f., 173

Ethik Nietzsches 16f., 22, 29f., 32ff.
Europa, europäisch 2f., 13, 18, 20f., 35, 118, 121, 158, 168, 183, 198
Ewige Wiederkehr 63, 67f., 70, 77, 80, 143, 150, 166, 178, 200
Expressionismus, expressionistisch 11f., 35ff.

Faschismus → Nationalsozialismus
Fin de siècle 85f., 94, 102, 118, 120
Form, formal 101, 111ff., 185ff., 196ff., 208f.
Formrausch 210
Formzwang 210
Fortschritt 20, 158, 167
Freiheit 16, 25, 95f., 98, 103, 110
Futuristen, futuristisch 53

Gefühlspsychologie 171
Geist 1, 9ff., 43f., 72, 80, 98, 104, 106, 109ff., 118, 175, 181, 190, 198, 204f., 208
Geistesaristokratie, geistesaristokratisch 87, 90
Geistesgeschichte, geistesgeschichtlich 35ff., 79, 127, 146, 161, 185, 190
Genie 16
Geniekult 88
Geniemoral 32, 181
Georgekreis 2, 113
Gerechtigkeit 206
Geschichte 175, 193, 202
geschichtsphilosophisch 205
Geschlechtstrieb 16, 203
Gesellschaft 2, 45, 59, 87, 162, 168f., 198
›Die Gesellschaft‹ 87
Gesellschaftskritik, gesellschaftskritisch 41, 88f., 91, 97
Gesinnung, induktive 180f., 183
Glissando 149, 152, 154
Götter 204, 207
Gott 3, 19, 151, 170
›Gott ist tot‹ 3
Griechen 5, 133, 141
Groteske, grotesk 89, 91, 93f., 99
Gründerzeit 87

Häßlichkeit 89ff., 99
Hamlet 138, 144
Heiliger 104, 129, 163f.
Herdenmensch 175
Heros 98
Herrenmensch 32
Herrenmoral 25, 28, 30
Humor 121f.

Ideal 90, 103, 147
Idealismus, idealistisch 20, 28, 94, 114f., 169, 208

Identität 201
Ideologie, bürgerliche 89, 91
Ideologie des schönen Scheins 103
Ideologie, sozialistische 169
Illusion 102f., 107, 109f., 191ff.
Immanenz, immanent → Diesseits
Immoralismus, immoralistisch 13, 17, 39, 52, 96, 129
impassibilité 90
impersonnalité 90
Individualismus 87, 180ff.
Individuum 9
Industrialisierung 14
Inspiration 144
Instinkt 104, 107, 131, 206
Intensitätsrausch → Rausch
Interpretation 191
Intuition 98, 206
Ironie 91, 121f., 139, 184
Irrationalismus 45, 72, 82, 102, 104

Jahrhundertwende 52, 67, 83, 86ff., 98, 102, 104, 113, 115, 117f., 120f.
Jenseits → Transzendenz
jenseits von gut und böse 14f., 19, 25, 178
Jugendstil 52
Jünger 2f., 159

Kampf 43, 70
Kapitalismus, kapitalistisch 14, 168, 183
Kausalität 201
Kirche 170
Kode, ästhetischer 85
Kollektivismus 183
Konservatismus, konservativ 46f., 81f., 87, 131, 158, 176, 183
Kontemporaneität 39, 54
Kraft 16, 18, 22f., 25ff., 35, 77, 135
Krankheit 41, 58, 134f., 139, 145, 153f.
Krieg 35, 60f., 64, 70, 130
Kritik 109, 118, 126
Kultur 59, 124, 150, 169, 175f.
Kulturkritik, kulturkritisch 41, 45, 53, 87f., 125f., 170, 174ff.
Künstler 3, 7, 33f., 41, 65, 106, 108, 110, 113, 118f., 126, 145, 187f., 190, 192, 197ff., 206, 208
Künstlerpsychologie 111
Kunst 3, 88ff., 94ff., 126, 143, 145, 149f., 153f., 175, 185ff.
Kunst, absolute 89, 99, 115
Kunst, autonome 103, 118, 205
Kunst, bildende 100, 109
Kunst, statische 190f., 205
Kunstlehre → Ästhetik
Kunst-Mythos 101ff., 107, 110, 117
›Der Kunstwart‹ 134f.

Lachen 5, 15
Leben 7, 9ff., 17, 27f., 42, 45, 53, 58f., 61f., 66ff., 80, 91, 93, 99, 101f., 105f., 108ff., 117f., 120, 131, 145, 147, 193, 199, 202, 204ff.
Leben, Erstarrung des 59f., 75
Leben, Mystik des 80
Leben, rasendes 45, 78
Leben, schönes 104
Lebensbejahung 6, 8f., 35, 138
Lebensfülle 28, 32, 76, 91, 98
Lebensganzes → Totalität
Lebensgrund 206
Lebensphilosophie, lebensphilosophisch 54, 64, 73, 78, 80, 86
Lebens-Romantik 83, 94
Lebenssteigerung → Steigerung
Lebenstrieb 16, 19f., 35
Legende Nietzsche 2, 48, 155
Leib 71f.
Leiden 1, 99, 107f., 145
Leser 79f., 103, 134, 150ff.
Liberalismus 176, 180, 182f.
Liberalität 128
Literatur 3, 36, 66, 100, 185
Logokratie 43
Lüge 136, 145, 192

Macht 7, 107, 162, 175, 199
Maske 5f., 98, 108, 153
Masse 14, 22, 87
Materialismus 75, 203
Mensch 9, 204f.
Mensch, höherer 43
Mensch, neuer 137f., 141
Menschheit 16, 181
Metaphysik, metaphysisch 16, 31, 45, 80, 89, 94, 99, 101, 107f., 110, 116ff., 138, 147, 165f., 178, 184, 186ff.
Mitleid 17, 25, 92
Mittag, großer 140ff., 204
Modephilosoph, Nietzsche als 15
modern 2, 18, 104, 151, 153, 168, 172
Moderne, Modernität 89, 96, 98, 118, 174
Montage 132, 148
Moral 3, 17, 28, 81, 109, 131, 170, 178f., 184, 186, 207f.
Moral, mathematische 171
morale close / morale ouverture 181f.
Musik 7, 18, 114ff., 139, 143, 145, 149, 157f.
mystische Partizipation 193, 205, 209
Mystizismus 19
Mythos, mythisch 88f., 94, 96, 98f., 101ff., 110f., 118, 129ff., 141, 143f., 155, 189f., 193, 198, 201, 209
Mythos, ästhetischer → Kunst-Mythos

naiv/sentimentalisch 112, 120
Nationalsozialismus, nationalsozialistisch 14, 35, 121, 130, 132, 167, 183
Natur 10, 147, 206, 209
Naturalismus 36, 79, 89
Naturnotwendigkeit 14, 16
Naturwissenschaft 81
naturwissenschaftliches Denken 9
Neopathetisches Cabaret 40f.
Neopathos 40, 47, 58
›Neuer Club‹ 40ff., 47, 55, 58
Nichts 99, 113, 153, 209
Nietzsche-Philologie 48
Nietzsche-Zitate 5, 42, 46f., 56, 127, 133, 143
Nihilismus, nihilistisch 5, 19, 108f., 137, 158, 167, 198, 207f.
Notwendigkeit, kosmische 210
Nuance, eigene 16

Oberfläche 97f., 105ff., 112f., 120, 196f.
Objektivität 146
Öffentlichkeit 3
Offenbarung 2, 210
orphisch 114, 116f.

Pan 141
Parlamentarismus 167
Parnasse, Parnassiens 89, 99, 113
Pathos der Distanz 134
Persönlichkeit 43
Person Nietzsches 48, 127ff., 201
Perspektivismus 63, 108, 146f., 150, 154, 191ff.
Pessimismus 5, 63, 107, 158
Pflicht 15, 28
Philosophie Nietzsches 69, 185, 189, 200, 204
Plastizität 99, 113, 115
platonisch 94, 115, 195, 201f.
Platonismus 115, 193
Politik, politisch 20, 42, 78, 81, 104, 128, 166f., 170, 175, 177, 199, 205
Positivismus, positivistisch 192, 198
Praxis 103
Preußen, preußisch 1, 14
Produktionsästhetik, produktionsästhetisch 188, 191
protestantisch 157
Psychoanalyse 172
Psychologie 172ff.
Psychologie Nietzsches 170f.
Psychologismus 5f.

Rasse 137f.
Rassismus 169
Rationalismus, rationalistisch 45, 131
Raubtier 135, 137

Rausch 58, 64, 78f., 81, 96, 98, 101f., 105, 107, 119f., 193, 208ff.
Realität → Wirklichkeit
Reformation 157f.
religiös 2, 4, 19, 45, 154, 189, 192, 197f., 202, 209
Religion 187, 191f., 198, 210
Religionskritik 170
Renaissance 158
Renaissancismus 86, 105, 126
Resignation 184
Ressentiment 17f., 28
Revolution 47, 60, 64, 78, 102
Revolution, konservative 88
revolutionär 2, 39, 45, 61, 70, 81, 102
Rezeptionsästhetik 191
Rollenspiel 97ff., 102
Romantik 2, 10, 158

Säkularisierung 151
Satire 89, 97, 102, 104
Schauspieler 145, 175
Schein 94, 99, 101, 105, 107, 111, 191, 194ff.
Schein, Olymp des 94, 186, 194ff.
Schönheit 83, 94f., 97f., 105, 113, 119, 126, 131, 153, 198, 203
Schönheit, sinnliche 104, 106, 109
Schwäche 28, 91, 93, 157
Seele 9, 43, 114
Seele, neue 3
Sehnsucht 27, 31
Sein 67f., 70f., 74, 76f., 107, 114ff., 188, 190, 193, 195, 198ff., 206, 209
Selbstopfer 8f., 144
Selbstübersteigung → Steigerung
Selbstüberwindung 6, 9, 63
Selbstverwirklichung 48, 76
Simultantechnik 193
Sinnlichkeit 20, 78
Skandinavien 53
Sklavenmoral 17, 24
Sokrates 146
Sokratismus 108
Sozialdarwinismus 92
Sozialismus 3, 20f., 167ff., 176, 182f.
Sozialismus, utopischer 168
Spiel 97f., 119
Sprachartistik → Artistik
Spracherneuerung 82
Sprachkritik, sprachkritisch 52, 81
Staat 167, 169
Stärke 32, 34f., 93, 135
Steigerung 7f., 41, 55, 63, 68, 77, 98, 101, 136, 138, 153f., 187, 199, 202f., 208
Stil 115, 185, 190, 192
Strukturalismus 51
Stürmer 65

›Der Sturm‹ 40, 47
Sturm-Kreis 45, 47, 53
Süden, südlich 1, 158ff.
Symbol 153
Symbolismus, symbolistisch 85, 98f.

Täuschung → Illusion
Tafeln, alte 66, 69
Tat 16, 20, 43f., 95f.
Tatkult 52
Theologie 149, 201
Theorie der Kunst → Ästhetik
Tiefe 106, 111f., 114, 116f., 120, 188f., 197, 203
Totalität 10, 110, 116, 131, 146, 203, 209
Tradition 2f., 39f., 42, 81, 84, 115, 120, 142, 157, 207
tragisch 2, 140
Tragödie 108
Transzendenz, transzendent 188, 198, 201ff., 207ff.
Trauer 59
Traum 102, 107, 201
Triebe 16, 25, 171

Überbürger 11, 13
Übergang 61, 75, 141
Übermensch 2, 12, 14, 20, 25, 39, 48, 52f., 75f., 126, 130, 205, 208
Übermenschenkult 83, 126
Überwindung 61f., 64f., 68ff., 137, 158, 207f.
Umwertung 138, 185, 201, 204
unio mystica 80
Untergang 61f., 68
Utopie, utopisch 74, 102f., 141, 168, 173, 179ff., 184, 204f.

Veränderung 45f., 60, 72, 77, 81
Verantwortung 1f., 204f.
Verfall 154
Verführer, Nietzsche als 10
Verhängnis, Nietzsche als 37f., 201
Verneinung 193
Vernunft 16, 43, 72, 80, 102, 172
Vision 16, 35, 57, 59, 64, 76, 101, 105, 138, 140, 142, 193
Vitalität 21, 26, 32, 77, 92, 162
Vitalismus, vitalistisch 42, 44f., 58, 66ff., 73, 78, 80f., 111, 118
Volk 2, 48
Vollkommenheit 194ff.
Vorläufer, Nietzsche als 159f.
Vornehmheit, vornehm → Aristokratismus, aristokratisch

Wahn 107

Wahnsinn Nietzsches 159, 166
Weltbürgertum 128
Weltfreude 69
Werden 43, 63, 68, 70, 72, 76
Werte 179, 189, 202, 208
Wertphilosophie 170, 201
Widersprüche 146f.
Wille 6, 43, 94, 116, 205
Wille zur Macht 7, 13f., 19ff., 35, 43, 67f., 72, 77, 80, 109, 133, 145, 166, 170, 183, 198ff., 202, 207
Willens-Metaphysik 116
Wirklichkeit 10, 16, 19, 22, 42, 45, 82, 89f., 94, 97ff., 102, 138, 151f., 154, 189f., 192ff., 208f.

Wirklichkeit, gesellschaftliche 42, 81, 103
Wirklichkeitsherstellung 193
Wirklichkeitsrelativismus 194
Wirklichkeitszertrümmerung 209
Wissenschaft 107f., 115, 201f.

Zeitgeist 21, 39, 54
Zeitkritik, zeitkritisch 41, 45, 53, 58
Ziel 44f., 62, 68, 70, 76f., 81
Zivilisation 121, 144, 175f.
Züchtung 208
Züchtungsoptimismus 204
Zufall 75
Zukunft 43, 205
Zwölf-Ton-Musik 151

Deutsche Texte

Herausgegeben von
GOTTHART WUNBERG

1 **Der junge Herder.** Hg. von W. Rasch *(Niemeyer)*
2 Gedichte des französischen Symbolismus in deutschen Übersetzungen. Hg. von W. Kayser *(Niemeyer)*
3 Martin Luther: **Ausgewählte deutsche Schriften.** Hg. von H. Volz *(Niemeyer)*
4 **Deutsche Dramaturgie vom Barock bis zur Klassik.** Hg. von B. v. Wiese *(dtv/Niemeyer)*
6 Hans Sachs: **Fastnachtspiele.** Hg. von Th. Schumacher *(Niemeyer)*
7 **Dichtung des Rokoko.** Hg. von A. Anger *(Niemeyer)*
8 Conrad Ferdinand Meyer: **Gedichte. Wege ihrer Vollendung.** Hg. von H. Henel *(Niemeyer)*
9 **Kreuzzugsdichtung.** Hg. von U. Müller *(dtv/Niemeyer)*
10 **Deutsche Dramaturgie des 19. Jahrhunderts.** Hg. von B. v. Wiese *(dtv/Niemeyer)*
11 **Der galante Stil.** 1680–1730. Hg. von C. Wiedemann *(Niemeyer)*
12 **Dichter über Dichter in mittelhochdeutscher Zeit.** Hg. von G. Schweikle *(dtv/Niemeyer)*
13 **Theorie und Kritik der deutschen Novelle von Wieland bis Musil.** Hg. von K. K. Polheim *(Niemeyer)*
14 **Dichterische Prosa um 1900.** Hg. von W. Rasch *(Niemeyer)*
15 **Deutsche Dramaturgie vom Naturalismus bis zur Gegenwart.** Hg. von B. v. Wiese *(dtv/Niemeyer)*
16 **Theorie und Technik des Romans im**
17 **17. und 18. Jahrhundert.** Bd. 1: Barock und Aufklärung; Bd. 2: Spätaufklärung, Klassik und Frühromantik. Hg. von C. Wiedemann *(dtv/Niemeyer)*
18 **Theorie und Technik des Romans im 19. Jahrhundert.** Hg. von H. Steinecke *(dtv/Niemeyer)*
19 **Dichtungstheorien der Aufklärung.** Hg. von H. Boetius *(Niemeyer)*
20 **Theorie und Technik des Romans im 20. Jahrhundert.** Hg. von H. Steinecke *(dtv/Niemeyer)*
21 **Materialien zur Ideologiegeschichte der deutschen Literaturwissenschaft.** Bd. 1: Von Scherer bis zum Ersten Weltkrieg. *Texte zur Wissenschaftsgeschichte der Germanistik IV.* Hg. von G. Reiß *(dtv/Niemeyer)*
22 **Materialien zur Ideologiegeschichte der deutschen Literaturwissenschaft.** Bd. 2: Vom Ersten Weltkrieg bis 1945. *Texte zur Wissenschaftsgeschichte der Germanistik V.* Hg. von G. Reiß *(dtv/Niemeyer)*
23 Carl Bleibtreu: **Revolution der Literatur.** Mit erläuternden Anmerkungen und einem Nachwort hg. von J. J. Braakenburg *(Niemeyer)*
24 **Psychoanalyse und Literaturwissenschaft.** Texte zur Geschichte ihrer Beziehungen. Hg. von B. Urban *(Niemeyer)*
25 **Sprache, Dichtung, Musik.** Texte zu ihrem gegenseitigen Verständnis. Hg. von J. Knaus *(Niemeyer)*
26 **Lyrik der Gründerzeit.** Hg. von G. Mahal *(dtv/Niemeyer)*
27 Robert Prutz: **Schriften zur Literatur und Politik.** Hg. von B. Hüppauf *(Niemeyer)*
28 **Die Entwicklung des bürgerlichen Dramas im 18. Jahrhundert.** Hg. von J. Mathes *(Niemeyer)*
29 Samuel Lublinski: **Die Bilanz der Moderne.** Mit einem Nachwort neu hg. von G. Wunberg *(Niemeyer)*
30 **Vom Laienurteil zum Kunstgefühl.** Texte zur deutschen Geschmacksdebatte im 18. Jh. Hg. von A. v. Bormann *(dtv/Niemeyer)*
31 **Deutsche Dramaturgie der Sechziger Jahre.** Ausgewählte Texte unter Mitarbeit von P. Seibert hg. von H. Kreuzer *(dtv/Niemeyer)*
32 **Russische Literatur in Deutschland.** Texte zur Rezeption von den Achtziger Jahren bis zur Jahrhundertwende. Hg. von S. Hoefert *(Niemeyer)*

Deutsche Texte

Herausgegeben von
GOTTHART WUNBERG

33 **Theoretische Positionen zur Konkreten Poesie.** Texte und Bibliographie. Hg. von T. Kopfermann *(dtv/Niemeyer)*

34 Ludwig Tieck: **Ausgewählte kritische Schriften.** Hg. von E. Ribbat *(Niemeyer)*

35 **Der Briefwechsel Arthur Schnitzler – Otto Brahm.** Vollständige Ausgabe. Hg. von O. Seidlin *(Niemeyer)*

36 **Heine in Deutschland.** Dokumente seiner Rezeption 1833–1956. Hg. von K. Th. Kleinknecht *(dtv/Niemeyer)*

37 **Lyrik des Expressionismus.** Hg. von S. Vietta *(dtv/Niemeyer)*

38 **Ibsen auf der deutschen Bühne.** Texte zur Rezeption. Hg. von W. Friese *(Niemeyer)*

39 **Die lutherischen Pamphlete gegen Thomas Müntzer.** Hg. von L. Fischer *(dtv/Niemeyer)*

40 Wilhelm Bölsche. **Die naturwissenschaftlichen Grundlagen der Poesie.** Hg. von J. J. Braakenburg *(dtv/Niemeyer)*

41 Samuel Lublinski. **Der Ausgang der Moderne.** Hg. von G. Wunberg *(Niemeyer)*

42 Karl August Varnhagen von Ense; **Literaturkritiken.** Hg. von K. F. Gille *(Niemeyer)*

43 **Literarische Wertung.** Texte zur Entwicklung der Wertungsdiskussion in der Literaturwissenschaft. Hg. von N. Mecklenburg *(dtv/Niemeyer)*

44 Wilhelm Scherer: **Poetik.** Hg. von G. Reiß *(dtv/Niemeyer)*

45 **Literatur und Schizophrenie.** Theorie und Literatur eines Grenzgebiets. Hg. von W. Kudszus *(dtv/Niemeyer)*

46 **Heinrich Mann.** Texte zu seiner Wirkungsgeschichte in Deutschland. Hg. von R. Werner *(dtv/Niemeyer)*

47 **Mittelalterrezeption.** Texte zur Aufnahme altdeutscher Literatur in der Romantik. Hg. von G. Koziełek *(Niemeyer)*

48 **Kino-Debatte.** Literatur und Film 1909 bis 1929. Hg. von A. Kaes *(dtv/Niemeyer)*

49 Franz Dingelstedt. **Lieder eines kosmopolitischen Nachtwächters.** Hg. von H.-P. Bayerdörfer *(Niemeyer)*

50 **Nietzsche und die deutsche Literatur.** I. Texte zur Nietzsche-Rezeption 1873 bis 1963. Hg. von B. Hillebrand *(dtv/Niemeyer)*

51 **Nietzsche und die deutsche Literatur.** II. Forschungsergebnisse. Hg. von B. Hillebrand *(dtv/Niemeyer)*

**Deutscher
Taschenbuch Verlag
und
Max Niemeyer Verlag**